高等职业教育"十二五"规划教材

Gangjiegou Qiaoliang
钢结构桥梁

赵 伟 张征文 主编

人民交通出版社

内 容 提 要

本书内容主要包括钢板梁桥、钢—混凝土组合结构桥梁、钢箱梁桥、钢拱桥、钢桥的连接、钢桥制作、钢桥架设技术和钢桥的防护等内容。重点结合规范叙述钢板梁桥、组合梁桥、钢箱梁桥和组合梁桥的构造,并结合实例总结了钢梁桥的制作和架设工艺。

本书可作为高等职业院校道路桥梁专业(方向)和钢结构相关专业(方向)教学用书,亦可供从事钢桥设计、安装及相关行业的技术人员参考。

图书在版编目(CIP)数据

钢结构桥梁 / 赵伟,张征文主编. — 北京:人民交通出版社,2015.1

高等职业教育"十二五"规划教材

ISBN 978-7-114-11371-0

Ⅰ. ①钢… Ⅱ. ①赵… ②张 Ⅲ. ①桥梁结构—钢结构—高等职业教育—教材 Ⅳ. ①U443

中国版本图书馆 CIP 数据核字(2014)第 074654 号

高等职业教育"十二五"规划教材

书　　名:	钢结构桥梁
著 作 者:	赵　伟　张征文
责任编辑:	任雪莲　周　凯
出版发行:	人民交通出版社
地　　址:	(100011)北京市朝阳区安定门外外馆斜街 3 号
网　　址:	http://www.ccpress.com.cn
销售电话:	(010)59757973
总 经 销:	人民交通出版社发行部
经　　销:	各地新华书店
印　　刷:	北京武英文博科技有限公司
开　　本:	787×1092　1/16
印　　张:	14.75
字　　数:	336 千
版　　次:	2015 年 1 月　第 1 版
印　　次:	2021 年 7 月　第 3 次印刷
书　　号:	ISBN 978-7-114-11371-0
定　　价:	38.00 元

(有印刷、装订质量问题的图书由本社负责调换)

道路桥梁工程技术专业建设委员会

主 任 委 员：王怡民
副主任委员：金仲秋　李锦伟
编　　　委：柴勤芳　屠群峰　兰杏芳　张征文
　　　　　　郭发忠　陈　凯　王建林　彭以舟
　　　　　　陈晓麟　徐忠阳　贾　佳　薛廷河
　　　　　　邵丽芳　钮　宏　开永旺　赵　伟
　　　　　　赵剑丽　单光炎(企业)　胡建福(企业)
　　　　　　刘　芳(企业)　周观根(企业)

前言 Preface

随着我国钢材产量的增加,钢结构作为相对新兴的结构形式,以其质量可靠、轻质高强、抗震性能好、工厂化制作程度高、施工周期短和绿色环保等优点,在桥梁建设领域得到了越来越广泛的应用。为适应钢结构事业的蓬勃发展,我国相关高等职业院校先后开设了钢结构桥梁课程和钢结构相关专业(方向)。

为系统地总结一些钢结构桥梁构造、制作、架设和防护的知识,供类似工程借鉴;也为加强高等职业院校钢结构桥梁课程的教学,特立项并编写了本教材。

本书第一章由张征文撰写,第二章由董长春撰写,第三章、第四章、第五章、第六章由赵伟撰写,第七章由周观根、赵伟撰写,第八章由杭振园、赵伟撰写,第九章由张征文、赵伟撰写。全书由赵伟和张征文担任主编。

在本书编写的过程中得到了浙江交通职业技术学院的大力支持,在此表示感谢。书中部分内容引用了同行专业论著中的成果,在此对论著作者表示衷心的感谢。

本书力求注重理论与实际相结合,通过丰富的典型工程案例,图文并茂地介绍了适用于各种钢结构桥梁构造、制作、架设和防护的知识。但由于钢结构桥梁的飞速发展以及各种安装设备和技术的不断创新,书中不能完全覆盖所有的钢结构桥梁知识;同时限于作者水平,书中难免存在错误或不足之处,欢迎读者批评指正,在此表示衷心的感谢。

编 者
2014 年 11 月

目 录 Contents

第一章 绪论 ·· 1
  第一节 钢桥的发展 ··· 1
  第二节 钢桥的材料 ··· 7
  第三节 钢桥的主要类型 ··· 8
  第四节 公路钢结构桥梁技术的发展趋势 ··· 10
  复习思考题 ··· 10

第二章 钢板梁桥 ·· 11
  第一节 钢板梁桥的结构形式和组成 ·· 11
  第二节 钢板梁桥的横截面布置 ··· 12
  第三节 钢板梁桥的平面布置 ·· 14
  第四节 支座类型和布置 ··· 19
  第五节 主梁的设计要点 ··· 24
  复习思考题 ··· 30

第三章 钢—混凝土组合结构桥梁 ··· 32
  第一节 概述 ·· 32
  第二节 组合桥梁设计原则和一般规定 ··· 37
  第三节 抗剪连接件设计 ··· 40
  第四节 组合梁桥横向连接系设计 ··· 49
  第五节 组合梁桥的构造和设计要点 ·· 51
  第六节 简支组合梁桥设计实例 ··· 64
  复习思考题 ··· 71

第四章 钢箱梁桥 ·· 72
  第一节 概述 ·· 72
  第二节 钢箱梁的总体布置 ··· 74
  第三节 钢箱梁的注意事项 ··· 77
  第四节 钢箱梁的构造与设计 ·· 81
  第五节 工程实例 ··· 89
  复习思考题 ··· 96

第五章 钢拱桥 ·· 97
  第一节 概述 ·· 97
  第二节 钢拱桥的类型 ·· 99
  第三节 钢拱桥的构造与设计 ··· 104
  第四节 主拱结构形式 ··· 113

复习思考题 126

第六章　钢桥的连接 127
　　第一节　钢结构的连接方法 127
　　第二节　焊接 127
　　第三节　钢结构的螺栓连接 138
　　复习思考题 145

第七章　钢桥制作 146
　　第一节　零件加工 146
　　第二节　钢箱梁制造 161
　　复习思考题 174

第八章　钢桥架设技术 175
　　第一节　架设方法分类 175
　　第二节　支架架设方法 176
　　第三节　拖拉施工法 187
　　第四节　顶推施工法 189
　　复习思考题 202

第九章　钢桥的防护 203
　　第一节　涂装分类 203
　　第二节　重防腐涂料防护技术(普通型) 203
　　第三节　热喷涂复合涂层防护技术(加强型) 205
　　第四节　涂装要求 211
　　第五节　涂装劣化 216
　　第六节　维修涂装和重新涂装 224
　　复习思考题 225

参考文献 226

第一章 绪 论

钢桥是各种桥梁类型中最具有竞争力的桥梁形式,特别是在修建跨越大江大河和跨越海峡的大桥时,钢桥以其轻质、高强、美观、快速架设及跨径大等优点成为首选桥型。钢结构由于具有轻质高强、塑性韧性好、工厂化程度高、安全可靠、便于无支架施工、工期短、结构拆除时产生的固体垃圾少、资源可回收率高、对交通影响小和节水环保等优点,已不仅是大跨径桥梁的主要结构形式,而且是高速公路和城市立交桥的主要结构形式,特别是在弯坡、斜坡和匝道等特殊桥梁中有广泛的应用前景。

第一节 钢桥的发展

一、铁路钢桥的发展

我国建设钢桥的历史可以追溯到一百多年以前,但新中国成立前所建的钢桥,标准杂乱,跨度都很小,建桥的钢材均为进口,自行设计建造的很少。我国自行建造钢桥的代表为1934～1937年,我国著名桥梁专家茅以升先生带领中国工程师设计并建造的钱塘江大桥,该桥主跨跨径65.84m,全长1453m(图1-1)。

1949年新中国成立后,各项建设蓬勃发展,桥梁建设也不例外。但改革开放以前,由于材料的原因,主要发展的是铁路钢桥。其发展过程可以概括为三个里程碑和一个新纪元。新中国成立初期,建桥用的材料主要靠进口,也没有建造大型复杂桥梁的经验。1956年,由苏联进口低碳钢材料并接受其技术指导,建成了京广铁路武汉长江公铁路大桥,首次在长江上实现了"一桥飞架南北,天堑变通途"。这是在长江上建造的第一座大桥,是我国桥梁史上第一个里程碑。武汉长江大桥全长1156m,结构为跨度128m铆接米字形连续钢桁梁(图1-2)。

图1-1 钱塘江大桥

图1-2 武汉长江大桥

20世纪60年代,为了连通京沪铁路,决定修建南京长江大桥以取代南京轮渡。为解决无低合金结构钢料的困难,鞍山钢铁公司于1962年成功研制了16锰低合金高强度桥梁钢16Mnq(Q345q),南京长江大桥除少部分仍用已进口的苏联产的低合金钢外,其余全部用国产钢材。南京长江大桥正桥钢梁全长1576m,结构为跨度160m的铆接米字形连续钢桁梁。这座桥是完全依靠我国自己的技术力量和国产材料建成的长江大桥,标志着我国的建桥技术进入到了一个独立自主的新水平,所以南京长江大桥的建成是我国桥梁史上的第二个里程碑(图1-3)。

　　1966年底,在成昆线的禄丰建成了我国第一座跨度112m的栓焊钢桥——迎水村大桥(图1-4),其制造技术达到当时国际先进水平。栓焊工艺的采用,结束了我国长期使用铆焊钢梁的历史。栓焊钢桥比铆接钢桥可节约钢材12%～15%,可加快建桥速度,改善工人劳动条件和结构的传力状态。1993年用15锰钒氮C级正火桥梁钢建成了九江长江公铁路大桥。该桥正桥钢梁全长1806m,主跨是216m的刚性梁柔性拱,结构雄伟壮观,桥形秀丽。从此我国开始用国产高强度钢材建造大跨度栓焊钢桥,在材料、工艺、理论方面都已成熟,彻底地完成了铆接钢桥向栓焊钢桥的过渡,这是我国钢桥史上的第三个里程碑(图1-5)。

图1-3　南京长江大桥　　　　　　　　　　图1-4　迎水村大桥

　　2000年我国建成公铁两用桥的标志性工程——芜湖长江公铁路大桥(图1-6),由于航运与空运的净空限制,该桥采用的是矮塔斜拉桥,主桁为无竖杆三角形桁架,桁高12m,节间长度14m,最大跨度312m。这座桥与以前栓焊结构比较有以下几个特点:一是我国钢铁及钢结构焊接制造业的进步,采用了新开发的14锰铌正火桥梁钢,这种钢的韧性及可焊性好;二是在结构上将散装节点改为整体焊接节点,这可以加快施工速度,降低成本,提高工程质量;三是将公路混凝土桥面通过主桁节点的焊接栓钉与主桁结合成整体。芜湖长江大桥的建设开启了我国钢结构桥梁建设的新纪元,此后,我国相继建成了多座世界领先的桥梁,其中的优秀代表是京沪高速铁路上的南京大胜关长江大桥,该桥为主跨336 m的连续钢桁拱桥(图1-7)。

图1-5　九江长江大桥　　　　　　　　　　图1-6　芜湖长江公铁路大桥

图1-7　南京大胜关长江大桥

二、我国公路钢桥的发展

我国公路钢桥的发展经历了两个阶段。20世纪80年代中期以前,由于钢材的缺乏和地方经济的制约,钢桥在公路桥中所占比例很小,桥梁结构形式不多而且跨度也不大。20世纪80年代中期以后,随着经济的快速发展,对包括桥梁在内的交通工程的需要越来越迫切。同时,由于国家及交通部门加大对交通设施的投资力度,地方政府、外资、企业也提高了对桥梁建设的积极性,加之通过对外技术交流,学习世界各国先进桥梁设计技术,我国在钢材制造技术和施工技术等方面已具备了建造大跨度钢桥的能力。近十年来,我国大跨度公路钢桥飞速发展,突破了原来跨越大江大河建造桥梁的障碍,我国大跨度公路钢桥的跨度一再被刷新,从建造速度和桥梁规模等方面都已经在世界桥梁界产生很大影响。

1. 20世纪80年代中期以前

我国这一期间建造的公路钢桥主要有板梁桥、桁梁桥、悬索桥、钢拱桥等桥梁形式,早期的中、小跨度公路钢桥以工形钢梁与钢筋混凝土桥面板构成的结合梁为主。其他结构形式像桁梁桥、钢拱桥、悬索桥等也多采用钢结构与钢筋混凝土桥面板组成的桥面。浙江省的黄岩桥主桥为5跨32m的钢板梁与钢筋混凝土桥面板构成的结合梁桥;跨越金沙江的川西2号桥(建于1966年)和川西3号桥(建于1969年)均为钢拱桥,计算跨径180m,拱圈及纵横梁均采用16Mn钢,节段间采用高强度螺栓连接。我国早期建成的悬索桥绝大部分为单车道,1969年建成的重庆朝阳大桥是一座主跨186m的悬索桥,行车道净宽为7m,加劲梁为钢箱梁,预制32个钢箱梁节段,采用16Mn钢;建于1984年的拉萨河达孜桥是这一时期跨径最大的悬索桥,主跨为500m,桥面净宽为4.2m,车道桥面系是正交异性板结构。

2. 20世纪80年代中期至今

20世纪80年代中期以后,我国的桥梁建设事业经历了一个辉煌的发展时期,建成了一大批结构新颖、技术复杂、设计和施工难度大、现代化品位和科技含量高的大跨径桥梁。我国桥梁建设水平已跻身于国际先进行列。特别是在公路钢桥方面,建成了一大批跨越大江大河的大跨度标志性桥梁,在公路钢桥设计、制造、施工和质量检测方面积累了丰富的设计和施工经验,取得了举世瞩目的成就。公路钢桥发展较快的桥梁结构形式主要有钢管拱桥、斜拉桥、悬索桥。

上海南浦大桥(图1-8)于1991年11月建成通车,是我国建成的第一座特大跨度钢—混凝土结合梁斜拉桥,该桥全长8346m,主桥长846m,浦东引桥长3746m,浦西引桥长3754m。主桥采用双塔双索面钢与混凝土结合梁斜拉桥。主跨跨径423m,一跨过江,通航净空46m,主桥桥面宽30.35m,共6车道,车行道宽23.45m,设计荷载汽车—超20级,全重3000kN平板车验算。主桥两侧各设2m宽人行道。车行道与斜拉索、人行道间设防撞栏杆。主桥塔高150m,采用折线H型钢筋混凝土塔,双索面呈扇形布置。塔柱每侧索面各22对斜拉索,在塔柱中央设置一对垂直索,主梁在纵向为漂浮体系。主梁采用钢—混凝土结合梁构造,边跨设置辅助墩。主桥两端及边墩处设置640mm组合式大位移伸缩缝。南浦大桥的建成标志着我国大跨度钢斜拉桥进入了一个新的发展时期,随后相继建成的上海杨浦大桥(主跨602m)、徐浦大桥(主跨590m)和福建青州闽江大桥(主跨605m)都采用了这种结构形式。

南京长江第二公路大桥(图1-9)于2001年3月26日建成通车,全长21337m,由南、北汊大桥和南岸、八卦洲及北岸引线组成。其中,南汊大桥为钢箱梁斜拉桥,桥长2938m,桥面宽

38.2m,主跨为628m,该跨径目前居同类桥型中国内第二、世界第四。主梁由93段钢箱梁现场悬吊、悬拼、焊接组成,钢箱梁先在工厂制成板单元,在钢箱梁预拼场地组装成标准节段,通过水上船舶运输至桥位处,36段钢箱梁利用大型浮吊预先吊装到位,其余钢箱梁采用桥面液压吊机完成吊装。钢箱梁节段间除上顶板U肋接口采用高强螺栓连接外,其余采用全焊结构,钢箱梁节段的拼装精度要求高,焊接工艺复杂,对现场施工的条件要求极高。索塔为钻石形钢筋混凝土索塔,下塔柱为双向变截面,尺寸从12m×7m变化至8.013m×4.785m,中、上塔柱为7.0m×4.5m的等截面,横梁为预应力钢筋混凝土,上塔柱设环向预应力。主塔高195.41m。南汉大桥全桥有160根斜拉索,由高强度、低松弛的φ7镀锌平行钢丝组成,最长索达330m,钢丝有265根,重30t。桥面铺装采用5cm的环氧沥青混凝土。

图1-8　上海南浦大桥

图1-9　南京长江第二公路大桥

江阴长江公路大桥(图1-10)为主跨1385m的大跨径悬索桥,于1999年建成,是我国目前跨径第二的悬索桥,名列世界第五位。我国2005年建成通车的润扬长江公路大桥,主跨1490m,跃居世界第三位。该桥桥面布置为高速公路标准的双向6车道,设中央分隔带和紧急停车带,在主桥跨江部分的两侧各设1.5m宽的人行道。主跨桥道梁采用带风嘴的扁平钢箱梁结构,梁高3m,总宽37.7m。主缆的垂跨比为1:10.5,由φ5镀锌高强钢丝组成,采用平行钢丝束法(PWS法)架设。桥下通航净高50m。桥塔高约190m,为门式钢筋混凝土结构。南塔位于南岸边岩石地基上。北塔位于北岸外侧的浅水区,采用筑岛施工的桩基础。南锚碇为重力式嵌岩锚碇结构。北边孔由多跨预应力连续刚构组成。南北引桥为预应力混凝土梁桥,引桥长分别为132m和1365m。

图 1-10 江阴长江大桥

广州丫髻沙大桥(图 1-11)于 2000 年 6 月建成,全长 1840m,桥面为 6 车道,主桥采用三跨连续梁自锚中承式钢管混凝土拱桥桥型,其主跨为 360m 一跨跨过珠江的主航道,在同类型桥中居世界第一位。采用竖转加平转相结合的方法,大桥平转转体每侧质量达 13680t。

图 1-11 广州丫髻沙大桥

上海卢浦大桥(图 1-12)于 2003 年 6 月建成,全长 3900m,主桥为中承式钢箱拱桥,桥长 750m,桥面 6 车道,宽度 28.7m,桥下净高 46m。主桥跨径 550m,矢跨比为 1∶1.5,拱肋拱脚截面高度 9m、拱顶 6m,位居世界同类型桥之首,被誉为"世界第一拱桥"。系梁采用钢箱结构,中心线处梁高 3m,梁宽 41m。为了减轻质量,中跨系梁底板被挖空,实际为开口截面,设有 28 对吊索。系梁处共有 16 根(每侧 8 根)水平拉索平衡拱的水平推力。拱肋和系梁均为全焊钢结构,主桥总用钢量 3.5 万 t,采用 S355N 钢材(相当于 Q345),仅拱肋焊接的焊条用量就达 120 多吨,焊缝严格按照美国 AWSD 钢结构桥梁焊接规范,100% 超声波探伤、100% 磁粉探伤和 25% X 射线探伤的检验。

2005 年 10 月建成通车的南京长江第三大桥(图 1-13),全长约 15.6km,其中跨江大桥长 4.744km,投资 33.63 亿元。南京长江第三大桥主桥为主跨 648m 钢箱梁斜拉桥,在同类型桥中居国内第一、世界第三。主桥索塔为"人"字弧线形钢与混凝土混合结构,桥面以上部分采用钢箱结构,桥面以下部分为混凝土结构,塔高 215m,用钢量 12000t。

2005 年 5 月 1 日建成通车的润扬长江大桥(图 1-14)由主跨 1490m 的悬索桥和 176m + 406m + 176m 的双塔双索面钢箱梁斜拉桥组成。悬索桥跨径为中国第一、世界第三。悬索桥主塔高215.58m,主缆长2600m,钢箱梁总重34000t,锚碇混凝土近6万m^3。润扬长江大桥全长35.66km,主线采用双向6车道高速公路标准,设计时速100km,工程总投资约53亿元。

图1-12 上海卢浦大桥

图1-13 南京长江三桥

图1-14 润扬长江公路大桥

2008年6月30日通车的苏通长江公路大桥(图1-15),起于通启高速公路的小海互通立交,终于苏嘉杭高速公路董浜互通立交,路线全长33.21km,主要由北岸接线工程、跨江大桥工程和南岸接线工程三部分组成。其主跨跨径达到1088m,是世界第二大跨径的斜拉桥(截至2013年,最大斜拉桥主跨是俄罗斯的跨东博斯鲁斯海峡的俄罗斯岛大桥,其主跨1104m);其主塔高度达到300.4m,为世界第二高的桥塔(第一高桥塔为俄罗斯的跨东博斯鲁斯海峡的俄罗斯岛大桥,其桥塔高超过320m)。

图1-15 苏通长江公路大桥

第二节 钢桥的材料

桥主体结构所用的钢材主要是碳素钢和低合金钢。20世纪50年代,我国钢桥主要采用碳素钢A3钢,该钢材由于含碳量较高(0.14%~0.22%),可焊性差,只能进行铆接。用A3钢建造大跨度桥梁,构件截面尺寸大,从而增加用钢量并使钢桥的自重加大。因此,20世纪50年代后期,我国开始研究在钢桥上采用能够焊接的国产高强度低合金钢16q钢和16Mnq钢,它比A3钢节约钢材约15%。20世纪70年代,我国又成功研制出强度更高的15MnVNq钢,又比用16Mnq钢材节省10%以上。21世纪初,我国研制出另一种新型的桥梁用钢14MnNbq钢,该钢材的主要特点是可焊接的最大板厚可达50mm。

为了和国际标准接轨,国家在上述钢材的基础上制定了《桥梁用结构钢》(GB/T 714—2008)和《铁路桥梁钢结构设计规范》(TB 10002.2—2005)(以下简称《桥规》),采用国标表钢号。国标的钢号是以屈服点命名的,如Q235qD,钢号的第一个字母Q为汉语拼音屈服的首写字母,第二个数字为板厚16mm时的屈服点大小(以MPa或N/mm^2为单位),第三字q为汉语拼音桥梁用钢首写字母,最后一个字母是钢材的等级。国标桥梁结构钢共有四个钢号,分别是Q235q、Q345q、Q370q和Q420q。每一个钢号有A、B、C、D、E五个等级。根据现有的试验数据和国内外资料,暂时认为Q235q相当于过去的A3钢和16q钢,Q345q相当于过去的16Mnq钢,Q370q相当于14MnNbq钢,Q420q相当于15MnVNq钢。表1-1给出了桥梁用钢设计时所采的基本容许应力。

钢材基本容许应力(MPa) 表1-1

序号	应力种类	钢材牌号			
		Q235qC/D/E	Q345qC/D/E	Q370qC/D/E	Q420qC/D/E
1	轴向应力$[\sigma]$	135	200	210	230
2	弯曲应力$[\sigma_w]$	140	210	220	240
3	剪应力$[\tau]$	80	120	125	140

钢桥在使用时,不仅要求钢材具有较高的强度,而且还要求其具有良好的塑性;对低温下工作的钢桥,要求钢材具有良好的低温冲击韧性;对于焊接钢桥,要求钢材具有可焊性。塑性好的钢材可以通过塑性变形使应力重新分布,避免结构的局部破坏而导致整个结构的失效。韧性不好的钢材,在低温或快速加载等不利的条件下,易使钢材发生脆性断裂。现代钢桥所用的钢材,还必须具有良好的可焊性,通过一定的工艺能形成优质的焊接。钢桥是主要承受动荷载的结构,钢材的抗疲劳性能对于桥梁十分重要。钢桥承受的动荷载虽远低于结构的静力强度承载能力,但由于结构中有微小的缺陷或应力集中,易产生塑性应变,从而萌生裂纹,随着外力循环次数的增加,微小的裂纹会逐渐扩展,最后导致钢桥的疲劳断裂。在结构上出现可以看得见的裂纹时的荷载循环次数称为结构的疲劳寿命。影响结构疲劳寿命的因素除材料的韧性外,还与材料的化学成分、强度、结构的构造细节、荷载类型、板厚及工作环境等有关。冷弯性能是钢材承受弯曲变形的能力,并能显示钢板中是否有缺陷、有无夹渣或分层。它既是一项工艺指标,也是一项质量指标,冷弯性能好的材料有利于制造。

第三节 钢桥的主要类型

钢桥可以根据不同的条件要求建成多种形式,其种类比其他材料制造的桥梁更多,主要可分为梁式体系、拱式体系及组合体系。

一、梁式体系

按力学图式,梁式体系可分为简支梁、连续梁、悬臂梁,如图 1-16 所示;按主梁的构造形式可分为板梁桥、桁梁桥、结合梁桥。建造最早的是简支梁桥,简支梁桥是桥梁结构中最基本的结构形式。为扩大跨度,由简支梁发展到伸臂梁桥和连续梁桥,再继续发展就出现结合梁桥与组合梁桥。伸臂梁桥有锚孔、伸臂梁和悬挂孔,主孔可以比简支梁桥大,是静定结构,设计计算简单,基础下沉不影响上部结构的受力,所以国外在早期悬臂梁桥使用的较多,其缺点是伸臂梁与悬挂孔交接处结构的变形不协调,产生有折角,桥面不平顺。因此,伸臂梁桥逐渐被连续梁桥代替。连续梁桥是在人们认识了钢的弹性模量和弹性力学特性之后才出现的。我国在桥梁建设中,已认识到悬臂梁桥的缺点,所以没有采用过。结合梁是充分利用不同材料的性能,将其结合在一起,使不同材料发挥各自的优点,以加强桥梁的承载能力。如混凝土桥面板与钢梁结合,在运营中,混凝土桥面板承受压力,钢梁承受拉力,各自发挥混凝土受压与钢材受拉的优点,加大了桥梁的承载能力。

二、拱式桥

拱式桥按拱脚有无推力可以分为有推力拱和无推力拱(也称系杆拱桥),如图 1-17 所示;按照受力体系的不同可以分为三铰拱、两铰拱和无铰拱三类;按照拱肋的构造形式可以分为板式拱、桁架式拱和箱式拱三种。

三、组合体系

组合体系是用两种不同的结构组合为一个承载能力较大的结构,如图 1-18 所示。如将拉索与梁或连续梁组合为一个结构就是斜拉桥;将悬索、吊杆与梁组合为一个结构就是吊桥;将拱与梁组合就成为各种不同的系杆拱桥。吊桥和斜拉桥都是利用高强钢索来承重,吊桥(又称悬索桥)的承重构件是高强度钢索,恒载小,跨越能力大。斜拉桥的承重构件是斜拉索和梁,其钢梁可以是板式、桁架式或箱式,恒载较小,风动力性能较吊桥好,故发展很快。

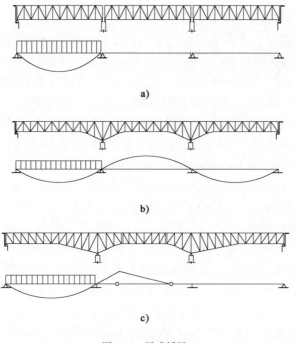

图 1-16　梁式桥梁
a)简支梁;b)连续梁;c)悬臂梁

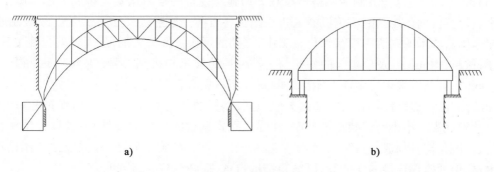

图 1-17　拱式桥
a)有推力拱;b)无推力拱

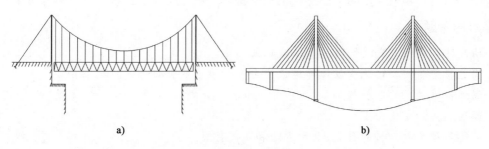

图 1-18　组合体系桥
a)悬索桥;b)斜拉桥

第四节　公路钢结构桥梁技术的发展趋势

公路钢桥技术的发展趋势主要有以下几点：

(1) 钢结构桥梁的健康监测系统不断完善。由于钢结构桥梁将向跨度更大、结构更柔的方向发展，由此将引发对各种新型组合体系、协作体系以及三向组合结构和混合结构等创新结构体系的研究，以充分发挥不同材料和体系的优点，并最终获得更高效的经济指标、可靠的结构细部连接和安全方便的施工工艺。随着钢桥跨度的增大、结构的变柔和行车速度的提高，钢桥在运营阶段可能出现较大的结构振动以及构件的疲劳等问题，这会危及钢桥的正常使用和安全运营。为对容易发生损伤的部位及时做出诊断和警报，需建立完善的健康监测系统对钢桥结构的健康状况进行评定，以保证钢桥的安全运营。

(2) 钢桥设计和计算理论不断进步。在设计理论和计算分析方面，借助计算机和非线性数值有限元方法的不断进步，使力学模型日益精细化，分析计算的仿真度日益提高。在设计阶段可以逼真地描述大桥在地震、强风、海浪等恶劣自然条件下的施工和运营全过程，如数值风洞的模拟开发等，将为决策提供动态的虚拟现实图像。研究钢桥概率统计的极限状态法可靠度分析和设计原则与美学设计新观念，重视桥梁美学和景观设计，重视环境保护，达到人文景观与环境景观的完美结合。开发新一代的桥梁减、隔震装置和支座。在抗风方面，考虑巨大的静风变形、几何非线性、由结构运动和紊流引起的气动力非线性，寻找更为合适的理论分析方法和气动力表达式以及相应的新型实验技术；进一步完善桥梁 CFD 技术，为建立"数值风洞"和"桥梁抗风虚拟现实"提供支持。

(3) 大型工厂化高精度制造钢桥节段和大型施工设备的整体化安装将成为钢桥施工方法的主流。计算机远程控制的建筑机器人将逐渐代替目前工地连接或分割成小型块件的拼装施工。在运用新技术的钢桥工程精细化施工中，工期的可操控性大大加强，而且安全性也容易得到保证；材料、构件尺寸及质量等的检测与可控性检验技术将得到加强，使工程质量得到整体提高。同时，有条件采用抗腐蚀性能良好的复合塑料夹心钢材及采用标准化方法对钢结构进行防护性涂装，可提高钢材和结构的耐久性，延长钢桥的使用寿命，符合环境保护和可持续发展的科学发展观。中小跨组装钢桥方面，加强装配式钢桥的标准图设计，节省设计资源；形成规模化、标准化构件制造与拼装，有利于战备和国防，可提高施工质量，降低施工费用；应用高强度钢材，保证栓焊连接的性能等，以减轻结构自重，提高钢桥的跨越能力。

(4) 中小跨径钢结构桥梁快速普及。随着我国钢材产量的过剩以及越来越重视绿色环保、节水节能，将有越来越多的中小跨径钢结构桥梁出现在高等级公路和城市高架桥中。

复习思考题

1. 请简述国内钢桥发展的特点和给我们的启示。
2. 简述目前我国公路钢桥设计与建设中存在和亟须解决的一些问题。
3. 简述钢桥技术的发展趋势。
4. 简述钢桥的主要特点。
5. 简述钢桥主要材料的种类、表示方法和主要特点。
6. 简述钢桥的主要结构形式和受力特点。

第二章 钢板梁桥

钢板梁桥是指由实腹式 H 型截面钢板梁作为主要承重结构的桥梁。钢板梁一般由上下翼板和腹板焊接而成,当翼缘需要一块厚度较大的板而又缺乏厚板供应时,可采用两层翼缘板的截面。钢板梁一般采用焊接连接,如果钢材不能满足承受动力荷载对焊接结构的要求时,也可采用铆接。

钢板梁桥是中小跨径桥梁最常用的形式。钢板梁桥的适用跨径可以达到 60m,对于 25~40m 跨径的简支或连续梁,钢板梁是较经济的一种结构类型。当跨径较大的桥梁采用钢板梁桥时,主梁高度和用钢量将增加。因此,铁路上当桥梁跨径超过 40m 时,一般不再采用钢板梁,而采用钢桁梁;对于公路钢梁桥来说,由于可变作用力相对较小,钢板梁桥的适用范围可扩大到 50~80m。

第一节 钢板梁桥的结构形式和组成

一、钢板梁桥的结构形式

钢板梁桥的主梁通常采用工字钢、H 型钢、焊接 H 型钢板梁等结构形式,由于焊接 H 型钢板梁截面更加灵活,因此被广泛应用。焊接 H 型钢板梁是由上下翼板和腹板焊接而成[图 2-1a)],其具有结构灵活、构造简单、工地连接方便、单个构件质量轻等优点,是中小跨径钢梁桥较经济、使用最多的结构形式。

普通焊接钢板梁应尽量采用三块钢板焊接而成,当板厚不满足实际工程要求但却不能用其他方法解决时才采用外贴翼缘钢板的形式[图 2-1b)],原则上外贴翼缘钢板宜为一块钢板。

当翼缘需采用两块钢板或者变截面设计时,为了使截面变化匀顺,减少应力集中,一般沿翼缘厚度或者宽度方向常做成斜坡,如图 2-2 所示的几种方式。

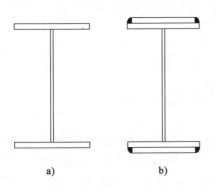

图 2-1 焊接 H 型钢板梁截面形式
a)焊接工形梁;b)焊接工形梁加焊钢板

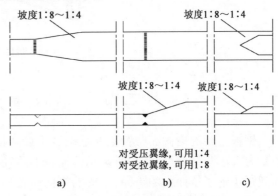

图 2-2 变厚度翼缘板的斜坡处理方式

根据钢板梁桥的基本结构体系可以分为简支钢板梁桥、连续钢板梁桥和悬臂钢板梁桥。简支钢板梁桥是最简单的结构形式，其经济跨径一般在 40m 以下，当跨径较大时，多采用连续钢板梁桥。连续钢板梁桥的经济跨径可以达到约 60m，与简支钢板梁桥相比，具有伸缩缝少、噪声小、行车平稳、挠度小、截面经济等优点，目前有逐渐取代简支钢板梁桥的趋势。但是连续梁对地基不均匀沉降较为敏感，软土地基的连续梁桥附加弯矩较大。悬臂钢板梁桥是静定结构，弯矩与连续梁桥比较接近，截面比简支梁经济，对地基不均匀沉降不会产生附加弯矩。但是悬臂钢板梁桥有伸缩缝多、悬臂挠度大、线形有折角等现象，对行车不利，牛腿构造受力较为复杂，容易引起疲劳破坏等，现已较少采用悬臂钢板梁桥。

根据桥面板形式，还可以把钢板梁桥分为钢筋混凝土桥面板钢板梁桥和钢桥面板钢板梁桥。钢桥面由顶板和焊接于顶板上的纵向及横向加劲肋组成，它具有自重轻、极限承载力大、桥面建筑高度小等优点，是大跨度钢桥和建筑高度受到限制时最常用的结构形式。

根据桥面板是否参与主梁受力，钢板梁桥又分为组合梁桥和非组合梁桥。组合梁桥的桥面板参与主梁共同工作，钢板梁与桥面板结合后由组合截面承受外荷载；非组合梁桥的桥面板不参与主梁共同受力，外荷载由钢板梁单独承担。

二、钢板梁桥的组成

钢板梁桥上部结构主要由主梁、横向连接系、纵向连接系和桥面系组成（图 2-3）。主梁起到整个桥梁的承重作用，把由横向连接系、纵向连接系和桥面系传来的荷载传递到支座。横向连接系有实腹式梁和空腹式桁架两种结构形式，前者称为横梁，后者称为横连，横向连接系的作用是把各个主梁连接成整体，起到荷载横向分布、防止主梁侧向失稳的作用；纵向连接系通常采用桁架式结构，其作用主要是加强桥梁的整体稳定性、与横梁共同承担横向力和扭矩的作用。桥面系主要是为了提供桥梁的行车部分，把桥面荷载传递到主梁和横梁上。

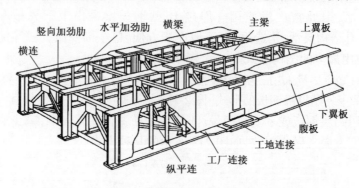

图 2-3 钢板梁桥的组成

第二节 钢板梁桥的横截面布置

钢板梁桥的横截面布置主要是确定主梁的根数与间距。主梁的根数与间距直接影响主梁的受力大小与截面尺寸，同时影响桥面板的跨径和受力状态。当桥面板支承在主梁上时，主梁的间距决定了桥面板的跨径，主梁的横向布置还会影响到桥面板的受力，汽车荷载位于主梁之间时，桥面板所受的弯矩较大；汽车荷载主要集中在主梁中心附近时，桥面板弯矩将减小，桥面板剪力将增加。若主梁间距过大，往往需要设置内纵梁或较密的横隔板来减小桥面板的跨径。

对于跨度约为 50m 的公路桥,由 4 根梁支撑的双车道是较经济的,当车道数多于 2 条时,应采用 5 根或者更多的梁,其间距不应小于 2.1m;对于跨度较大的公路桥,较大的梁间距比较经济,这主要是因为在桥梁总面积相同的情况下,增加梁高可以提高其承载能力,对于跨度超过 50m 的桥,梁间距不应小于 4.2m。

图 2-4 为日本的钢筋混凝土桥面板钢板梁桥标准设计横断面布置示例图。主梁间距一般为 2.0~3.5m,桥面板的悬臂长度在 1.5m 以内,此时钢筋混凝土桥面板的跨中板厚可以控制在 26cm 以内;桥面板悬臂根部板厚可控制在 36cm 以内,并且可以利用桥面板梗肋的高度与跨中板厚相协调。

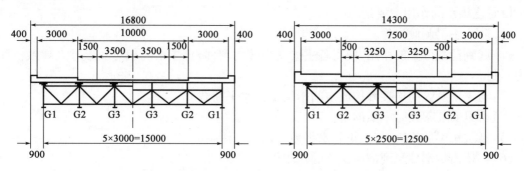

图 2-4　日本钢筋混凝土桥面板钢板梁桥标准设计横断面布置示例(尺寸单位:mm)

近年来,随着预应力混凝土桥面板的应用、较厚钢板质量的提高以及焊接技术的进步,国外出现了新的主梁结构形式,其特点主要是主梁间距较大、主梁根数较少。例如:对于两车道或 3 车道的桥梁,仅采用 2~3 根主梁,这种结构构造简单,可以有效减少钢结构制造所需的工作量,故这种新颖的结构形式既可以提高桥梁架设速度,又能降低桥梁建设成本。

根据我国现行《公路工程技术标准》(JTG B01—2003),当主梁间距为 2~3.5m、不设人行道时的典型桥梁横断面宽度和主梁布置如表 2-1 所示;当设置人行道时,根据人行道宽度不同,可增加 1~3 根主梁,人行道宽度在 1.5m 以下时增加 1 根主梁,人行道宽度在 1.5~3.5m 时,可增加 2~3 根主梁。

典型桥梁桥宽与主梁布置　　　　　表 2-1

车道数	板宽(栏杆+车行道)+分隔带(m)	主梁布置(m) 悬臂+等分数×主梁间距+悬臂	车道数	板宽(栏杆+车行道)+分隔带(m)	主梁布置(m) 悬臂+等分数×主梁间距+悬臂
8	2×(0.5+3.75+4×3.75+0.5)+2.0=41.5	1.5+11×3.5+1.5=41.5 1.25+13×3.0+1.25=41.5 1.25+15×2.6+1.25=41.5 1.25+20×1.95+1.25=41.5	4	2×(0.5+3.75+2×3.75+0.5)+1.0=24.5	1.45+6×3.6+1.45=24.5 1.4+7×3.1+1.4=24.5 1.0+9×2.5+1.0=24.5 1.25+11×2.0+1.25=24.5
6	2×(0.5+3.75+3×3.75+0.5)+2.0=34	1.25+9×3.5+1.25=34 1.05+11×3.0+1.05=34 1.1+11×2.65+1.1=34 1.25+15×2.1+1.25=34	2	0.5+1.5+9.0+1.5+0.5=13 0.5+7.5+0.5=8.5	1.25+3×3.5+1.25=13.0 1.2+4×2.65+1.2=13.0 1.25+5×2.1+1.25=13.0 1.15+2×3.1+1.15=8.5 1.25+3×2.0+1.25=8.5

第三节 钢板梁桥的平面布置

一、横向连接系的作用

上承式钢板梁桥在两主梁之间设有上下横撑和斜撑。上下横撑、斜撑、主梁的加劲肋和一部分腹板组成一个横向平面结构,称为横向连接系(简称"横连"),位于中间则称为"中间横连",位于主梁两端则称为"端横连"。

横向连接系的作用主要是:

(1)防止主梁侧倾失稳。

(2)起到荷载分配的作用,使得各主梁受力较均匀,防止主梁间相对变形过大导致桥面板受力不利。

(3)与主梁及纵向连接系构成空间桁架抵抗水平荷载。

(4)桥梁安装架设时主梁的定位。

(5)抵抗桥梁的扭矩,将扭矩和水平力传递到支座。

(6)在桥面板端部起到横向支承的作用等。

对于(1)~(3)所述的作用,横向连接系设置在跨间较为有效;但是对于(5)和(6)所述的作用,横向连接系设置在支承处较为有效。

二、横向连接系的设计与计算

由于钢板梁的横向抗弯惯性矩和抗扭惯性矩均很小,在面内弯矩、水平力和扭矩作用下,其容易发生弯扭失稳。因此,钢板梁单根主梁不能单独承担水平力和扭矩等,主梁与主梁间必须连接在一起共同受力。

为了支承桥面板,支承处横向连接系顶部一般与主梁同高。由于更换支座和检修等需要,横向连接系下缘与墩台帽之间一般要预留一定的间隙,通常端横梁要比主梁高度小 200mm 以上,具体尺寸要根据支座更换时,临时支承和千斤顶的设置需要而确定。

横连结构形式可以减轻自重,但是荷载分配效果相对较差。当跨径较大、横向连接系数量较多时,一般仅用桁架式结构的横连也能满足荷载横向分配的要求。当横向连接系数量较少时,为了提高横向连接系的刚度,可以采用横梁结构,或者采用横梁与横连混合布置的结构形式。为了便于施工和养护,跨间横向连接系顶面一般比主梁低 100mm 以上。

横向连接系设计的一般方法为:

(1)根据跨径和主梁布置初步拟定横向连接系的数量和位置。

(2)根据格子刚度 $Z=10\sim20$ 设定横向连接系需要的结构形式和最小断面尺寸。

(3)采用桥梁空间计算或平面简化计算分析横梁(横连)的内力。

(4)验算截面应力和构件的刚度。

横向连接系一般与主梁腹板相连,为了使得横梁(横连)传力可靠,横梁(横连)高度不宜过小,通常为主梁高度的 3/4 以上,不得已时不得小于主梁高度的 1/2。横梁主要是保证桥梁的整体刚度,由刚度控制设计,所以,横梁应力一般不大。

对于如图 2-5 所示的桁架式结构,在进行桥梁空间分析时,其抗弯惯矩刚度 I_s 可以采用式(2-1)的换算公式计算:

$$I_s = \frac{4h^2 A_1}{9} \times \frac{1}{1 + \frac{A_1}{3A_2 \cos\theta}} \tag{2-1}$$

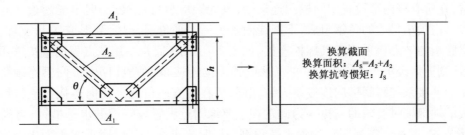

图 2-5 桁架式横连整体计算模型

横向连接系除了验算结构整体受力外,还应该验算水平荷载作用下的应力和稳定。对于支承处横连,杆件内力可近似采用如图 2-6 所示的计算模型,杆件内力由表 2-2 求得。

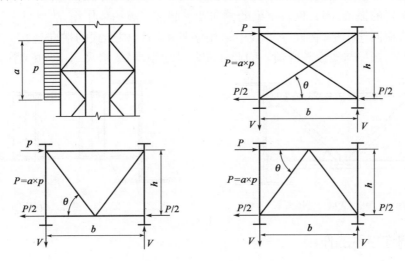

图 2-6 水平荷载作用下横连计算模式

不同结构形式中的杆件内力计算表 表 2-2

结构形式	V 形桁架	倒 V 形桁架	X 形桁架
上弦杆	$N_u = -P/2$	$N_u = -P$	$N_u = -P/2$
斜杆	$N_D = \pm(P/2)\sec\theta$	$N_D = \pm(P/2)\sec\theta$	$N_D = \pm(P/4)\sec\theta$
下弦杆	$N_l = \pm P$	$N_u = \pm P/2$	$N_u = -P/4$
竖向力	$V = (P/2) \times (h/b)$	$V = (P/2) \times (h/b)$	$V = (P/2) \times (h/b)$

注:表中 P 为地震荷载、风荷载等水平荷载作用下,分摊到一根横连的力。

三、横向连接系的布置与连接

横向连接系的结构形式和数量主要按桥梁的整体横向刚度和主梁的侧向失稳要求进行控制和设计。横梁设置过多不会明显提高桥梁的横向刚度,但是,从荷载分配的角度进行研究分析,发现横梁采用奇数根布置时效果较好,当跨径不是很大时,设置 1~3 根横梁就可以得到较为满意的分配效果;当桥梁跨径和宽度很大时,才需要设置5根荷载分配横梁。从防止主梁侧倾失稳的角度,横向连接系间距不宜过大,日本《道路桥示方书》规定横向连接系间距不得超过6m,并不应超过受压翼缘板宽度的30倍。

通常,在所有跨内都设置中间横向连接系,其间距应尽可能接近,但不能超过7.6m,这些横向连接系由最小尺寸的角钢组成,下翼缘附近为一水平角钢,再设V形或X形支撑,角钢通常与主梁腹板的节点板采用现场螺栓连接,如图2-7所示(通常不用节点板而直接采用加劲肋螺栓连接,则更为经济)。支座位置亦要求设置横向连接系,一般情况下,位于连续梁中间支座处的横向连接系与跨间横向连接系大致相同,但在端支座位置的横向连接系应能够为混凝土桥面板的端部提供有效的支撑。为此常在上翼缘附近设置较轻型的水平槽钢,再设置V形或者X形支撑,并在下翼缘附近设置水平角钢。有时要求在下翼缘附近水平面内设置侧向支撑,应根据风压对设置这种支撑的必要性进行研究。这种支撑通常由交叉斜角钢和侧向构架的底部角钢组成。

横梁要求有足够的刚度,通常可以采用实腹式结构形式,如图2-8所示。对于为防止主梁侧向失稳而布置的横梁,因其仅对主梁的侧向变形起到支承约束作用,故也可采用刚度相对小一些的桁架式横向连接系;在同一桥梁中采用多种不同结构形式的横向连接系时,构件种类多,构造较复杂,制造与架设较麻烦。因此在实际应用中,横梁多采用单一的结构形式。

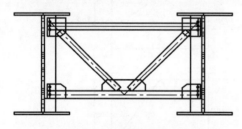

图2-7 桁架式横向连接系

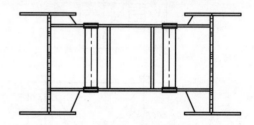

图2-8 横梁式横向连接系

四、纵向连接系的作用

纵向连接系为与桥面平行的主梁间的连接结构,当桥面板为平坡时,纵向连接系为水平面内的结构,故又将纵向连接系结构称为水平系。纵向连接系有上平联和下平联,上平联设置于上翼缘附近的腹板,下平联设置于下翼缘附近的腹板。

纵向连接系的作用主要是:

(1)将地震荷载、风荷载等水平力传递到支座。

(2)防止主梁下翼缘的侧向变形和横向振动。

(3)与主梁及纵向连接系构成空间桁架抵抗水平荷载和扭矩。

(4)桥梁安装架设时主梁的定位。

在使用阶段,对桥面板可以提供很大的侧向刚度,除曲线梁桥和组合梁桥施工时的侧向稳定需要之外,上平联通常可以省略。当跨径小于25m,并且有强大的横向联系时,下平联也可以省略。

五、纵向连接系的设计与计算

对纵向连接系的精确计算较为困难,工程设计中,通常可以近似地简化为由主梁翼缘和纵向连接系构成的桁架计算。对于图2-9所示的结构,桁架杆ab的内力为:

三角形纵联：
$$N_{ab} = \pm \frac{\omega(l-\alpha)\eta}{2}\sec\alpha \tag{2-2}$$

X 形纵联：
$$N_{ab} = \pm \frac{\omega(l-\alpha)\eta}{4}\sec\alpha \tag{2-3}$$

式中：ω——单位长度的水平荷载。

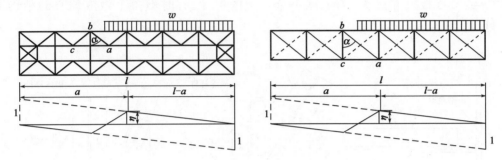

图 2-9　纵向连接系的计算简图

六、纵向连接系的布置与连接

1. 纵向连接系结构布置

为了将横向荷载平顺地传递到支座，工字形钢板梁桥原则上应设置上下层纵向连接系。纵向连接系应能够承受水平荷载和偏心荷载等产生的扭矩作用，但跨径较小的上承式梁桥，可不设下弦（或下翼缘）平面内的纵向连接系。跨径 25m 以下并且具有强大横向连接系的直桥可以省略下层纵向连接系。钢梁与钢筋混凝土板组成的组合梁，如在安装时没有特殊需要，可不设行车系平面内的纵向连接系。

纵向连接系对于防止板梁桥施工时的失稳和抵抗横向力及扭矩有很大的作用，必须保证其有足够的强度和刚度。对于直线桥，一般扭矩较小，纵向连接系主要由刚度控制设计；对于曲线梁桥，扭矩较大，纵向连接系的间距要求设置得小一些（此时，横向连接系间距也应适当减小）。常用的纵向连接系布置形式如图 2-10 所示。

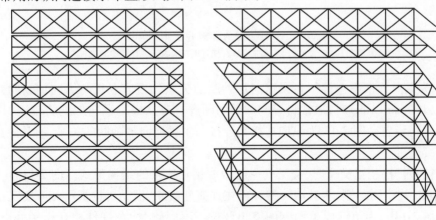

图 2-10　纵向连接系结构形式

2. 纵向连接系的连接

纵向连接系与主梁间的连接,通常采用节点板的结构形式。节点板位于纵向联系平面,焊接于腹板。平联杆件通常是在工地拼装时与主梁连接,采用高强螺栓连接于节点板。

图2-11为纵向连接系的连接构造示意图。其中图2-11a)为平联杆件与节点板的竖直平面内的相对关系,为便于安装,通常将平联设置于节点板的上侧。纵向连接系、横向连接系和腹板形心应尽可能交于一点,不出现偏心[图2-11b)、图2-11d)和图2-11e)]。但是无偏心时有可能导致节点板尺寸过大,为了减小节点板的尺寸,有时不得不做成偏心的结构形式[图2-11c)]。

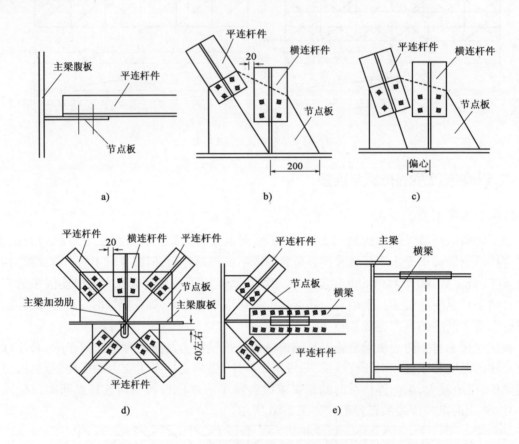

图2-11 纵向连接系的连接(尺寸单位:mm)
a)侧视图;b)无偏心;c)有偏心;d)有横连时的连接;e)有横梁时的连接

图2-12为纵向连接系连接与主梁纵向加劲肋的关系。当节点板与纵向加劲肋在同一平面或很接近(100mm以下)时,通常将纵向加劲肋断开。节点板距纵向加劲肋较远(100mm以上)时,可以平行设置。图2-13为纵向连接系连接与主梁横向加劲肋的关系,通常主梁腹板横向加劲肋连续通过。

纵向连接系杆件相互交叉时,交叉处一般做成相互连接的结构形式。图2-14a)为角钢或T形钢的突出肢位于同一侧,将其中一根杆件在连接处截断,借助拼接板将相互交叉的杆件连接在一起。图2-14b)为角钢或T形钢的突出肢位于不同侧时,在杆件相互交叉处设置填板,使螺栓连接在一起。

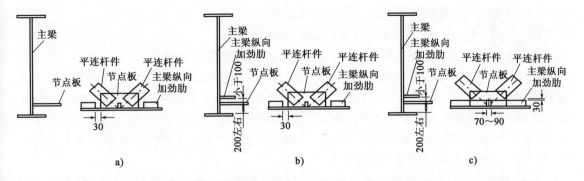

图 2-12 纵向连接系与主梁纵向加劲肋之间的关系(尺寸单位:mm)
a)节点板与纵向加劲肋在同一平面;b)节点板距纵向加劲肋很近;c)节点板距纵向加劲肋较远

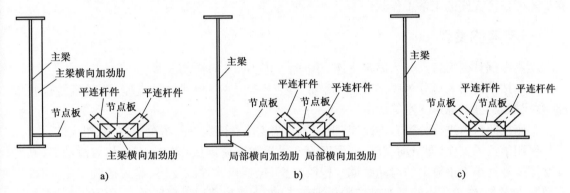

图 2-13 纵向连接系与主梁横向加劲肋之间的关系
a)有横向加劲肋;b)设局部横向加劲肋;c)无横向加劲肋

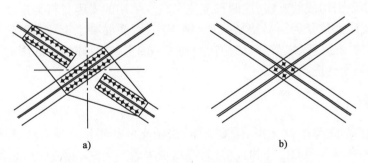

图 2-14 纵向连接系连接与主梁横向加劲肋之间的关系
a)同一平面;b)不同平面

第四节 支座类型和布置

桥梁支座的布置主要和桥梁的结构形式有关。通常在布置支座时,既要便于传递支座反力,又要使支座能充分适应梁体的自由变形。具体注意事项如下:

(1)上部结构是空间结构时,支座应能同时适应桥梁顺桥向和横桥向的变形,可靠地传递垂直和水平反力,使由梁体变形所产生的纵向位移,横向位移和纵、横向转角尽可能不受约束。
(2)当桥梁位于坡道上,固定支座一般应设在下坡方向的桥台上。
(3)当桥梁位于平坡上,固定支座宜设在主要行车方向的前端桥台上。

(4)固定支座宜设置在具有较大支座反力的地方。

(5)在同一桥墩上的几个支座应具有相近的转动刚度。

(6)连续梁可能发生支座沉陷时,应考虑制作高度调整的可能性。

在支座安装前应对支座的安装位置进行测量检验,支座安装平面应和支座的滑动平面或滚动平面平行,其平行度的偏差不宜超过2‰;还应对活动支座顶、底板的相对位置进行检查;支座安装后,滚动和滑动平面应水平,并与理论平面的斜度不大于2‰;支座上下板中心应对中,其偏差不大于2‰;为保证支座安装平整,一般应在支座底面与支承垫石顶面之间,捣筑20~50mm厚的干硬性无收缩混凝土砂浆垫层。

在使用年限期间应定期对支座进行养护,养护工作包括:钢件的表面油漆定期擦洗,辊轴及摇轴转动部分并涂抹润滑油,滑动支座不锈钢表面的擦洗及检查支座的锚栓等。只有定期养护才能保证支座的正常工作状态。

一、支座的类型

支座根据其变形特点分为固定支座、单向活动支座、多向活动支座。

支座按结构形式可分为弧形支座、摇轴支座、辊轴支座、板式橡胶支座、四氟板式橡胶支座、盆式橡胶支座、球形支座等。

支座按照材料进行分类有钢支座、聚四氟乙烯支座、橡胶支座、混凝土支座、铅支座。

聚四氟乙烯支座,即滑动支座,以聚四氟乙烯板和不锈钢板作为支座的相对滑动面,其滑动摩擦系数远小于钢对钢的滑动摩擦。橡胶支座,包括板式橡胶支座、盆式橡胶支座、四氟板式橡胶支座等,橡胶支座的是通过橡胶板来传力的,支座位移通过聚四氟乙烯板的滑动或橡胶的剪切来实现,支座转角则通过橡胶的压缩变形来实现。混凝土支座,即混凝土铰支座;铅支座,即传力部分由硬铅构成的支座,这两种支座是较少采用的支座材料类型。

目前,桥梁支座大致分为简易垫层支座、钢支座、钢筋混凝土支座、橡胶支座及特种支座等。应根据桥梁的用途、跨径、类型、结构物的高度等因素,视具体情况选用。下面介绍几种常用的桥梁支座类型及构造。

二、钢支座

钢支座的结构形式有平板支座、弧形支座、摇轴支座和辊轴支座。钢支座靠钢部件的滚动、摇动和滑动来完成支座的位移和转动,其特点是承载能力强,能适应桥梁的位移和转动的需要。20世纪60年代以前,钢支座普遍应用于我国公路、铁路桥梁上,现仅铁路桥梁上仍普遍应用该种支座。常用的钢支座有铸钢支座和特种钢支座等。

1. 铸钢支座

铸钢支座使用碳素钢或优质钢经过制模、翻砂、铸造、热处理、机械加工和表面处理制成。铸钢支座承载能力较大,但其构造尺寸大、耗钢量多、刚度过大、传力急剧,容易造成下部结构损坏,而且铸钢支座易锈蚀,养护费用高,维修困难。常见的铸钢支座有平板支座、弧形支座、摇轴支座和辊轴支座等几种。

(1)平板支座。

平板支座是桥梁支座最早且最简单的一种支座形式。它由平面钢板组成,为了减少钢板接触面上的摩擦力,以免阻碍纵向滑动,可将钢板的接触面在刨床上刨光,并涂以石墨润滑剂。

积垢与锈蚀常使这种支座发生"冻死"而失效,将薄铅板夹于钢板之间虽有益,但铅板经常被挤出来。若能免除污垢、灰尘,则嵌有石墨化合物自行润滑的青铜平板就能良好地工作。

平板支座的位移量是很有限的,且梁的支承端也不能完全自由旋转,所以一般用于小跨度桥梁,例如,在铁路桥上可用到 8m 跨度,在公路桥中常用到 12~15m 的跨度。目前平板支座大部分已经被板式橡胶支座所取代。

(2)弧形支座。

弧形钢板支座[图 2-15a)]由上、下支座板和销钉组成。下支座板的顶面为一曲率很大的弧面,上支座板底面为一平面,上、下支座板之间在销钉孔处设有销钉。固定支座的上、下支座板的销钉孔均为圆孔,由销钉承受纵向水平力。活动支座的销钉孔为长圆孔,以使支座可做少量的滑移。

下支座板顶面的曲率半径应根据赫兹接触线应力公式进行检算:

$$\sigma = 0.423\sqrt{PE/r} \tag{2-4}$$

式中:P——支座反力;

E——钢的弹性模量;

r——下支座板顶面曲率半径。

弧形钢板支座一般用于跨径 16m 以下的铁路桥上。在使用过程中,弧形钢板支座经常发生转动不灵活或锚栓剪断的现象,其主要原因是其弧形接触面接触应力过大被压平,使支座转动困难,同时支座锚栓及梁底钢板焊接后,也使锚栓抗剪强度降低。目前不少桥梁的弧形支座已被板式橡胶支座代替。

弧形支座是将平板支座上下摆的平面接触改为弧面接触,这样,反力能集中传递,梁端也能自由转动,但伸缩时仍要克服较大的摩阻力,所以仍只适用于较小跨度的梁。

(3)摇轴支座。

铁路桥梁跨度在 20~32m 之间时,一般均采用铸钢摇轴支座。摇轴支座有固定支座和活动支座之分。

活动摇轴支座采用如图 2-15c)或 2-15d)的形式。由底板、下摆(摇轴)和直接与梁底相连的上摆组成。下摆的顶面和底面均做成圆曲面形,能自由转动,并由下摆转动后顶、底面的位移差,来适应梁体位移的需要。以往的摇轴支座由于下摆顶、底面曲面半径不一致,因而在转动时的约束阻力较大。目前,业界已开始设计摇轴的顶、底面为一同心圆的一部分,以便于支座的自由转动。

摇轴支座的固定支座如图 2-15b)的形式,将下摆加高,做成类似钢轨的截面形式,两侧用肋加强,这样,下摆底部有较大的面积,摆身有足够的刚性,可将较大的支承反力均匀分布于墩台顶垫石面上。

(4)辊轴支座。

为了克服摇轴支座的缺点,对于跨度更大的梁,可以采用辊轴支座,如图 2-15d)所示。它相当于将图 2-15b)的固定支座放在一些钢辊子上。辊轴支座由上摆、底板和两者之间的辊子组成。也可将圆辊多余部分削去成为扇形。辊轴支座能很理想地满足活动支座的各项要求。如果圆形辊轴的直径可以任意加大,它的承载能力从理论上讲是没有限制的,但支承反力越大,相应要求辊子的直径也越大,这就使支座高度变得很大。辊轴支座除了能很好地满足活动支座的各项要求外,由于反力是通过若干辊轴压在底板上而产生的,因此辊子的直径可以随其个数的增多而减小,反力也可分散而均匀地分布到墩台垫石面上。辊轴支座适用于各种大型桥梁,辊轴的个数视承载力大小而定,一般为 2~10 个。

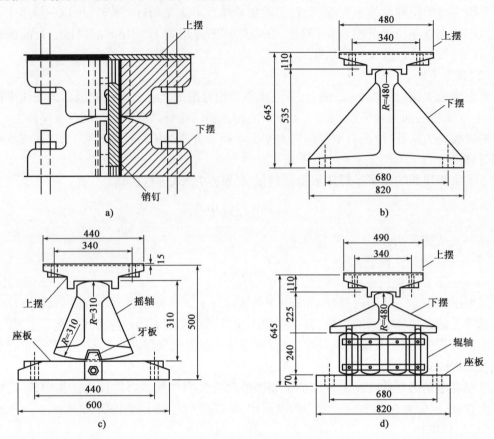

图 2-15 常用铸钢支座(尺寸单位:mm)

以上各式铸钢支座能较好地适应不同跨度桥梁的要求,但是钢支座构造复杂、用钢量大,大型辊轴支座可高达数米,而当弧面半径很大时,若积有污垢就会转动不灵,故需要定期养护。

2. 特种钢支座

(1)不锈钢或合金钢支座。

由于材料和工艺的发展,出现了不锈钢或合金钢制成的钢支座,或是在支座承受接触应力的部分进行表面硬化处理,以提高允许承载力。德国的克劳茨·阿莫钢支座(图 2-16)是将辊轴不锈钢表面硬化到邵氏硬度 600°,深 13mm,大大提高了辊轴的表面接触应力,从而减小了支座的质量和高度。

(2)滑板钢支座。

配有聚四氟乙烯滑板的钢支座,具有很小的摩擦系数,可以避免滞滑现象。在聚四氟乙烯板内加入玻璃纤维等填料,可以提高其抗压强度,降低温度膨胀系数,而摩擦系数会稍有增大。

(3)球面支座。

对于某些曲线梁桥,要求支座能够适应多方向的转动,有的设计转角高达 3°~4°,为此出现了球面支座(图 2-17)。球面支座由高级锻钢或热处理的合金钢制造,桥梁的转动依靠光洁度高的接触面的滑动来完成,润滑后的滚动摩擦系数非常小。若要保持它的使用效果,通常将支座密封在油箱内。改进的滑动面由聚四氟乙烯板与不锈钢板或镀铬钢板的滑动来完成。球面支座的优点在于全向转动,并能预先调整支座上板的角度,适用于梁端转角较大的桥梁。按工作性能,球面支座可分为固定支座、单向活动支座和多向活动支座。

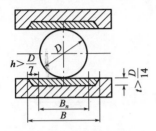

图 2-16 克劳茨高级钢支座

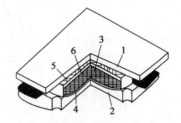

图 2-17 球面支座
1-上支座板;2-下支座板;3-球冠钢衬板;4-球面聚四氟乙烯板;5-平面聚四氟乙烯板;6-不锈钢板

三、橡胶支座

与其他材料的支座相比,橡胶支座具有结构简单、加工方便、节省钢材、造价低、结构高度小、安装方便等一系列优点。此外,橡胶支座能方便适应任意方向的变形,故对宽桥、弯桥和斜桥具有特别的适应性。橡胶的弹性还能消减上、下部结构所受动力的作用,这对抗震十分有利。因此,近年来在公路桥梁中橡胶支座已获得广泛应用,在铁路桥梁中也开始使用这种支座。

在桥梁工程中使用的橡胶支座大致分为两类:板式橡胶支座和盆式橡胶支座。

1. 板式橡胶支座

板式橡胶支座又称弹性支座。与其他类型的支座相比有以下优越性:

(1)构造简单,加工方便,易于工厂成批定型生产。

(2)材料来源充足,用钢梁量少。

(3)支座高度小,在以洪水位控制桥下净空的情况下,能降低桥面高程,缩短桥头引桥长度。

(4)安装方便,平时无须养护,更换容易。

(5)能适应宽桥、弯桥、斜交桥的桥跨结构在各个方向的变形。

(6)支座摩阻小,且能分布水平力,吸收部分振动作用,使墩台受力缓和,所受弯矩较小,对高墩、地震区的桥梁有利。

板式橡胶支座一般分为无加劲支座及加劲支座两种。无加劲支座只有一层橡胶板;加劲支座则在几层橡胶片内嵌入刚性加劲物组成,常用薄钢板作为刚性加劲物。

常用的板式橡胶支座是由数层薄橡胶片与刚性加劲材料黏结而成。桥梁上常用的橡胶支座每层橡胶片厚5mm,橡胶片间嵌入2mm厚的薄钢板。由于钢板的加劲,阻止了橡胶片的侧向膨胀,从而提高了橡胶片的抗压能力。根据不同的桥跨结构,板式橡胶支座具有不同的平面形状,一般情况下,正交桥梁用矩形支座;曲线桥、斜交桥用圆形支座。

板式橡胶支座的功能在于使桥梁上部构造的全部荷载通过支座传递到墩台上去,同时又能适应上部构造变形的要求,使上部构造的实际受力情况与计算要求相符合。板式橡胶支座能设计成在垂直方向具有足够刚度,从而保证在最大竖向荷载作用下支座产生较小的变形;又能设计成在水平方向具有一定的柔度,以利用其剪切变形实现水平位移,利用橡胶的不均匀弹性压缩实现转角。如图2-18所示。

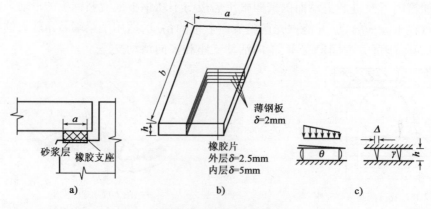

图 2-18 加劲板式橡胶支座

板式橡胶支座可以设计成固定支座和活动支座，也可以设计成不分固定端与活动端的支座。固定支座一般厚度较薄，能满足支撑竖向荷载及两端自由转动的要求。水平位移主要由活动支座的橡胶剪切变形完成，其高度则取决于水平位移量的大小。桥梁两端使用不分固定端与活动端的支座时，两者厚度相同，水平变形由两个支座同时完成，各承担其一半。板式橡胶支座可单独使用，也可与地脚螺栓或制动器结合使用，组成固定支座、活动支座和半固定支座。所有支座在最小荷载竖向作用下应保证本身不得有任何滑动。

2. 盆式橡胶支座

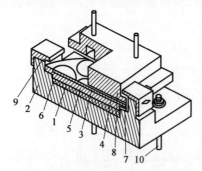

图 2-19 盆式橡胶支座一般构造
1-素橡胶板；2-钢盆；3-聚四氟乙烯板；4-不锈钢板；5-中间衬板；6-紧箍圈；7-橡胶密封垫圈；8-上摆；9-上、下支座连接板；10-锚栓

盆式橡胶支座是在板式橡胶支座的基础上进一步改进后更为完善的一种橡胶支座。它的构造特点主要有两个方面：一是将纯氯丁橡胶块放置在钢制的凹形金属盆内，盆顶用钢盖盖住。在高压下，其作用犹如液压千斤顶中的黏性液体，盆盖相当于千斤顶的活塞。由于橡胶处于有限受压状态，大大提高了支座承载能力。二是利用嵌放在金属盆顶面的填充聚四氟乙烯板与不锈钢板相对摩擦系数很小的特性，保证活动支座能满足梁的水平移动要求。常用的盆式橡胶支座结构示意如图 2-19 所示。

盆式橡胶支座具有很大的承载能力，水平位移量大，摩擦系数小，支座建筑高度低，节省钢材。在同样的重载下，它的体积（高度）和质量不到钢支座的 1/10；而且，它在纵向及横向均可转动和移动，在功能上，由于钢支座能满足宽桥支座对横向也要能转动及伸缩的要求，因此，盆式橡胶支座在铁路及公路桥上均已得到广泛应用。

第五节 主梁的设计要点

一、主梁梁高

主梁要求有足够的强度和刚度，通常主梁以截面应力控制设计时的用钢量比以刚度控制设计的用钢量要省,为了有效地发挥钢材的作用和节省钢材,主梁设计应该尽可能采用以截面应力控制设计。尤其是我国《公路桥涵钢结构及木结构设计规范》(JTJ 025—1986)规定的容许挠度要求较高(与钢筋混凝土桥梁相同),刚度比较难以满足要求,设计时必须充分注意。

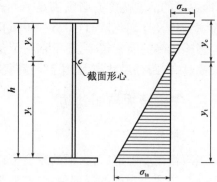

图 2-20 钢板梁截面应力

如图 2-20 所示,假设主梁以截面应力控制设计,设其最大容许拉应力和压应力分别为 σ_{ta} 和 σ_{ca},腹板高为 h,腹板厚为 t,受压翼缘面积为 A_c,受拉翼缘面积为 A_t。在理想设计状态下,截面中性轴位置和惯性矩 I 为:

$$y_c = \frac{\sigma_{ca}}{\sigma_{ta} + \sigma_{ca}} h \tag{2-5}$$

$$y_t = \frac{\sigma_{ta}}{\sigma_{ta} + \sigma_{ca}} h \tag{2-6}$$

$$\delta = \frac{y_t - y_c}{2} = \frac{\sigma_{ta} - \sigma_{ca}}{\sigma_{ta} + \sigma_{ca}} \frac{h}{2} \tag{2-7}$$

$$A_t y_t + ht\delta - A_c y_c = 0 \tag{2-8}$$

$$I = A_c y_c^2 + \frac{1}{3} y_c^3 t + \frac{1}{3} y_t^3 t + A_t y_t^2 \tag{2-9}$$

如果截面设计弯矩为 M,根据截面内力与外力平衡原理可以得到:

$$A_c \sigma_{ca} y_c + \frac{\sigma_{ca}}{2} y_c \frac{2}{3} y_c + \frac{\sigma_{ta}}{2} y_t \frac{2}{3} y_t + A_t \sigma_{ta} y_t = M \tag{2-10}$$

将式(2-5)代入上式,可以近似求得翼缘板所需的面积:

$$A_c = \frac{M}{\sigma_c h} - \frac{ht}{6} \frac{2\sigma_c - \sigma_t}{\sigma_c}, A_t = \frac{M}{\sigma_t h} - \frac{ht}{6} \frac{2\sigma_t - \sigma_c}{\sigma_t} \tag{2-11}$$

将式(2-11)代入主梁全截面面积计算公式 $A = A_c + A_t + ht$,可以得到钢梁截面面积 A 与腹板高度 h 的关系:

$$A = \frac{M}{\sigma_{ca} h} - \frac{ht}{6} \frac{2\sigma_{ca} - \sigma_{ta}}{\sigma_{ca}} + \frac{M}{\sigma_{ta} h} - \frac{ht}{6} \frac{2\sigma_{ta} - \sigma_{ca}}{\sigma_{ta}} + ht \tag{2-12}$$

令 $dA/dh = 0$,就可求得最小截面面积相应的腹板高(称为经济腹板高度) h 值:

$$h = \sqrt[3]{\frac{3(h/t)}{\sigma_{ta} + \sigma_{ca}} M} \tag{2-13}$$

式中:h/t——腹板宽厚比的限制值,可以根据腹板加劲肋数量和腹板的抗剪能力确定。

以上是根据截面应力控制设计得到的最佳梁高。但是,实际上主梁还必须满足刚度的要求,即主梁的活载挠度 f,必须满足 $f \leqslant [f]$(最大容许挠度)的要求。根据我国《公路桥涵钢结构及木结构设计规范》(JTJ 025—1986),钢板梁桥要求活载挠度不得大于 $l/600$。

影响梁高的因素较多,通常钢板梁的梁高 h 为 $L/25 \sim L/12$ (L 为跨径)。活载越大,要求的梁高越高;跨径尺寸越大,梁高与跨径之比 h/L 可以小一些。

二、主梁腹板与加劲肋

1. 腹板的厚度

当腹板高度确定后,腹板的厚度可以根据主梁的剪力大小和腹板高厚比 h/t 的限值确定。其中,h/t 主要由腹板的局部稳定控制,采用不同的加劲肋设计时,腹板高厚比的限值也不同。《公路钢结构桥梁设计规范》(征求意见稿)给出了不同加劲布置情况下钢梁腹板的最小厚度,如表2-3所示。

钢板梁腹板最小厚度　　　　　表2-3

钢材品种	Q235钢	Q345钢	备注
不设横向加劲肋及水平加劲肋时	$\dfrac{\eta h_0}{70}$	$\dfrac{\eta h_0}{60}$	
仅设横向加劲肋,但不设水平加劲肋时	$\dfrac{\eta h_0}{160}$	$\dfrac{\eta h_0}{140}$	
设横向加劲肋和1段水平加劲肋时	$\dfrac{\eta h_0}{280}$	$\dfrac{\eta h_0}{240}$	水平加劲肋位于距受压翼缘 $0.2h_0$ 附近
设设横向加劲肋和2段水平加劲肋时	$\dfrac{\eta h_0}{310}$	$\dfrac{\eta h_0}{310}$	水平加劲肋位于距受压翼缘 $0.14h_0$ 和 $0.36h_0$ 附近

注:1. h_0 为腹板计算高度,对焊接梁为腹板的全高,对铆接梁为上、下翼缘角钢内排铆钉线的间距。

2. η 为应力折减系数,$\eta = \sqrt{\dfrac{腹板计算应力}{腹板弯曲设计应力}}$。

当跨径小于40m时,腹板厚度一般为9~12mm;对于跨度不超过30m的梁,设计者可以选择较薄的腹板,并设置加劲肋,或腹板较厚,无加劲肋,例如有加劲肋的8mm的板或无加劲肋的11mm的板一般能满足该跨度范围内的抗剪和屈曲要求,但梁的腹板较薄时,可能比厚腹板造价更高,因为其制作费用会超过所节约的钢材费用,然而,如果腹板不设加劲肋时板厚大于11mm,则采用加劲肋可能更经济。

对于钢板梁桥,腹板剪应力一般较小,腹板厚度多数由稳定控制设计,采用加劲肋设计可以有效地减小腹板厚度。在弯矩和剪力的作用下,腹板同时存在弯曲正应力和剪应力,腹板不仅要满足强度要求,而且必须满足稳定性要求。应限制腹板柔度,以避免腹板过度压曲,引起腹板—翼板连接处及其附近区域的疲劳。

2. 腹板稳定性控制

为了防止腹板局部失稳,各国规范对不同钢材不同横向和纵向加劲肋设置的腹板高厚比 h_w/t_w 作了相应的规定。我国的公路钢桥规范、铁路钢桥规范和日本的相关公路钢桥规范的规定列于表2-4。我国公路钢桥和铁路钢桥的规范适用于腹板高厚比 $h_w/t_w \leqslant 240$(Q345钢)的情况,日本的公路钢桥规范可以适用于 $h_w/t_w \leqslant 310$(SM490钢)的钢板梁桥。当腹板高厚比超过表2-4中规定的最大值时,必须设置更多段的纵向加劲肋。

横向和纵向加劲肋的设置与最大腹板宽厚比　　　　　表 2-4

规　范	钢材种类	不设竖向和纵向加劲肋	仅设横向加劲肋	横向加劲肋和一段纵向加劲肋	横向加劲肋和二段纵向加劲肋
我国公路钢桥	Q235	70	160	280	—
	Q345	60	140	240	—
我国铁路钢桥	—	50	140	250	—
日本公路钢桥	SS400,SM400	70	152	256	310
	SM490	60	130	220	310
	SM520,SM490	57	123	209	294
	SM570	50	110	118	262

提高腹板稳定临界应力的方法主要有增加板厚和设置加劲肋两种方法。其中设置加劲肋方法效果更加显著,是减小腹板厚度、减轻钢重的最有效途径,其在钢桥设计中最为常用。

3. 腹板加劲肋设计原则和构造要求

(1) 钢板梁腹板水平加劲肋和竖向加劲肋设计原则。

当 $50\sqrt{\frac{345}{f_y}} < \frac{h_w}{t_w} < 140\sqrt{\frac{345}{f_y}}$ 时,应设置中间竖向加劲肋,其间距不宜大于 2m,也不宜大于 $2h_w$;当采用竖向加劲肋加强腹板,则成对设置的中间竖向加劲肋的每侧宽度不得小于 $\frac{h_w}{30}$ + 0.04(以 m 计);当 $140\sqrt{\frac{345}{f_y}} < \frac{h_w}{t_w} < 250\sqrt{\frac{345}{f_y}}$ 时,除设置竖向加劲肋外还应在距受压翼缘 $(\frac{1}{5} \sim \frac{1}{4})h_w$ 处设置水平加劲肋;当采用单侧加劲肋时,则其绕腹板边线的截面惯性矩应不小于上述各计算值。加劲肋伸出肢的宽厚比不得大于 15;轮压局部荷载引起的竖向压应力满足式(2-14)要求时,可不考虑局部荷载影响,否则应减小竖向加劲肋的间距。

$$\sigma_c \leq 1700(1 + 4/\varphi^2) \times (100t_w/h^2)/(10 + \varphi^2) \tag{2-14}$$
$$\varphi = a/h$$

式中:a——区格长度;
　　　h——区格高度。

(2) 焊接板梁加劲肋设计构造要求。

与腹板对接焊缝平行的加劲肋,应距对接焊缝不小于 10δ(δ 为腹板厚度),不大于 100mm。与腹板对接焊缝相交的加劲肋,加劲肋及其焊缝应连续跨过腹板焊缝。水平加劲肋与竖向加劲肋相交时,宜切断竖向加劲肋而使水平加劲肋连续通过。切断的竖向加劲肋可切出斜角并焊在水平加劲肋上;也可以将竖向加劲肋及其焊缝连续通过,而将水平加劲肋截断并切出斜角使其焊在竖向加劲肋上。竖向加劲肋与梁的翼缘板焊接时,应将加劲肋切出不大于 5 倍腹板厚度的斜角。水平加劲肋与竖向加劲肋的相交处,宜焊连或栓连。

4. 纵向加劲肋设计

当 $160 < \frac{h_0}{\delta} \leq 280$(Q235 钢)或 $140 < \frac{h_0}{\delta} \leq 240$(Q345 钢)时,除设置竖向加劲肋外,尚需设置水平加劲肋。设置 1 道纵向加劲肋时,宜设置在距受压翼缘$(0.2 \sim 0.25)h_0$(h_0 为腹板高

度)附近,设置2道纵向加劲肋时,宜设置在距受压翼缘$0.14h_0$和$0.36h_0$(h_0为腹板高度)附近。h_0为腹板计算高度,对焊接梁为腹板的全高,对铆接梁为上、下翼缘角钢内排铆钉线的间距。纵向加劲肋与腹板宜用角焊缝连接,在与横向加劲肋交叉处宜留不小于30mm的间隙,但是,当考虑纵向加劲肋与腹板共同承担轴向力时,纵向加劲肋应连续通过,承受压力时也可焊接于横向加劲肋。

当设置竖向加劲肋又设置水平加劲肋时,竖向加劲肋除满足上述(1)的规定外,其截面对板梁中线的惯性矩不应小于:

$$I_c = 3h_0\delta^3 \tag{2-15}$$

水平加劲肋对梁中线的惯性矩不应小于:

$$I_c = \frac{a^2}{h_0}\delta^3(2.5 - 0.45a/h_0) \tag{2-16}$$

水平加劲肋对梁中线的惯性矩也不宜小于$1.5h_0\delta^3$。

当只能设置单侧加劲肋时,则以与加劲肋相贴的腹板边缘为轴线的惯性矩不应小于成对的加劲肋对腹板中心截面的惯性矩。

5. 横向加劲肋设计

钢板梁桥的横向加劲肋(或称为竖向加劲肋),按它起的主要作用不同可以分为两类。一类是设置在主梁支点之间,主要用于防止腹板剪切失稳的横向加劲肋,称为中间横向加劲肋;另一类是设置在主梁支承处及外力集中处的横向加劲肋,它们除了防止腹板剪切失稳外,还要承受集中力,防止局部屈曲或应力集中,称为支承加劲肋。

(1)支承加劲肋。

板梁在支承处及外力集中处应设置成对的竖向加劲肋。加劲肋应尽量延伸到翼缘板的外边缘,在支承处应磨光并与下翼缘焊连。在外力集中处,加劲肋应与上翼缘焊连,但对焊接梁不得与受拉翼缘直接焊连。

支承加劲肋的伸出肢宽厚比不应大于12,支承加劲肋按压杆设计。对由2块板或角钢组成的加劲肋,承压截面为加劲肋及填板的截面加每侧由加劲肋中轴算起不大于15倍板厚的腹板截面;对由4块板或角钢组成的加劲肋,承压截面为4块加劲肋及填板截面所包围的腹板面积(铆接梁仅为加劲角钢和填板)另加不大于30倍板厚的腹板截面(图2-21)。自由长度取腹板的计算高度。同时应验算伸出肢与贴紧翼缘部分的支承压力。

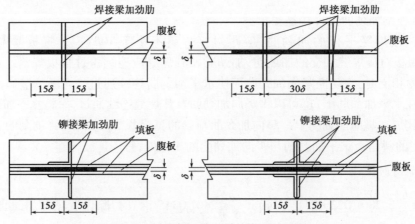

图2-21 加劲肋按压杆设计计算的承压截面

支承加劲肋可按不均匀受压构件计算,应力应满足下式要求:

$$\sigma = \frac{2R_V}{A_s + B_{ev}t_w} \leqslant \varphi \frac{f_y}{\gamma_{R2}} \tag{2-17}$$

式中:R_V——支座反力或上翼缘集中力;

A_s——竖向加劲肋净截面积;

t_w——腹板厚度;

B_{ev}——腹板竖直方向应力有效计算宽度,按式(2-18)计算(图2-22)。

$$\begin{cases} B_{ev} = b_s + 30t_w & (b_s < 30t_w) \\ B_{ev} = 60t_w & (b_s \geqslant 30t_w) \end{cases} \tag{2-18}$$

支承加劲肋按压杆设计,其截面为加劲肋加每侧不大于15倍腹板厚的腹板,计算长度为支承处横向连接系上、下两节点间距的0.7倍。

(2)中间横向加劲肋。

①当 $70 < h_0/\delta \leqslant 160$(Q235钢)或 $60 < h_0/\delta \leqslant 140$(Q345钢)时,仅设置竖向加劲肋,间距 a 应满足下式要求,且不得大于2m。

$$a \leqslant \frac{950\delta}{\sqrt{\tau}} \tag{2-19}$$

式中:a——竖向加劲肋的间距,mm;

δ——腹板的厚度,mm;

τ——验算板梁处的腹板平均剪应力,MPa。

②当仅设置竖向加劲肋加强腹板时,其每侧加劲肋的伸出肢肢宽不宜小于 $40\text{mm} + \frac{1}{30}$ 腹板计算高度;当仅设置竖向加劲肋的中间横向加劲肋时(图2-22),其每侧加劲肋的伸出肢肢宽不宜小于 $50\text{mm} + \frac{h_0}{30}$($h_0$ 为腹板高度),肢厚不宜小于肢宽的 $\frac{1}{15}$。

三、主梁翼缘板

当腹板高度 h_w 和厚度 t_w 确定后,受拉和受压翼缘板的最小截面面积 A_t 和 A_c,可以根据设计弯矩 M 主梁的最大控制设计拉应力 $[\sigma_t]$ 和压应力 $[\sigma_c]$,由下式求得:

$$A_c = \frac{M}{\sigma_c h} - \frac{h_w t_w}{6} \frac{2\sigma_c - \sigma_t}{\sigma_c} \qquad A_t = \frac{M}{\sigma_t h} - \frac{h_w t_w}{6} \frac{2\sigma_t - \sigma_c}{\sigma_t} \tag{2-20}$$

一般情况下,主梁的最大控制设计应力控制在容许应力 $[\sigma]$ 的 0.8~0.95 倍。对于受压翼缘,由于要考虑局部稳定的影响,设计控制应力一般比受拉应力小。

翼板宽度 b_f 和厚度 t_f 的确定,必须综合考虑翼板的局部稳定和主梁的弯扭屈曲,确保钢梁在制作、运输、安装和运营等各种工作状态下不出现翼板局部失稳和主梁的弯扭失稳。为了防止受拉翼板在制作、运输、安装过程中可能出现的局部失稳,《公路钢结构桥梁设计规范》(征求意见稿)规定,焊接板梁受压翼缘的伸出肢宽不应大于其厚度的12倍,受拉翼缘的伸出肢宽不应大于其厚度的16倍。翼缘板的厚度不小于腹板厚度的1.1倍。翼板的面外惯性矩宜满足下式要求：

$$0.1 \leqslant \frac{I_{yc}}{I_{yt}} \leqslant 10 \tag{2-21}$$

式中：I_{yc}、I_{yt}——分别为受压翼缘和受拉翼缘对竖轴的惯性矩。

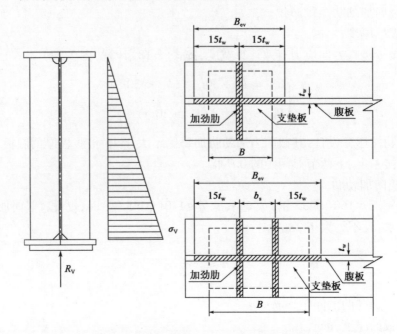

图 2-22　横向加劲肋压应力分布与有效计算面积

翼板应该有足够的宽度，确保钢板梁不致产生整体弯扭失稳。当跨径不大（小于60m）并且有足够的横向连接时，翼板宽度一般为250~650mm，跨径大者可以取较大值。当采用高强螺栓连接时，考虑到螺栓布置的需要，翼板宽度一般不小于350mm。考虑到应尽量减小焊接变形，翼板宽度不宜太宽，一般 $b = (0.2 \sim 0.45)h < 600mm$（$h$ 为梁高）。从弯扭屈曲角度考虑，受压翼缘宽度可以比受拉翼缘稍宽一些。

翼缘厚度一般在50mm以下，采用16Mn钢时，由于厚板效应，翼缘厚度和宽度一般不超过32mm和400mm。当要求的板厚较大时，应该优先考虑采用可焊性好、厚板效应不大的钢材（如14MnNbq等），或者采取构造措施，减小所需的板厚，不得已时可以考虑采用外贴翼缘钢板（称为盖板）。

对于跨度小于30m的简支组合梁，改变上翼缘可能并不经济。值得注意的是，虽然主梁的下翼缘可采用高强度的钢材，但上翼缘的强度不必高于腹板。加劲肋和其他附件通常应避免与受拉翼缘进行焊接。用于横向连接的横向加劲肋应与两侧的翼缘都相连，翼缘应力不应超过相邻母材。加劲肋与受压翼缘焊接，这种焊接能够增加梁的侧向刚度。

复习思考题

1. 简述钢板梁桥的形式和特点。
2. 简述钢板梁桥的组成和各部分作用。
3. 钢板梁桥的横断面布置应考虑哪些主要因素？主梁间距是如何确定的？
4. 钢板梁桥的平面布置应考虑哪些主要因素？横梁间距是如何确定的？

5. 钢板梁桥支座及临时支点是如何布置的？

6. 钢板梁桥主梁梁高的确定应考虑哪些主要因素？与跨径和荷载有何关系？

7. 加劲肋的设置与腹板高厚比有何关系？刚度是如何确定的？规范为什么要限制它们的最小刚度？

8. 横向连接系与纵向连接系的作用分别是什么？有哪些常用的结构形式？各有何主要特点？

第三章 钢—混凝土组合结构桥梁

第一节 概　　述

钢材和混凝土是建造桥梁的主要材料,这两种材料在物理性能和力学性能上具有各自的优点和不足。当仅采用其中一种材料建造桥梁时,建造完后的桥梁往往会由于这种材料特有的性能而出现一些问题;然而如果将钢材和混凝土组合在一起,使它们共同工作,便能够综合钢筋混凝土结构和钢结构的优势,改善它们的不足,从而做到物尽其用,扬长避短,进而为桥梁工程师提供更广阔的创作空间。

一、组合梁桥受力特点

对于常见的钢筋混凝土梁、钢梁、钢—混凝土组合梁,其基本受力特点可根据图3-1来进行一些简单的说明。

混凝土材料具有较高的刚度和抗压强度,但其抗拉强度较低。对于普通的钢筋混凝土梁,在正常使用状态下,其受拉部位的混凝土容易开裂[图3-1a)],此时受拉区的混凝土不仅不能发挥抵抗外力的作用,还增加了结构的负担。

钢材的强度高、韧性好,但在钢结构中,为了减轻自重并节省材料,钢构件通常采用薄壁构件,薄壁构件稳定性较差,在缺少侧向约束的条件下易发生失稳破坏而非所希望的强度破坏[图3-1b)]。

20世纪所发展起来的钢—混凝土组合梁综合了混凝土梁和钢梁的优势,并且这种组合梁很好地改善了钢梁或混凝土梁中存在的不足。钢—混凝土组合梁保留了受压区的混凝土翼板,在受拉区则只配置钢梁,两者之间通过抗剪连接件组合成整体[图3-1c)],具体截面如图3-2所示。这样,组合梁在工作时既不会出现混凝土受拉开裂的问题,也不会因钢梁受压侧刚度较弱而发生失稳,同时还具备较高的刚度和较轻的自重。

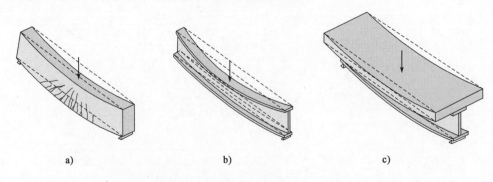

图3-1　混凝土梁、钢梁和组合梁受力破坏及破坏模式示意图
a)钢筋混凝土梁;b)钢梁;c)钢—混凝土组合梁

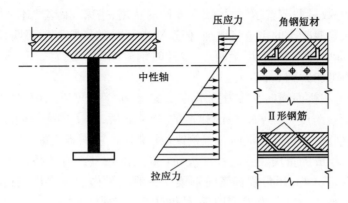

图 3-2 组合梁受力特点

二、经济性及选型原则

钢—混凝土组合梁桥是指将钢梁与混凝土桥面板通过抗剪连接件连接成整体并考虑共同受力的桥梁结构形式，具有较好的力学性能和施工性能。相对于不按组合梁设计的纯钢桥，组合桥可以采用截面较小的钢梁；组合梁的截面惯性矩较钢梁明显增大，有利于减小结构在活荷载作用下的挠度；通过抗剪连接件的连接作用，混凝土桥面板对钢梁受压翼缘起到约束作用，从而增强了钢梁的稳定性，有利于材料强度的充分发挥；截面高度的降低，使结构外形更加纤巧，改善桥梁的景观效果，并利于增加桥下净空或降低桥面高程。组合梁桥相对于混凝土桥，其上部结构高度较低、自重减轻、地震作用减小，相应使得结构的延性提高、基础造价降低；组合梁桥便于工厂化生产、现场安装质量高、施工费用低、施工速度快，并可以适用于传统砖石及混凝土结构难以应用的情况。

钢—混凝土组合梁桥除了具有较好的力学性能和施工性能外，其还具有良好的经济性能。相对于钢桥，组合梁的截面惯性矩和抗弯承载力均显著提高，并且混凝土桥面板对钢梁可以起到有效的侧向约束作用，使钢梁的稳定性得到了增强，增加了钢材的利用率。据相关统计表明：一般情况下，焊接抗剪连接件所增加的费用要大大低于减小钢梁用钢量所节省的费用。

根据对国内已建成的多座钢—混凝土组合梁桥的统计，组合梁桥用钢量随跨度变化分布如图3-3所示。对于组合梁桥，跨度为20～30m时，单位面积用钢量约为150kg/m²，跨度为40～50m时，单位面积用钢量约为270kg/m²。随跨度的增加，用钢量的增长幅度（线性关系）要小于跨中弯矩的增长幅度（平方关系），说明在跨度增大时，钢材的利用率更高。值得注意的是，如果综合考虑因自重引起的基础造价和施工周期等，组合梁桥的综合效益会更明显一些。

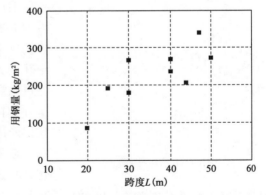

图 3-3 组合梁桥用钢量随跨度变化分布图

钢梁的横向间距也是一个影响组合梁桥总造价的重要因素，通过增加钢梁的横向间距可相应减少钢梁的数量，从而降低钢结构加工的费用（例如：将钢梁间距由 2.3m 增加到 3.2m，将使纵梁数量由 11 根减为 8 根，并使总的制造成本降低 8%～13%），数量较少的钢梁同时意味着能够减少支座的数量并节省运输、吊装和养护的费用；主梁间距增加使得混凝土板的厚度需要加大，也就意味着混凝土的用量将增加，但这对总造价的影响一般不明显（因为钢材成本比混凝土材料的成本要高）。综合以上两点，设计时钢梁间距一般为2.5~3.0m；对于较大宽度的桥梁，纵梁间距可加大到6m以上。

随着高强混凝土和桥面横向预应力技术的发展，在桥梁中可以采用更大的钢梁横向间距（也就是更大的桥面板跨度）。例如，法国建造的Somma桥，其主梁横向间距达到10.5m。对于间距更大的纵向钢梁，还可以在横向布置钢梁（次梁），使桥面板支撑于纵、横梁所形成的梁格之上。例如，我国建成的重庆观音岩长江大桥（斜拉桥），其组合梁桥面系的纵向钢梁间距达到35.2m，其间每间隔4m还布置有横向钢梁。一般这种做法通常比较适合大跨度的组合梁桥，并不适合中小跨度的组合梁桥，因为这种做法会大大增加结构的复杂性并增加用钢量，不适合布置用于支撑桥面板的横向次梁。

桥跨布置是影响组合梁桥综合造价的另一个重要因素。简单来说，组合梁桥主要有简支梁桥和连续梁桥两类。除受力性能有所不同外，连续组合梁桥还能明显减少支座和伸缩缝的数量。例如，2跨简支梁需要4个支座，而1联2跨的连续梁则只需要3个支座，跨数多后，节省的支座数量将会更明显，而作为超静定结构的连续组合梁，对强迫位移和约束内力更为敏感，需要下部结构具有更高的受力性能。因此，桥跨布置需要根据实际情况进行综合考虑，忽视任何一点都可能引起综合成本的上升。

三、组合结构桥梁结构形式

1. 组合板梁桥

对于中、小跨径组合梁桥，为降低制作安装成本，通常使用工字形截面的钢梁，也称为组合板梁桥，如图3-4所示。简支组合板梁桥的高跨比一般可取为1/25~1/18，组合板梁桥的钢梁可使用轧制型钢或焊接钢梁，轧制钢梁的间距一般取2~4m，焊接钢梁的间距可更大一些。为满足使用阶段和施工阶段的稳定性要求，有时需要在各主梁间设置支撑。

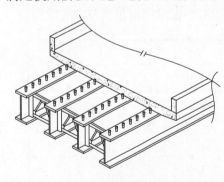

图3-4 组合板桥梁截面

混凝土桥面板可作为主梁翼缘发挥作用，因此从节省用钢量的角度可采用上下不对称的钢梁截面形式，即减少上部与混凝土桥面板相连的钢梁翼缘尺寸。对于焊接钢梁，这种不对称截面并不会增加焊接工作量；对于轧制钢梁，如需要采用不对称截面，则可在下翼缘下侧再贴焊一层钢板，但这种构造方式增加了焊接工作量，同时带来例如疲劳强度降低等一系列问题，因此不建议使用。

近20年来，组合板梁桥的构造已得到了很大的简化，使得组合桥在施工性能和经济性上比预应力或普通钢筋混凝土桥具有更强的竞争力。对于2.5~4.5m跨度的中小跨径组合板梁桥，可不设置横连梁，只依靠混凝土桥面板来横向分配荷载。在混凝土桥面板能满足横向荷载的前提下，为减少施工费用，钢梁的数量应尽量减少。当桥面宽度不是很大时，目前常用的做法是只使用两根纵向钢梁，这样可以使得现场工作量大大降低。纵向钢梁间通过横向钢梁连接，横梁数量较少，多为3~5道，有时也可以不设置横梁；横梁连接于纵向钢梁的竖向加劲肋，通常与混凝土桥面板不连接。当按照连续组合梁进行设计时，为满足中支座处钢梁的稳定性及承载力要求，纵向钢梁在支座区域的厚度较大。此类组合桥梁的典型截面如图3-5所示。为避免在钢梁受压下翼缘中使用较厚的钢板，可通过与混凝土的组合来降低钢梁的应力并提高其稳定性。当桥面较宽使得两根纵向钢梁间的混凝土桥面板跨度较大或混凝土桥面板外挑长度较大时，还需要在桥面板内横向张拉预应力或采用横向悬臂钢梁。对于带有人行道的组合桥梁，混凝土板悬臂长度不宜超过2.5m，承担车辆荷载时还需要适当减小。双主梁组合桥的跨度超过50m后，可每间隔4~5m设置一道横向钢梁形成梁格体系，使桥面板在局部轮压荷载下的单向板受力模式变为双向板受力模式，但这种方式构造较为复杂，用多根钢主梁来代替可能具有更好的综合效益。在铁路桥梁中通常用双主梁的结构形式，并在混凝土桥面板上铺设道砟路基或直接安装轨枕，相比同样跨度的公路桥梁，铁路桥由于活载水平更高，需要的结构高度也更大。

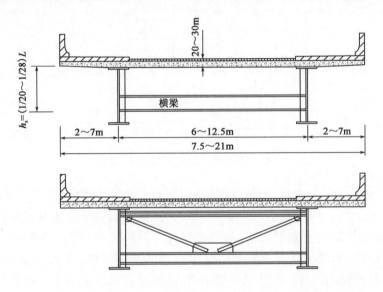

图3-5 双主梁组合板梁桥截面

2. 组合箱梁桥

箱形截面组合梁桥的抗扭刚度较大，较工字形截面组合桥具有更高的稳定性，适用于跨高比较大及扭转作用较大的跨线桥和弯桥，例如城市立交中的匝道桥，如图3-6所示。钢箱梁底板宽度较大，钢板厚度可相应减小，同时箱梁内部封闭性较好，有利于提高钢梁的抗腐蚀性。钢箱梁的制作费用较钢板梁高，因此从降低造价的角度出发，对于跨度较小的组合桥不宜采用箱形截面。

图3-6 箱型组合梁匝道桥

箱形截面组合桥通常有两种截面形式，即开口截面钢箱梁与闭口截面钢箱梁。其中，上端开口的钢箱梁由腹板、底板以及宽度较小的顶板组成，制作比较方便，同时用钢量较小，但在与混凝土桥面板形成组合截面之前，开口截面的箱形钢梁抗扭刚度较小，顶板稳定性也较差，因此在施工过程中需要采取增加横隔板或斜撑的措施以保证结构的稳定性。

目前,我国的钢—混凝土组合梁桥多应用于城市立交桥及高速公路的跨线桥,主要目的为增大跨越能力、解决桥下净空不足及避免施工时中断交通。因此,采用箱形截面形式,能较好满足相关要求。根据桥面宽度的不同,可采用一个或多个钢箱梁与混凝土桥面板组合成整体,如图3-7所示。对于只使用一个钢箱的匝道桥,可采用单箱多室的钢梁截面。多个钢箱梁间通过横梁或斜撑连接,以保证施工过程中的稳定性。桥面板多采用预制板与后浇混凝土所组成的叠合板,能够在几乎不增加成本的前提下方便施工。

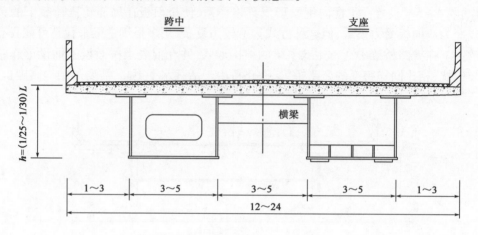

图3-7 箱型钢—混凝土组合梁截面(尺寸单位:m)

采用箱形组合梁的另一个优点是在浇筑桥面混凝土之前可以在负弯矩区钢箱梁底板上方浇筑混凝土,这部分混凝土既可以发挥抗压作用,又提高了钢箱梁底板及腹板的稳定性,从而使连续组合梁桥在中支座附近也形成了有效的组合作用并减小了钢板厚度,如图3-7所示。

组合箱梁桥适用于25m以上的简支桥或35m上的连续梁桥。箱型组合梁由上部的混凝土桥面板和下部的钢箱梁组成,可采用单箱单室、单箱多室和多箱多室等布置方式,通过桥面板和横向连接系连成整体。选择时应重点考虑桥面的高宽比以及制作、吊装能力。多箱多室截面能减小桥面板的厚度,但与单箱单室相比,其腹板的用钢量偏大且制作较复杂。对于桥面系结构高度较大且跨度大于100m的情况,很少采用多室箱梁。为减小上部结构的自重以达到增加跨度、减少下部结构工程量和提高截面抗扭刚度的目的,当桥面宽度较小时,可采用单室箱。当桥面宽度较大时,则可考虑采用单箱多室、多箱多室或是设置横向支撑构件的单箱多室截面,如图3-8a)~图3-8c)所示。

各钢箱的腹板既可以竖直布置,也可以做成向外倾斜的形式,如图3-8d)~图3-8f)所示,后者可减少底板的宽度,并且外形较为美观。在城市高架桥中,采用梯形截面的单箱单室截面与单墩相配合,具有外形简洁、美观,桥下通视条件好等优点。为形成桥面横坡,钢箱左右两侧的腹板可以做成不等高度,如图3-8i)所示。开口钢箱梁的上翼缘必须保持一定的宽度,用于支撑混凝土桥面板,并具有足够的空间来布置抗剪连接件。连续组合箱梁桥各跨之间可布置简支支座,如条件许可,也可将钢箱与桥墩固结成整体,从而形成组合钢构桥。除开口截面形式的箱型组合梁外,国内外也有采用在闭口截面钢梁上再浇筑一层混凝土桥面板的结构形式,其中钢箱梁的上翼板可采用正交异性钢桥面板,相对于开口截面的钢箱梁,这类组合箱梁的用钢量略高,截面抗风稳定性高,具有更好的密闭性和施工期间的稳定性。

综上所述,组合箱梁桥具有很多优势:相对于开口截面的板梁桥,箱梁桥的抗扭刚度更大,承载能力更高,非常适合于曲线桥梁;组合箱梁桥的内表面被封闭在结构内部,能够避免与外界不利环境的直接接触,耐久性较好,维护保养的工作量也相应降低。

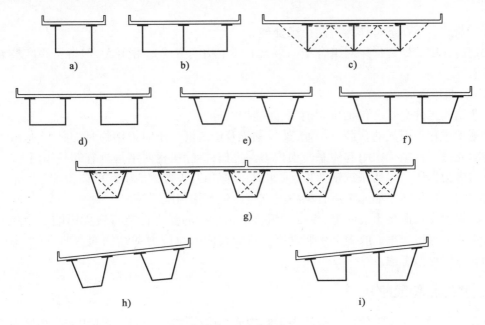

图3-8 组合箱梁桥的截面形式

第二节 组合桥梁设计原则和一般规定

一、设计荷载

通常情况下,组合结构桥梁需分阶段施工完成。施工期间存在结构体系转换,因而组合结构桥梁的设计应考虑施工过程的影响。

1. 施工阶段

施工阶段需考虑的荷载包括:

(1)结构自重。包括钢结构及混凝土桥面板的自重等。

(2)模板质量。采用现浇混凝土桥面板时使用的模板质量,模板一般支撑在钢梁上。

(3)施工荷载。包括施工机具、材料以及施工人员等可能作用在桥上的荷载。

(4)雪荷载。如施工过程中可能发生降雪,应包括雪荷载。

(5)风荷载。风荷载会引起组合桥侧向受力,在计算结构的稳定性时需要考虑。

2. 使用阶段

使用阶段的荷载可分为短期作用荷载与长期作用荷载。

(1)短期作用荷载。

①温度作用。由于材料导热性能及构件尺度不同,混凝土桥面板和钢梁间会产生温度梯度,并在两者之间形成约束内力。此外,结构整体升温与降温,也可能在结构内产生内力与变形。

②交通荷载或活荷载。交通荷载包括车辆荷载、行人荷载等,可按相关规范进行计算。

③风荷载。在使用阶段,风荷载会引起结构的侧向受力,可能对结构的稳定性计算有较大影响。

④雪荷载。雪荷载可作为短期荷载处理。

⑤地震作用。地震作用对组合结构桥梁上部结构的影响通常不大,但桥梁跨度较大时应予以考虑。

(2)长期作用荷载。

①非结构构件自重。包括桥面铺装、防撞护栏等。

②施工过程中引入的荷载。例如,架设钢梁及浇筑混凝土时采用临时支撑,当形成组合作用后拆除支撑会在结构中引起体系转换内力。再如,拆除模板对结构具有卸载作用。

③预应力作用。包括张拉钢丝束、预加载、支座顶升等方式所引起的内力。

④结构强迫位移。如连续组合梁桥的支座产生不均匀沉降等。

⑤收缩徐变。混凝土的收缩、徐变对组合结构桥梁的受力性能有较大影响。徐变可通过有效模量法来近似考虑。收缩会引起混凝土桥面板内的拉应力和结构的弯曲,可采用比拟温差作用的方法近似考虑。

二、变形和裂缝控制

组合结构桥梁在正常使用极限状态下结构或结构构件应满足正常使用或耐久性限值的要求,主要包括变形和裂缝控制两方面。

组合结构桥梁的变形及刚度要求与钢结构桥梁基本一致,我国《公路桥涵钢结构及木结构设计规范》(JTJ 025—1986)规定:由汽车荷载(不计冲击力)所引起的竖向挠度,不应超过表3-1所列的容许值。由于一些大跨度桥梁较难满足表3-1的限值要求,《公路钢结构桥梁设计规范》(征求意见稿)取消了对钢桥变形要求的量化指标,规定对于结构自重产生的变形(挠度)应考虑施工方法和顺序,应计入施工期间结构刚度的变化。结构和结构任何部件的变形不得使人产生不安全感,也不得改变结构及其部件的原有受力形式。

钢桥竖向挠度容许值 表3-1

桥梁结构形式	容许挠度值	桥梁结构形式	容许挠度值
简支或连续桁架	$1/800L$	梁的悬臂端部	$1/300L_1$
简支或连续板梁	$1/600L$	悬索桥	$1/400L$

注:L 为计算跨径;L_1 为悬臂跨径。

为使桥梁建成后达到桥面平顺行车的要求,组合结构桥梁一般需设置预拱度,预拱度值采用结构重力和1/2静活载所产生的竖向挠度和,考虑施工方法和顺序的影响,保证组合梁桥成桥后的线形不致使人产生不安全感。

组合结构桥梁混凝土桥面板的裂缝可按钢筋混凝土构件进行验算。负弯矩区混凝土桥面板的工作状态接近于轴心受拉构件。组合结构桥梁的桥面板如按钢筋混凝土或B类预应力混凝土构件设计时,混凝土桥面板允许开裂,但裂缝宽度应受到限制。《公路钢筋混凝土及预应力混凝土桥涵设计规范》(JTG D62—2004)规定:在Ⅰ类及Ⅱ类环境条件下,钢筋混凝土构件最大裂缝宽度不应大于0.20mm,部分预应力混凝土B类构件最大裂缝宽度不应大于0.10mm;在Ⅲ类及Ⅳ类环境条件下,钢筋混凝土构件的裂缝宽度限值为0.15mm,部分预应力混凝土B类构件不得带裂缝工作。

三、支座及伸缩装置

对于跨度不大的组合板梁及组合箱梁桥,一般可采用普通板式橡胶或四氟板式橡胶支座,荷载较大时,可采用盆式橡胶支座。支座类型及规格根据工程的具体情况和支座系列产品酌情选用。如采用橡胶支座,设计时还应考虑橡胶老化后支座更换的可能性。组合结构桥梁亦可采用在钢结构桥梁中使用的钢支座,常见形式有弧形支座、辊轴式支座、铰轴式支座等(图3-9)。对于受力复杂或大跨度桥梁,为适应支座处不同转角和位移需要,宜采用球形支座或双曲形支座。

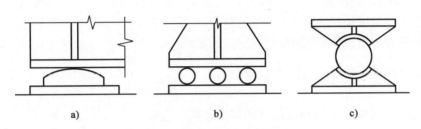

图 3-9 钢结构支座示意
a)弧形支座;b)辊轴交座;c)铰轴支座

组合结构桥梁通常在一联桥梁端部及桥台处设置伸缩装置。伸缩装置的位移(伸缩量)和转角设计值,通常结合桥梁设计参数和支座形式及布置方式等经综合考虑后确定。根据伸缩量大小,伸缩装置可考虑采用如表 3-2 所列的形式。

伸 缩 装 置　　　　表 3-2

类　　型		一般构造及适用范围
梳齿板式伸缩装置	悬臂式	由对称或不对称悬臂元件组成,即伸缩体是由钢质梳齿板组合而成的伸缩装置,一般适用于伸缩量不大于 300mm 的公路桥梁工程
	支承式	由两组钢质梳齿元件组成,一组在一侧铰接及单元整板跨过桥面缝隙,并支承在另一侧固定钢齿组元件上,通过铰接端元件的滑动实现伸缩的伸缩装置,一般适用于伸缩量不大于 300mm 的公路桥梁工程
模数式伸缩装置	模数式	伸缩体由边梁和中梁钢及 80mm 的单元橡胶密封带组合而成的伸缩装置,适用于伸缩量 160~2000mm 的公路桥梁工程

注:伸缩装置通常由生产厂家安装,或者在生产厂家指导下安装。

设计伸缩装置时,应满足以下技术要求:

(1)设计要求。伸缩装置的结构设计应按有关规定进行计算和验算,确保结构各部件的安全性、可靠性和耐久性。结构的设计方案应考虑防尘、方便排水、便于施工和易于更换。

(2)整体性能要求。伸缩装置的整体性能要求和验收标准应符合《公路桥梁伸缩装置》(JT/T 327—2004)的规定。

(3)材料要求和尺寸偏差要求。伸缩装置所使用的材料及各部位的尺寸偏差应符合《公路桥梁伸缩装置》(JT/T 327—2004)的规定。

(4)选型要求。应在根据桥梁结构设计计算得到的最大伸缩量基础上,再增加适当富余量(一般可考虑增加 25%~35%),作为选定伸缩装置型号的依据。

四、组合梁构造要求

(1)施工期间,组合梁应具有足够的横向刚度,以保证钢梁不发生整体及局部失稳。
(2)桥面板混凝土达到其设计强度的70%后,方可使混凝土桥面板发挥组合作用。
(3)混凝土桥面板的构造要求应符合《钢—混凝土组合桥梁设计规范》(GB 50917—2003)中的相关规定。
(4)焊钉连接件。

①焊钉连接件的材料、机械性能以及焊接要求应满足《电弧螺柱焊用圆柱头焊钉》(GB/T 10433—2002)的规定。

②焊钉连接件长度不应小于3倍焊钉直径。

③焊钉连接件的最大中心间距不宜超过以下规定:

a. 焊钉连接件沿主要受力方向中心间距不应大于$22t_f\sqrt{\frac{235}{f_y}}$。

b. 钢梁受压翼缘最外边与相邻最近的焊钉连接件边缘距离不应大于$9t_f\sqrt{\frac{235}{f_y}}$。

c. 3倍桥面板厚度以及300mm。

d. 焊钉连接件纵桥向中心间距不应小于直径的5倍且不小于100mm;横桥向中心间距不应小于直径的2.5倍且不小于50mm。

e. 焊钉连接件的外侧边缘与钢梁翼缘边缘的距离不应小于25mm。

(5)其他。

①设置焊钉连接件的钢梁翼缘板厚度取值应确保不因焊接造成显著变形,焊钉直径不宜大于钢梁上翼缘厚度的1.5倍。

②组合梁腹板加劲肋的设置,宜考虑组合后中性轴移动而使腹板受压区高度变化的情况,进行合理设计。

③对钢梁与混凝土桥面板结合面宜采取防腐措施。

第三节 抗剪连接件设计

一、抗剪连接件的基本受力性能

1.抗剪连接件的作用及设计要求

对于一根钢梁与其上设置的混凝土板,如果界面上没有任何连接构造而允许两者自由滑动,在弯矩作用下钢梁和混凝土板将分别绕各自的中性轴发生弯曲,截面应变分布如图3-10第1行所示。另一种极端情况是钢梁与混凝土板间通过某种措施能够完全避免发生相对滑移,则两部分将形成整体共同承受弯矩,截面应变分布将如图3-10第2行所示。显然,后一种情况下结构的承载力及刚度将大大优于前者,其中抗剪连接件起到将钢梁与混凝土板组合在一起共同工作的关键作用,也是保证两种结构材料发挥组合效应的关键部件。除抗剪连接件外,钢梁与混凝土板之间的黏结力和摩擦力也可以发挥一定的抗剪作用。但由于这种黏结力和摩擦力具有不确定性,按照现有规范设计T形截面钢—混凝土组合梁时一般不考虑这部分有利作用,而单纯依靠抗剪连接件作为钢梁与混凝土板间的剪力传递构造。

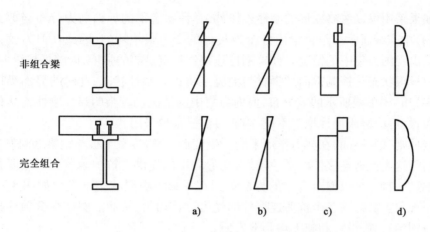

图 3-10 组合梁与非组合梁截面应变和应力分布
a)应变;b)弹性应力;c)塑性应力;d)剪应力

除了传递钢梁与混凝土翼板之间的纵向剪力外,抗剪连接件还起到防止混凝土翼板与钢梁之间竖向分离的作用,即抗掀起的作用。由于钢梁与混凝土板弯曲刚度的不同以及连接件本身的变形,使得两者之间存在竖向分离的趋势,在这种情况下,抗剪连接件本身也受到一定的拉力作用。

为发挥组合梁中两种材料的组合作用,工程中应用的抗剪连接件必须满足以下要求:
(1)能够传递混凝土板与钢梁间的剪力。
(2)能够提供一定的抗拔力,防止混凝土板与钢梁间的竖向分离。
(3)应安装简便,施工快捷,成本合理。

2. 刚性连接件与柔性连接件

实际上,工程中使用的各种抗剪连接件在荷载作用下或多或少都会发生如图 3-10 所示的变形,因此组合梁实际的截面应力分布将介于图 3-10 第 1 行和第 2 行两种情况之间。根据抗剪连接件在荷载作用下变形能力的大小,抗剪连接件可以分为刚性连接件和柔性连接件两类。除刚度和延性外,这两类连接件的破坏形态也有所不同。刚性连接件容易在受压侧混凝土内引起较高的应力集中,在焊接质量有保障的条件下,破坏时表现为混凝土被压碎或发生剪切破坏。刚性连接件的抗剪强度很高,但达到极限强度后其承载能力将完全丧失而导致脆性破坏。柔性连接件虽然刚度较小,在剪力作用下会发生变形,但承载力不会降低。方钢和栓钉分别是最典型的刚性连接件和柔性连接件,其典型荷载—滑移曲线如图 3-11 所示。

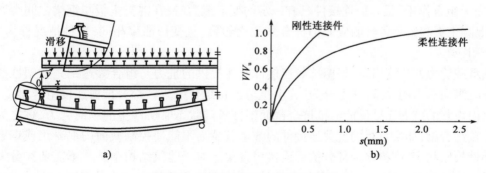

图 3-11 柔性抗剪连接件的变形示意图

组合梁如果采用可以忽略变形的刚性连接件,弹性状态下的界面剪力分布与剪力图相一致,如图 3-12a)中实线所示。组合梁内各个连接件的受力很不均匀,因此在剪力较大截面附近的连接件会出现内力集中的情况。如果刚性连接件具有足够的强度,能够抵抗纵向剪力,组合梁在承载力极限状态时控制截面的钢材与混凝土将进入塑性状态,此时的界面纵向剪力也会发生如图 3-12a)中虚线所示的重分布,但内力集中的情况仍较为明显。刚性连接件需要按剪力图进行布置,可能造成设计施工不便,因此目前已很少采用。

柔性连接件则有所不同,在剪力作用下会产生变形,使得混凝土板与钢梁之间发生一定程度的滑移。由于这类抗剪连接件的延性较好,变形后所能提供的抗剪承载力不会降低。利用柔性连接件的这一特点可以使组合梁的界面剪力在承载力极限状态下发生如图 3-12b)虚线所示的重分布现象。剪跨内各个抗剪连接件的受力比较均匀,从而能够减少抗剪连接件的数量并可以分段均匀布置,设计和施工均非常方便。

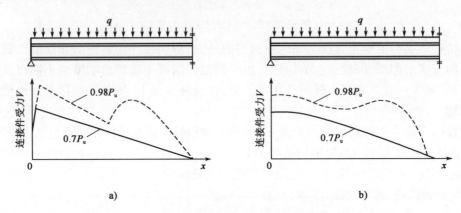

图 3-12　半个梁跨内刚性连接件与柔性连接件所承受的水平剪力
a)刚性连接件;b)柔性连接件

抗剪连接件根部附近的混凝土可能局部受压开裂,顶部的混凝土的约束作用则使得连接件发生弯曲变形。通常情况下,高度较大的连接件更易发生受弯变形,从而具有更好的延性;较短的连接件难以产生弯曲变形,因而脆性更大、延性较低。因此,对于最常用的栓钉抗剪连接件,设计规范通常要求其高度不小于钉杆直径的 4 倍。

采用延性很好的连接件时,界面可能发生较大的滑移,这对组合梁在承载力极限状态的抗弯承载力无明显影响,但在使用阶段,由于连接件的变形而使其刚度有所降低。因此,从截面应变分布的角度出发,如果组合梁使用刚度无穷大的连接件,截面应变能符合平截面假定,可称为"完全组合作用"梁。而连接件具有一定的变形能力时,在混凝土板与钢梁之间会产生滑移,但混凝土板和钢梁各自的应变仍符合平截面假定,且变形曲率相同,这种情况称为"部分组合作用"梁。

从承载能力的角度出发,根据抗剪连接件所能提供的抗力与组合梁达到完全塑性截面应力分布时纵向剪力的关系,又可分为"完全抗剪连接组合梁"与"部分抗剪连接组合梁"。如果组合梁内设置的抗剪连接件能够抵抗全截面塑性极限状态时所产生的纵向剪力,称之为完全抗剪连接组合梁;如果布置的抗剪连接件的数量较少而不能使控制截面的混凝土或钢梁完全达到塑性极限状态,则称之为部分抗剪连接组合梁。对于建筑结构中某些不需要充分发挥组合梁承载力的情况,可以使用"部分抗剪连接"组合梁。但桥梁中由于受到较大的动力荷载作用,对结构的安全性要求高,除采用压型钢板—混凝土组合桥面板以外,一般均需要同时也容易做到按"完全抗剪连接"来设计组合梁的抗剪连接件。

二、抗剪连接件的形式及特点

早期组合梁设计采用弹性的容许应力法,多采用刚性连接件。刚性连接件的主要形式为方钢连接件[图3-13a)],此外还有T形钢、马蹄形钢等形式[图3-13b)、c)]。柔性连接件则有栓钉、槽钢、弯筋、角钢、L形钢、锚环、摩擦型高强螺栓等多种类型[图3-13d)、e)、f)、g)、h)、i)、j)]。刚性抗剪连接件通常用于不考虑剪力重分布的结构,目前已很少采用,柔性连接件则已广泛应用于建筑和桥梁等结构中。

栓钉(圆柱头焊钉)是目前应用最广泛、综合受力性能及施工性能最好的抗剪连接件,其具有各向同性、抗剪承载力高、抗掀起能力好、施工快速方便、焊接质量易保证等优点,在组合结构桥梁工程中应优先使用。除此之外,槽钢连接件、开孔板连接件以及高强螺栓连接件等在某些情况下也可以应用于组合桥梁。

需要注意的是,某些连接件的受力性能与其设置方向有关。图3-13中箭头表示较为有利的混凝土板对连接件作用力方向。对于这类有方向性要求的连接件,确定其设置方向时应考虑以下几方面:

(1)有利于抵抗混凝土板的掀起作用。
(2)为避免混凝土劈裂破坏,宜将连接件的平面部分作为承压面。
(3)锚筋的倾斜方向应与其受力方向一致。

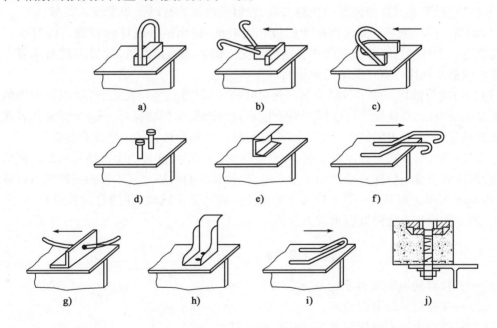

图3-13 抗剪连接件的形式

栓钉是目前应用最广泛、综合性能最好的抗剪连接件。早期由于栓钉的疲劳问题没有得到有效解决,因此限制了栓钉在桥梁结构中的应用。20世纪80年代以来,随着焊接技术的发展,栓钉的疲劳强度逐渐提高,疲劳问题已不再是限制栓钉在组合桥中应用的障碍。栓钉可以通过半自动的专用焊机很方便地焊接于钢梁,也可以直接穿透压型钢板进行焊接,施工质量易于保证。采用专用设备焊接栓钉时,一个工人一天可焊栓钉1000个以上。图3-14为栓钉的基本构造及其焊接过程。焊接时将栓钉一端外套瓷环,利用栓钉本身作为金属电极,通过短时间的电弧燃烧使栓钉和钢板同时熔化,然后给栓钉施加一定压力从而完成焊接。为防止熔化的金属飞溅损失,焊接时应使用配套的瓷环。采用这种方式焊接的栓钉沿任意方向的强度和刚度相同,有利于方便布置混凝土翼板内的钢筋。当栓钉直径超过22mm时,采用熔焊方式施工难以保证质量。目前,常用栓钉的直径为16 mm、19mm和22mm,也有部分工程开始采用直径为25mm的栓钉。其中22mm和25mm直径的栓钉多用于桥梁及荷载较大的情况。

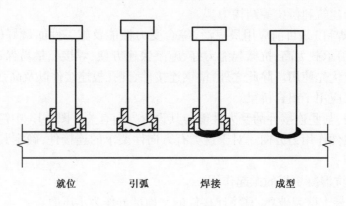

图3-14 栓钉构造及焊接过程

根据栓钉强度及混凝土强度的相对关系,栓钉推出试验有以下两类破坏形态。

(1)混凝土受压破坏。如果混凝土强度相对较低,推出试件破坏时表现为栓钉前方受压侧的混凝土发生局部压碎或劈裂破坏。这种情况一般表现为延性破坏,极限抗剪承载力随混凝土强度的提高和栓钉直径的增大而提高。

(2)栓钉受剪破坏。如果混凝土强度相对较高,栓钉将在竖向拉力、弯矩以及剪力的共同作用下发生断裂,某些情况下可能因焊缝质量不合格而发生焊缝破坏。这种情况会表现出一定的脆性破坏形态,其极限抗剪承载力随栓钉材料强度和栓钉直径的增加而提高。

需要注意的是,当栓钉长度较小时,栓钉在推出试验中可能被拔出而导致承载力降低。通常认为,当栓钉长度与钉杆直径之比大于4时,栓钉长度的增加对其承载力的影响可以忽略不计。Ollgaard、Slutter和Fisher等通过大量的梁式试验和推出试验,并结合计算分析,提出了如式(3-1)所示的栓钉连接件抗剪承载力计算公式。

$$p_{su} = 0.5A_s\sqrt{f_c E_{cm}} \leq A_s f_{su} \tag{3-1}$$

式中:p_{su}——栓钉的极限抗剪承载力;

A_s——栓钉钉杆的截面面积;

f_c——混凝土轴心抗压强度;

E_{cm}——混凝土弹性模量;

f_{su}——栓钉钢材的极限抗拉强度。

式(3-1)能够反映栓钉连接件的两种主要破坏模式,因此,目前包括我国在内的各国设计规范均采用该模型来计算栓钉的抗剪承载力。

除栓钉连接件外,还有其他形式的连接件,这里不作详细介绍,具体结构形式如图3-15~图3-18所示。

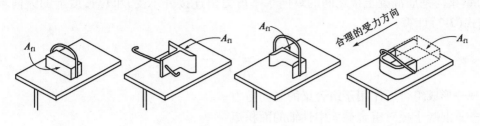

图 3-15　与锚筋联合使用的型钢连接件

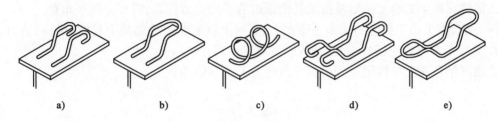

图 3-16　弯筋连接件

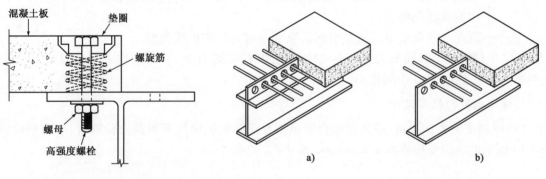

图 3-17　高强螺栓连接件　　　　　图 3-18　开孔钢板连接件

三、抗剪连接件承载能力的计算

1. 连接件设计需考虑的作用力

（1）组合梁的连接件应能承担钢梁和混凝土桥面板间的纵桥向剪力及横桥向剪力,同时应能抵抗混凝土桥面板与钢梁间的掀起作用。

（2）通常组合梁连接件一般仅按照钢梁和混凝土桥面板结合面上作用的纵桥向水平剪力进行设计。

（3）组合梁连接件应按《公路钢结构桥梁设计规范》（征求意见稿）相关规定对剪力连接件进行疲劳验算。

（4）当设计的组合梁主梁间水平横撑省略时,宜验算连接件上作用的横桥向水平剪力。

2. 纵桥向作用剪力计算

（1）组合梁连接件设计荷载作用包括组合后恒荷载、活荷载、预应力、收缩变形以及钢梁和桥面板间的温差等。

（2）组合梁钢梁与混凝土桥面板结合面纵桥向剪力作用按未开裂分析方法计算,不考虑负弯矩区混凝土开裂影响。

(3)钢梁与钢筋混凝土板之间的纵向水平剪力由连接件承受,单位长度上的纵向水平剪力 V_d 按式(3-2)计算:

$$V_d = \frac{QS}{I} \tag{3-2}$$

式中:Q——形成组合后作用于组合梁的竖向剪力;

S——混凝土板对组合截面中性轴的面积矩;

I——组合梁全截面惯性矩。

连接件在钢梁翼缘上的数量按梁长范围内的平均剪力计算,宜按等间距布置。

(4)结合面上由于预应力束集中锚固力、混凝土收缩变形或温差引起的纵桥向剪力,由梁端部长度 l_{cs} 范围内的连接件承受,并按以下规定计算。

梁端部结合面上单位梁长的最大纵向剪力 V_{ms},其值为:

$$V_{ms} = \frac{2V_s}{l_{cs}} \tag{3-3}$$

式中:V_s——由预应力束集中锚固力、混凝土收缩变形或温差的初始效应在混凝土桥面板中产生的纵桥向剪力;

l_{cs}——混凝土收缩变形或温差引起的纵桥向剪力计算传递长度。

假定单位梁长上纵向剪力分布为线性变化,即在梁端为 V_s,在距梁端 l_{cs} 处为 0;l_{cs} 取主梁间距和主梁长度的 1/10 中的较小值。

3.桥面板纵向抗剪设计

(1)纵向受剪界面规定:在进行组合梁承托及翼缘板纵向抗剪承载力验算时,应分别验算图 3-19 所示的纵向受剪界面 a-a、b-b、c-c 及 d-d。

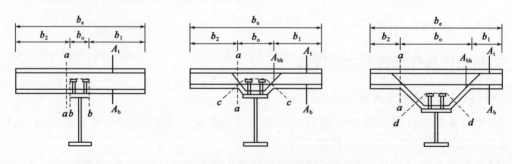

图 3-19 混凝土板纵向受剪界面

注:A_t——混凝土板顶部附近单位长度内钢筋面积的总和,mm^2;

A_b——混凝土板底部、承托底部单位长度内钢筋面积的总和,mm^2。

(2)组合梁承托及混凝土板纵向界面受剪承载力计算应符合下列规定:

$$v_{ld} \leq v_{lRd} \tag{3-4}$$

式中:v_{ld}——荷载作用引起的单位长度内受剪界面上的纵向剪力;

v_{lRd}——单位长度内纵向界面受剪承载力设计值。

(3)单位长度内纵向界面受剪承载力设计值按式(3-5)、式(3-6)计算,取两者的较小值。

$$v_{lRd} = 0.9b_f + 0.8A_e f_{sd} \tag{3-5}$$

$$\nu_{lRd} = 0.25 b_f f_{sd} \tag{3-6}$$

式中：ν_{lRd}——单位长度内纵向界面受剪承载力，N；
  0.9——系数，N/mm；
  b_f——纵向受剪界面的长度，按图 3-19 所示的 a-a、b-b、c-c 及 d-d 连线在抗剪连接件以外的最短长度取值，mm；
  A_e——单位长度上横向钢筋的截面面积，mm²，按图 3-19 和表 3-3 取值；
  f_{sd}——横向钢筋的屈服强度设计值，N/mm。

单位长度上横向钢筋的截面面积 A_e 表 3-3

剪切面	a-a	b-b	c-c	d-d
A_e	$A_b + A_t$	$2A_b$	$2(A_e + A_{bh})$	$2A_{bh}$

4. 栓钉连接件的承载计算

分析表明，影响栓钉抗剪承载力的主要因素有混凝土抗压强度 f_c、栓钉截面面积 A_s、栓钉抗拉强度 f 和栓钉长度 h。《公路钢结构桥梁设计规范》（征求意见稿）规定，当栓钉的长径比 $\frac{h}{d} \geq 4.0$（d 为栓钉直径）时，抗剪承载力设计值按式（3-7）计算：

$$V_u = 0.43 A_s \sqrt{E_c f_{cd}} \leq 0.7 A_s \gamma f_{sd} \tag{3-7}$$

式中：E_c——混凝土的弹性模量；
  A_s——圆柱头焊钉杆径截面面积；
  f_{sd}——圆柱头焊钉抗拉强度设计值；
  γ——焊钉材料抗拉强度最小值与屈服强度之比。当焊钉材料性能等级为 4.6 级时，取 $\gamma = 1.67$。

在正常使用阶段中，钢梁和混凝土桥面板间不宜发生过大的相对滑移，可用下式进行验算。

$$V_r = V_d + V_{ms} \leq 0.5 V_u \tag{3-8}$$

式中：V_d——单位长度上的纵向水平剪力，参见式（3-2）；
  V_{ms}——梁端部结合面上单位梁长的最大纵向剪力，参见式（3-3）；
  V_u——抗剪承载力设计值，参见式（3-7）。

栓钉的抗剪承载力并非随混凝土强度的提高而无限地提高，还存在一个与栓钉抗拉强度有关的上限值，即混凝土强度达到一定程度后，连接件将发生根部的剪切破坏。

四、抗剪连接件的构造要求

抗剪连接件是保证钢梁和混凝土组合作用的关键部件。为充分发挥连接件的作用，除保证强度以外，应合理地选择连接件的形式、规格以及连接件的设置位置等。以下为常用抗剪连接件的一般构造要求。

（1）栓钉连接件钉头下表面或槽钢连接件上翼缘下表面宜高出翼板底部钢筋顶面 30mm 以上。

（2）连接件的纵向最大间距不应大于混凝土翼板（包括承托）厚度的 4 倍，对于栓钉连接件且不应大于 300mm。

(3)连接件的外侧边缘与钢梁翼缘边缘之间的距离不应小于 20mm。

(4)连接件的外侧边缘至混凝土翼板边缘间的距离不应小于 100mm。

(5)连接件顶面的混凝土保护层厚度不应小于 15mm。

大量试验表明,栓钉连接件的抗剪承载力特别是抗疲劳性能受钉杆根部焊缝焊接质量的控制。当采用电弧焊或气体保护焊手工焊接栓钉时,焊缝应满足以下条件才能够保证其达到设计承载力：

(1)焊缝平均周圈直径不小于 1.25 倍钉杆直径。

(2)焊缝平均高度不小于 0.2 倍钉杆直径。

(3)焊缝最小高度不小于 0.15 倍钉杆直径。

当采用专用设备进行压力熔焊时,较容易满足上述要求,且焊接质量较为均匀,因此在有条件的情况下,应尽量采用半自动设备进行熔焊。如不得已采用手工焊接时,应加大焊接质量检验的力度。

此外,为保证栓钉充分发挥其承载力并避免发生脆性破坏,我国相关规范规定栓钉应符合下列要求：

(1)当栓钉位置不正对钢梁腹板时,如钢梁上翼缘承受拉力,则栓钉杆直径不应大于钢梁上翼缘厚度的 1.5 倍;如钢梁上翼缘不承受拉力,则栓钉杆直径不应大于钢梁上翼缘厚度的 2.5 倍。

(2)栓钉长度不应小于其杆径的 4 倍。

(3)栓钉沿梁轴线方向的间距不应小于杆径的 5 倍且不小于 100mm,垂直于梁轴线方向的间距不应小于杆径的 4 倍。

(4)栓钉的最大中心间距不宜超过 3 倍桥面板厚度以及 300mm。

(5)连接件混凝土保护层厚度不应小于 30mm。

(6)用压型钢板作底模的组合梁,栓钉杆直径不宜大于 19mm,混凝土凸肋宽度不应小于栓钉杆直径的 2.5 倍;栓钉高度 h_d 应符合 $(h_e+30) \leqslant h_d \leqslant (h_e+75)$ 的要求。

五、抗剪连接件的布置

一般情况下,组合梁桥均应设置足够多的抗剪连接件,即按完全抗剪连接进行设计。当梁截面非常纤细,完全由钢梁的稳定性来控制设计时,可适当减少连接件的数量,形成部分抗剪连接组合梁。另一种可采用部分抗剪连接设计的情况是组合梁桥在施工阶段完全由钢梁来承担施工荷载及湿混凝土的重量,即采用无临时支撑的施工方法时,由于使用阶段组合截面主要承受活荷载,也可采用部分抗剪连接。但在任何情况下,合理设计的组合梁桥都不允许因为连接件的首先破坏而导致结构失效,也不允许在正常使用阶段钢梁与混凝土板间的界面发生过大的滑移。

按照《公路桥涵钢结构及木结构设计规范》(JTJ 025—1986),应采用弹性方法设计组合梁,即需要验算钢梁、混凝土桥面板和抗剪连接件的应力均不得超过材料的强度指标。为充分发挥抗剪连接件的效能,使设计更加经济,抗剪连接件的数量和间距应根据界面纵向剪力包络图确定,即在界面纵向剪力较大的支座或集中力作用处布置较多的抗剪连接件,其余区段则可以布置较少数量的连接件。按这种方式布置抗剪连接件,可以使得各个抗剪连接件在荷载作用下的受力较为一致,但由于需要确定界面纵向剪力包络图使得计算较为复杂,而得到的连接件布置方式也可能较为复杂,不利于方便施工。

当组合梁按照极限状态设计法进行设计时,组合梁在承载力极限状态时的界面纵向剪力分布将趋于均匀,因此可以将全部抗剪连接件按等间距布置。但按这种方式布置连接件时,正常使用状态下部分连接件的受力较大,而连接件本身也必须具备足够的变形能力,以便在承载能力极限状态使界面纵向剪力发生重分布,因此必须使用柔性抗剪连接件。

第四节　组合梁桥横向连接系设计

一、横向连接系的作用及受力特点

钢—混凝土组合梁桥在施工过程中,钢梁的侧向刚度及抗扭刚度均较小,在各种竖向及水平荷载作用下易发生整体弯扭失稳,因此需要设置一定数量的临时或永久横向连接系来提高结构的稳定性。在成桥状态下,由多根组合梁并列所形成的桥面系,为有效地横向分配活荷载来提高结构的整体承载能力,有时也需要通过横向连接系将各根主梁连接成整体来共同受力。

1. 防止钢梁失稳

组合桥施工时,通常先架设钢梁,然后在其上浇筑混凝土。相对而言,钢梁属于截面较为纤细的构件,需要确保其在施工过程中具有足够的稳定性,即梁间支撑需要确保钢梁不发生各种形式的失稳,包括支撑点之间钢梁段的失稳及钢梁的整体失稳。

对于连续组合梁桥,负弯矩区钢梁受压。在负弯矩区设置横向连接系,可在使用阶段对钢梁提供侧向支撑,减小钢梁稳定验算时的计算长度,防止其发生侧扭失稳。

2. 横向传递荷载

当组合梁桥由若干根平行的主梁构成时,考虑活荷载的偏心作用,各根主梁分配到的荷载比例将有所不同。分配比例通常以各根主梁挠度之间的比值表征,设计时为简化起见,常利用横向分配系数来进行计算。若在各根主梁之间设置连续或离散的横向连接系,则可以提高主梁之间的连接刚度及整体性,使分配到各根主梁上的活荷载更趋于均匀,有利于提高结构的承载效率。

当活荷载偏心布置时,会在桥梁结构中产生较大的扭矩,对于斜、弯桥,这一现象更加明显。这种情况下,横向连接系不仅要设置在跨间,还要设置在支撑处。

当桥梁跨度较大时,横向连接系与纵向连接系及组合梁可构成空间抗侧力框架,用于抵抗风荷载等水平荷载的作用。横向连接系将水平荷载均匀地传递至各组合梁及纵向连接系,使各构件的受力更加均匀。

3. 其他作用

除以上两类主要作用外,横向连接系还有助于桥梁安装架设时主梁及桥面板的定位。设置在梁端部的横向连接系,还可以作为临时支点,在更换桥梁支座时用于顶升桥梁。

在箱形截面的组合梁桥中,除横向连接系之外,钢箱梁内通常也需要设置横隔构造,以提高结构在施工阶段的稳定性。同时,横隔还可以限制钢箱梁在施工时及成桥后的畸变和横向弯曲变形,防止过大的局部应力,提高结构的整体抗扭性能。根据横隔板的位置和作用的不同,可将横隔板分为支点横隔板和中间横隔板两大类。中间横隔板的作用是限制钢箱梁的畸变和横向弯曲变形,保持一定的截面形状;支点横隔板还将承受支座处的集中力,起到分散支座反力的作用,因而必须具备较大的刚度。横隔板的构造与主梁之间的横向连接系的构造相似,也分为实腹式和桁架式等多种形式。

二、横向连接系的构造

1. 横向连接系的布置

组合梁桥在施工阶段未浇筑或安装混凝土桥面板之前,需要设置横向连接系来提高上翼缘的稳定性,提高结构抵抗横向荷载(如风荷载)的能力。横向连接系必须具有一定的承载能力和刚度,以提供有效的支撑和约束。横向连接系所承受的荷载可采用空间模型进行分析计算,或采用有关规范规程提供的简化处理方法。Collings 给出了一个非常简单的估算横向连接系所受轴向力的方法:受压翼缘失稳产生的侧向力一般可取为受压翼缘纵向合力的 2.5%;考虑风荷载和其他横向作用时,则可取为 1.25%。

横向连接系(横连梁或支撑)的间距对钢梁稳定验算所需的等效计算长度有重要影响。实际上,横向连接系的间距主要是由主梁的稳定性要求所决定的。日本《道路桥示方书》规定,钢桥的横向连接系间距不得超过 6m,并且不超过受压翼缘宽度的 30 倍。我国《桥规》规定,对于上承式板梁铁路桥,其横向连接系的间距不应大于 4m。Collings 则指出,典型的支撑间距一般可取为钢梁翼缘宽度的 12~15 倍,通常为 6~16m。

在由多根主梁形成的桥面系结构中,横向连接系还起到横向分配荷载、增强桥面结构整体性的作用。此时,横向连接系的间距应根据桥面系的空间分析结果来确定。对于钢—混凝土组合梁桥,一般情况下,横向分配荷载主要依靠混凝土桥面板,横向连接系对荷载横向分布的影响相对较小。英国桥梁规范 BS 5400-3、BS 5400-5、欧洲规范、美国公路桥梁设计规范 AASHTO 等均很少或未提及横向连接系对横向荷载分布的作用。

一些桥梁检查还表明,由于横向连接系(特别是横连梁)在横向分配荷载时反复承受荷载循环,如果构造处理不当,极易发生疲劳破坏。因此,在可能的情况下应尽量少设或不设永久性的横向连接系,或仅设置在相邻的两根主梁之间,而每对主梁之间则不设横向连接系。为此,桥梁上部结构应尽量采用偶数根主梁。如果在施工阶段需要连续的横向支撑时(如在主梁之间传递风荷载),则可以在相邻的两对主梁之间设置临时支撑。

美国公路桥梁设计规范 AASHTO 曾对横隔板的间距有不大于 7.6m 的规定。AASHTO 规范第 3 版(2004)第 6.7.4.1 条的条文说明中指出"这一武断要求已被改为要求通过理性的分析来确定,这样有助于避免一些带来疲劳倾向的构造"。由此可以看出,设计时不宜过多利用横向连接系的荷载横向分布作用,其更主要的作用是提供对主梁的侧向约束。因此,横向连接系的刚度过大,有时反而会造成更不利的影响。

2. 横向连接系的形式

钢—混凝土组合梁桥的横向连接系与钢桥的横向连接系相似。根据横向连接系设置位置的不同,可分为设置在跨间和设置在梁端支座处两类。根据构造形式的不同,横向连接系则可分为实腹式、桁架式、平联式等。需要注意的是,如果仅仅将钢主梁受压翼缘之间通过缀杆联系在一起,并不能有效抑制主梁发生整体稳定,这一点在设计时应注意。

由于更换支座和检修需要,梁端部的横向连接系应进行加强,以便作为临时受力点来顶升桥面结构。为设置临时支承和千斤顶,横向连接系的下缘与墩台顶面之间需要预留一定的间隙,对于端横梁一般要比主梁高度小200mm以上。

当桥梁跨径较大、横向连接系数量较多时,采用桁架式横连构造即能满足钢梁侧向约束及荷载横向分配的要求。当横向连接系的数量较少时,为了提高横向连接系的刚度,可以采用横梁结构,或者采用横梁与横连混合布置的结构形式。

为方便支撑桥面板,横向连接系的顶部一般宜与主梁同高。但对于桁架式的横连构造,为了便于施工和养护,跨间的横向连接系顶面可比主梁上翼缘降低100mm或更多。

桁架式横向连接系节省材料,通透性好,一般可以分为三角K形系统和X形系统;实腹式横向连接系刚度较大,但用钢量较高。因此对于截面高度较大或梁间距较远的情况,应尽量采用桁架式横连构造。

横向连接系一般与主梁腹板相连,为了使得横梁(横连)传力可靠,横梁(横连)高度不宜过小,不得小于主梁高度的1/2,通常应为主梁的3/4以上。

当桥是斜交时,需要考虑如何排列支撑系统。对于斜交角度较小的情况(不大于20°),支撑系统可以布置成斜交方向,即沿支座方向布置横向连接系。在设计时,应该考虑到对约束主梁的有效扭转刚度进行修正,同时要考虑到梁下挠时由于支撑平面的旋转所产生的主梁绕纵向轴的弯矩。

当斜交角较大时,最好是将横向连接系与主梁正交,因此,横向连接系的约束效应对应与其相连的两根主梁并不一致,要分别进行分析。这种情况下同样要考虑梁的弯扭效应。如果在端部支座提供了垂直主梁方向的支撑系统,那么沿着斜交方向也应设置横向支撑构件以保证荷载有效地传递至支座。

第五节 组合梁桥的构造和设计要点

简支钢—混凝土组合梁具有自重轻、承载能力高、构造简单、施工便捷等优点,是中小跨径公路桥梁和城市桥梁中应用最广泛的组合桥梁结构形式。在恒载及活载作用下,简支组合梁桥的各截面主要承受正弯矩,钢梁受拉,混凝土桥面板受压,可充分利用钢和混凝土两种材料的受力性能。对于跨径50m以下的桥梁,简支钢梁加混凝土桥面板是一种较为常见的结构形式。当跨径较小时,可采用通用的工字形钢梁,即常见的轧制工字形钢梁;当跨径在20m以上时,焊接梁则更为经济。简支梁桥由数根并排放置(通常平行且成对)的梁和布置在其上的混凝土桥面板组成,梁间距通常采用2~4m,对应的桥面板厚度为200~250mm。混凝土桥面板承担公路或者铁路荷载,并将其传递到下面的梁上。为确保混凝土板与钢梁之间的组合特性,在钢—混凝土交界面必须设置剪力键。

一、结构整体分析

(1)组合梁的整体分析采用弹性方法,应考虑混凝土开裂、混凝土收缩徐变、温度作用、施工过程等因素的影响。

(2)计算组合梁截面特性时,宜将混凝土截面换算成钢截面,混凝土翼板按混凝土翼板的有效宽度的规定取有效宽度。按混凝土是否开裂,组合梁截面的抗弯刚度分为未开裂截面刚度$E_s I_{un}$和开裂截面刚度$E_s I_{cr}$。计算I_{cr}时,不计受拉区混凝土对刚度的影响,但应计入翼板有效宽度内纵向钢筋的作用。

(3)梁的整体分析分为未开裂分析和开裂分析,混凝土翼板按全预应力混凝土或部分预应力混凝土 A 类构件设计时,应采用未开裂分析方法,取用组合梁未开裂截面刚度 $E_s I_{un}$;当混凝土翼板按部分预应力混凝土 B 类或普通钢筋混凝土构件设计时,应采用开裂分析方法,取距中间支座两侧各 $0.15L$(L 为梁的跨度)范围内,组合梁截面开裂截面刚度 $E_s I_{cr}$,其余区段仍取未开裂截面刚度 $E_s I_{un}$。

(4)组合梁温度作用按钢梁与混凝土板之间的温差为 ±15°C 计算,混凝土的温度线胀系数 $\alpha_c = 1.0 \times 10^{-5}$,钢的温度线胀系数 $\alpha_s = 1.2 \times 10^{-5}$。

(5)混凝土板收缩产生的内力可按《公路钢筋混凝土及预应力混凝土桥涵设计规范》(JTG D62—2004)第 F.1 条的规定计算得到混凝土收缩应变转化为等效温度荷载计算;简化分析方法中,可按组合梁钢梁与混凝土板之间的温差为 ±15°C 计算。

(6)在进行组合梁桥变形计算及截面验算时,可采用修正钢材与混凝土弹性模量比的方法考虑混凝土徐变的影响。

$$n_L = n_0 [1 + \psi_L \varphi(t, t_0)] \tag{3-9}$$

式中:n_0——短期荷载下钢与混凝土的模量比,$n_0 = E_s / E_c$;

E_c——混凝土弹性模量,根据《公路钢筋混凝土及预应力混凝土桥涵设计规范》(JTG D62—2004)查询;

E_s——钢材弹性模量,应按 2.06×10^6 MPa 采用;

$\varphi(t, t_0)$——加载龄期 t_0,计算考虑龄期为 t_0 的混凝土徐变系数,应按《公路钢筋混凝土及预应力混凝土桥涵设计规范》(JTG D62—2004)第 F.2.1 条的规定计算;

ψ_L——根据荷载类型确定的徐变因子,永久作用取 1.1,混凝土收缩作用取 0.55。超静定结构中混凝土徐变收缩所引起的内力,宜用较精确的方法计算。

(7)组合梁设计应考虑施工过程的影响,混凝土硬化前,钢梁、混凝土桥面板、模板等一期恒载及施工荷载由钢梁承担;混凝土硬化后,桥面铺装、护栏等二期恒载及活荷载由组合梁承担。

二、简支组合梁桥的组成

简支组合梁的桥面系由钢主梁、混凝土桥面板、抗剪连接件、横向连接系、桥面构造等部分组成。钢梁通过抗剪连接件与混凝土桥面板形成组合梁,是桥梁的主要承重结构。横向连接系保证各主梁连接成整体,以提高施工阶段的稳定性和成桥后的整体性。混凝土桥面板一方面与钢主梁形成组合截面共同承担外部荷载,同时也为钢梁提供了有效的侧向支撑,能够大幅度提高结构的稳定性。

钢主梁主要有工字形钢板梁和钢箱梁两种形式,型钢梁由于截面不能灵活应用,相比前两种主梁形式不是很经济,因此使用较少。对于跨度不是太大的情况,采用工字形钢板梁时制作安装都比较方便。钢板梁一般由三块钢板焊接而成,为充分发挥钢材的抗拉作用,可采用下翼缘加宽加厚的非对称工字形截面的钢板梁。为提高施工阶段钢梁的稳定性,同时更加有效地在桥横向分布荷载,各片钢梁之间也常设置横向连接系,对于大跨径的组合梁桥,可采用钢箱梁,又称为箱形截面组合梁。为节省钢材用量,一般采用上端开口钢箱梁截面形式。为提高开口钢箱梁在施工阶段的稳定性,并增强结构的抗扭刚度,钢箱梁内通常需要设置横隔。由于箱形截面组合梁的抗扭刚度较大,因此非常适用于匝道等曲线梁桥。

简支钢—混凝土组合梁由于承载能力高且自重较轻,主梁截面尺寸可以明显小于钢筋混凝土结构及预应力混凝土结构桥梁。表3-4为不同结构形式简支梁桥结构尺寸的经验数据。表中数据变化范围越大，跨径较大时应取较小的比值；反之，则应取较大的比值。

简支梁桥主梁结构尺寸比较（m） 表3-4

桥梁形式	试用跨径	主梁间距	主梁高度
钢—混凝土简支梁	$8 < l < 20$	$1.5 \sim 2.2$	$h = (\frac{1}{11} \sim \frac{1}{18})l$
预应力混凝土简支梁	$20 < l < 50$	$1.8 \sim 2.2$	$h = (\frac{1}{14} \sim \frac{1}{25})l$
钢—混凝土简支组合梁	$20 < l < 50$	$2.5 \sim 4.0$	$h = (\frac{1}{18} \sim \frac{1}{30})l$

从表3-4中可以看出，简支组合梁的主梁间距比混凝土主梁间距大，桥面板的横向跨度一般可以达到2.5~4.0m，桥面悬臂板为1.0~1.5m。对于公路桥梁，主梁之间的桥面板跨高比一般可以做到10~25，悬臂板跨高比为5~10。采用横向预应力桥面板时，桥面板横向跨度可以更大一些，板厚也可有所减小。

三、混凝土桥面板的有效宽度

典型的组合桥面系通常由多根钢梁与混凝土板构成，设计时则可以简化成一组平行的T形截面组合梁。按照基于平截面假定的初等梁理论，组合梁某一截面在竖向弯曲作用下，混凝土桥面板相同高度处的弯曲压应力为均匀分布。但实际上钢梁腹板内的剪力流在向混凝土桥面板传递的过程中，由于混凝土桥面板的剪切变形而使得压应力向两侧逐渐减小。混凝土桥面板内的剪力流在横向传递过程中的这种滞后现象称为剪力滞后效应。剪力滞后效应使得混凝土桥面板内的实际压应力呈中间大而两边小的不均匀分布状态，因此距钢梁较远的混凝土并不能有效起到承受纵向压力的作用，如图3-20所示。

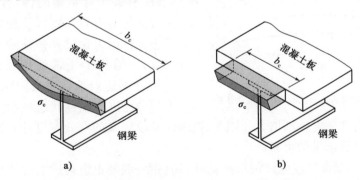

图3-20 弯矩作用下混凝土桥面板内的应力分布及有效宽度
a）实际应力分布；b）混凝土板有效宽度

为在计算分析中反映剪力滞后效应的影响，一种方便的做法是用一个较小的混凝土桥面板等效宽度代替实际宽度来进行计算，即图3-20b）中的有效宽度，并假定有效宽度内混凝土的纵向应力沿宽度方向均匀分布。定义混凝土桥面板有效宽度时，应使得按简单梁理论计算得到的组合梁弯曲应力与实际组合梁非均匀分布的最大应力相等，并根据面积 *ABCDE* 与 *HIJK* 相等的条件得到（图3-21）。确定有效宽度后，可以很方便地将组合梁简化为T形截面梁，并根据平截面假定来计算梁的承载力和变形等。

有效宽度的定义直接影响到组合梁的内力计算以及挠度和抗剪连接件的设计。通常情况下,有效宽度的取值对承载力极限状态的影响较小,但对正常使用阶段变形验算的影响较大,而后者则往往控制大跨组合梁及承受动力荷载组合梁的设计。此外,需要指出的是,斜拉桥中所采用的组合梁桥面系主要受到轴压作用,其混凝土桥面板有效宽度的取值与通常以受弯为主的T形截面组合梁有所不同。

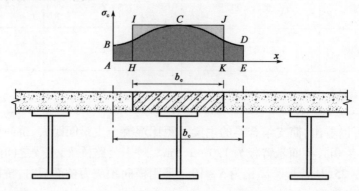

图 3-21 混凝土桥面板有效宽度定义

混凝土桥面板有效宽度 b_e 不仅与结构的几何尺寸有关,同时受荷载类型、约束条件、截面特征、受力阶段(弹性或塑性)等多种因素的影响。例如,钢梁间距与梁跨度之比 b_c/L 和荷载形式对简支组合梁有效宽度的影响如图 3-22 所示。

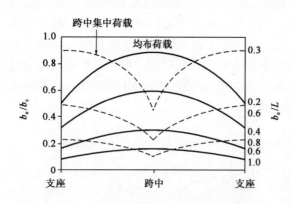

图 3-22 梁间距及荷载形式对有效宽度的影响

通常情况下,混凝土桥面板有效宽度主要受混凝土板宽度与跨度之比、荷载形式和板厚度的影响,各规范在定义有效宽度时也主要考虑了这几项因素。由于有效宽度沿梁跨的分布规律很复杂,影响因素众多,为方便设计,有关组合结构的各设计规范均给出了较为简化的有效宽度计算原则。这些计算原则主要依据组合梁在弹性阶段的应力分布所建立,可适用于正常使用极限状态的计算。当组合梁达到承载力极限状态时,由于截面大部分已进入塑性状态,应力分布趋向均匀,混凝土桥面板的有效宽度逐渐增大。因此,按弹性阶段定义的有效宽度计算组合梁的极限承载力时能够保证计算结果的可靠性。

《公路钢结构桥梁设计规范》(征求意见稿)和《钢—混凝土组合桥梁设计与施工细则》(征求意见稿)[14]对组合梁混凝土桥面板有效宽度的规定主要参考欧洲规范4中的规定。需要指出的是,上述两部规范给出的组合梁有效宽度计算方法仅适用于以受弯为主的组合梁,对承受压弯荷载共同作用的组合梁(例如斜拉桥主梁)有效宽度取值应采用更为精确的分析方法。

混凝土桥面板的有效宽度按下列规定确定:

(1)对于以受弯为主的组合梁,在进行组合梁整体分析及截面验算时,可采用混凝土桥面板的有效宽度来考虑剪力滞后的影响。

(2)对结构进行内力计算分析时,各简支及连续梁跨的混凝土桥面板有效宽度均按跨中有效宽度取值,悬臂梁跨则按支座处的有效宽度取值。

(3)跨中及中间支座处的混凝土桥面板有效宽度 b_e(图 3-23)按式(3-10)计算：

$$b_e = b_0 + \sum b_{ei} \qquad (3-10)$$

式中：b_0——外侧剪力连接件中心间的距离；

b_{ei}——腹板一侧的混凝土桥面板计算宽度，$b_{ei} = L_e/8 \leqslant b_i$，其中 b_i 为外侧剪力连接件中心至相邻两钢梁腹板的中线或混凝土桥面板自由边的距离，L_e 为组合梁零弯矩点间的距离，即等效跨径，可近似按图 3-23a)取用。

在进行组合梁桥整体分析及截面验算时，采用混凝土翼板的有效宽度来考虑剪力滞后的影响。跨中及中间支座处的混凝土翼板有效宽度 b_{ef} 按式(3-11)计算：

$$b_{ef} = b_0 + \sum b_{ei} \qquad (3-11)$$

式中：b_0——外侧剪力连接件中心间的距离；

b_{ei}——腹板一侧的混凝土翼板计算宽度，$b_{ei} = L_e/8 \leqslant b_i$，其中 b_i 为外侧剪力连接件中心至两相邻钢梁腹板间中线或混凝土翼板自由边间的距离，L_e 为等效跨径，按图 3-23a)取用。

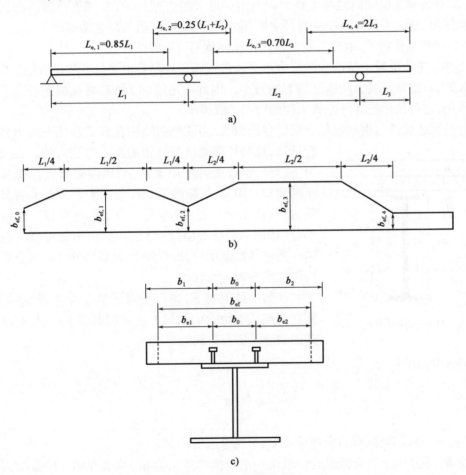

图 3-23 混凝土翼板的等效跨径及有效宽度
a)等效跨径；b)有效宽度分布；c)截面尺寸

边支座处的混凝土翼板有效宽度 b_{ef} 按式(3-12)计算：

$$b_{ef} = b_0 + \sum \beta_i b_{ei} \tag{3-12}$$

$$\beta_i = 0.55 + 0.025 L_e/b_i \leq 1.0 \tag{3-13}$$

式中：L_e——取为边跨的等效跨度，如图3-23a)所示。

混凝土翼板有效宽度 b_{ef} 沿梁长的分布可假设为如图3-23b)所示的形式。

对结构进行整体计算分析时，各简支及连续梁跨的混凝土翼板有效宽度均按跨中有效宽度取值，悬臂梁跨则按支座处的有效宽度取值。

四、组合梁的内力计算

对于钢—混凝土组合梁，弹性设计方法的核心内容是截面应力计算。按弹性方法计算组合梁抗弯承载力时，主要基于以下几点假设：

(1)钢材和混凝土均为理想线弹性材料，其应力、应变呈线性关系。
(2)组合梁截面的应变分布满足平面假定。
(3)忽略钢梁与混凝土桥面板之间的滑移效应，假定两者之间有可靠的连接。
(4)取有效宽度范围内混凝土桥面板与钢梁形成组合截面，有效宽度范围内的混凝土桥面板按实际面积算，不扣除其中受拉开裂的部分，但托板的面积可以忽略不计。
(5)在正弯矩作用下，混凝土桥面板内的纵向钢筋可以忽略不计。

由于弹性阶段混凝土桥面板的应力水平通常较低。且混凝土受拉区和托板距截面中和轴的距离较近，对抗弯承载力和刚度的影响较小。因此上述第(4)条忽略托板而包含了受拉区混凝土作用，这种简化处理的方式引起的误差一般很小。

通过抗剪连接件与钢筋混凝土板组合的钢梁，应该根据结构在荷载作用下受力特点来进行计算，这些特点通常与结构的施工方法有关。在大多数情况下，修建组合梁时不用支架，利用钢梁来支撑模板和混凝土的浇筑。因此，恒载的第一部分(钢梁、模板和混凝土板的质量)仅由钢梁承受，即称为受力的第一阶段。恒载的第二部分(桥面和栏杆等质量)与活载则由钢筋混凝土板与钢梁结合的整体截面承受，即为受力的第二阶段。结合梁的截面特性如图3-24所示。

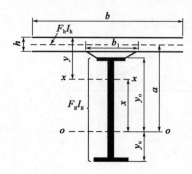

图3-24 梁的截面特性

在另一种情况下，当钢梁置于满布支架或临时支墩上，并在支架或支墩上的钢梁上浇筑混凝土时，应以组合的整体截面来承受所有荷载。

钢梁抗弯模量：

$$W_{ol} = \frac{I_x}{y_o}, W_{ul} = \frac{I_x}{y_u} \tag{3-14}$$

式中：y_o、y_u——从钢梁截面的中和轴至上、下翼缘边的距离。

假设 M_0 为作用于钢梁截面的恒载第一部分所产生的力矩，那么在第一阶段受力时钢梁的上下翼缘的应力为：

$$\sigma_0 = \frac{M_0}{W_{ol}} \qquad \sigma_u = \frac{M_0}{W_{ul}} \tag{3-15}$$

为了计算受力第二阶段的应力,首先应计算结合梁截面的几何特征值,因为钢筋混凝土板已与钢梁结合一体,共同受力,钢筋混凝土板参与受力宽度可仿照钢筋混凝土 T 形梁翼缘的计算宽度,采用以下三种宽度中的最小者:

(1)梁的计算跨径的 1/3。

(2)相邻两梁轴线间的距离。

(3)承托的宽度 b_1(如无承托时,则为上翼缘板的宽)加 12 倍板的厚度 d,即 $b_1 + 12d$。

对于大跨径桥的主梁,最后根据板厚的限制 b 可以认为是不必要的,因为在大跨径桥梁中,主梁跨径与其间距的比值较大,板充分地(板的全宽)参与钢梁一起受力。

在确定结合截面的几何特征时,通常要引用所谓换算面积,即把混凝土板的面积缩小 n 倍(n 是钢的弹性模量 E_s 与混凝土弹性模量 E_c 之比),加上钢的面积,即为换算面积:

$$A_0 = A_s + \frac{A_c}{n} \tag{3-16}$$

$$n = \frac{E_s}{E_c}$$

式中:A_s、A_c——分别是钢梁和钢筋混凝土板截面积。

这样就使得应力沿截面高度的分布规律由实际的折线 AD 变为假想的折线 AB(图 3-25)。于是,有关梁的平面弯曲的一切公式在此仍然适用,因而计算可按下列步骤进行。

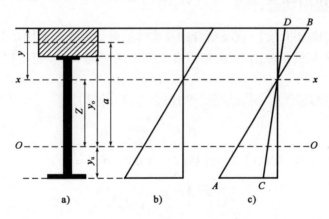

图 3-25 组合梁截面应力与应变分布

取对钢梁形心轴 O-O 的静矩,即可求得结合截面的重心位置。因为钢梁截面对 O-O 轴的静矩等于零,故得:

$$S_s = \frac{1}{n} A_c a \tag{3-17}$$

式中:a——钢筋混凝土板与钢梁重心间的距离。

结合截面重心对轴线 O-O 的位置,按照下列纵坐标值决定:

$$Z = \frac{S_s}{A_s} \tag{3-18}$$

结合截面对通过它重心轴线 x-x 的惯性矩,换算成钢材,得:

$$I_o = I_s + A_s z^2 + \frac{1}{n} I_c + \frac{1}{n} A_c (a-z)^2 \tag{3-19}$$

式中：I_c——板截面对通过它重心轴线的惯矩。

M_l 为截面上由于第二部分恒载所产生的力矩，M_p 为活载所产生的力矩，第二阶段受力时由弯矩 $M_l + M_p$ 在结合截面上所发生的应力为：

在钢梁的最外点：

$$\sigma_{ol} = \frac{M_l + M_p}{I}(y_0 - z), \sigma_{ul} = \frac{M_l + M_p}{I}(y_u + z) \tag{3-20}$$

其中，结合截面对钢梁最外点的截面模量：

$$W_0 = \frac{I}{y_0 - z}, W_{ul} = \frac{I}{y_u + z} \tag{3-21}$$

在混凝土板顶面：

$$\sigma_h = \frac{M_l + M_p}{nI} \cdot y_h, W_h = \frac{nI}{y_h} \tag{3-22}$$

最后，按下式校核强度：

$$\sigma_o + \sigma_{ol} \leq [\sigma_s]$$
$$\sigma_u + \sigma_{ul} \leq [\sigma_s]$$
$$\sigma_c \leq [\sigma_c] = 0.63 f_{tk} \tag{3-23}$$

五、正常使用极限状态计算

（1）在正常使用极限状态下，简支组合梁及连续组合梁中支座两侧 $0.15l$ 范围以外区段截面刚度取考虑滑移效应的折减刚度，连续组合梁中支座两侧 $0.15l$ 范围以内区段取开裂截面刚度。

（2）组合梁考虑滑移效应的折减刚度 B 按式(3-24)计算：

$$B = \frac{E_s I_{un}}{1 + \zeta} \tag{3-24}$$

式中：ζ——刚度折减系数，按式(3-25)计算（当 $\zeta \leq 0$ 时，取 $\zeta = 0$）：

$$\zeta = \eta \left[0.4 - \frac{3}{(\alpha l)^2} \right] \tag{3-25}$$

$$\eta = \frac{36 E_s d_{sc} p A_0}{n_s k h l^2} \tag{3-26}$$

$$\alpha = 0.81 \sqrt{\frac{n_s k A_1}{E_s I_0 p}} \tag{3-27}$$

$$A_0 = \frac{A_c A_s}{\alpha_E A_s + A_c} \tag{3-28}$$

$$A_1 = \frac{I_0 + A_0 d_{cs}^2}{A_0} \tag{3-29}$$

$$I_0 = \frac{I + I_c}{\alpha_E} \tag{3-30}$$

式中：A_c——混凝土桥面板截面面积；
A_s——钢梁截面面积；

I——钢梁截面惯性矩;

I_c——混凝土桥面板的截面惯性矩;

d_{sc}——钢梁截面形心到混凝土翼板截面形心的距离;

h——组合梁截面高度;

l——组合梁的跨度,mm;

k——连接件刚度系数,$k = V_u^c$,N/mm;

p——连接件的平均间距,mm;

n_s——连接件在一根梁上的列数;

α_E——钢材与混凝土弹性模量的比值。

注:当采用荷载长期效应组合时,公式(3-27)和(3-29)中的 α_E 应考虑长期效应的换算模量比。

正常使用极限状态下,组合梁混凝土翼板最大裂缝宽度应按《钢—混凝土组合桥梁设计施工细则》(JTG D64-01—2013)相关规定进行计算。

六、组合梁中混凝土徐变、收缩和温差应力

在持续的荷载作用下,混凝土板将产生徐变,在结合梁中必然引起徐变应力(忽略板内钢筋徐变情况)。在温度变化时,由于钢的导热率大于混凝土板导热率,造成板和钢梁的温度差,在结合梁中也要引起温度应力。混凝土随着时间的推移将产生干燥收缩,也就是板内要产生收缩变形(与徐变情况一致),而钢梁对板的变形将起到约束作用,此时板要受到一定的纵向拉力,钢梁受到同样的压力,总的来讲,徐变、温差和混凝土收缩应力使板内应力稍微减少,而在钢梁中的应力有所增加,由此《公路桥涵钢结构及木结构设计规范》(JTJ 025—1986)要求对这三种应力进行计算。

1. 徐变产生的附加应力

(1)徐变产生的混凝土应力松弛。

混凝土在持续荷载作用下,由于徐变、应变将增大。若要应变达到某一个常数,则必须减少持续荷载,从而使混凝土应力松弛。

在混凝土中 $t=0$ 时作用有持续荷载 $N_{c,0}$,为保持应变为常数,在时刻 t 时施加的反向荷载为 $N_{c,t}$,用式(3-31)考虑极短的单位时间内的应变变化:

$$\frac{N_{c,0}}{E_c A_c}d\varphi_t - \frac{N_{c,t}}{E_c A_c}d\varphi_t - \frac{1}{E_c A_c}dN_{c,t} = 0 \tag{3-31}$$

式中:φ_t——计算考虑龄期为 t 时混凝土徐变系数;

E_c——混凝土弹性模量。

左式第一项:$N_{c,0}$ 产生的徐变应变的改变;

左式第二项:$N_{c,t}$ 产生的徐变应变的改变;

左式第三项:$N_{c,t}$ 产生的弹性应变的改变;

右边:总应变的改变,这时因为应变为常数,故等式右边应为零。式(3-31)可改写为:

$$\frac{dN_{c,t}}{d\varphi_t} + N_{c,t} = N_{c,0} \tag{3-32}$$

所以

$$N_{c,t} = N_{c,0} + Ce^{-\varphi_t} \tag{3-33}$$

根据 $t=0$ 即 $\varphi_t=0$ 时，$N_{c,t}=0$，得

$$C = -N_{c,0} \tag{3-34}$$

所以

$$N_{c,t} = N_{c,0}(1 - e^{-\varphi_t}) \tag{3-35}$$

同理：

$$M_{c,t} = M_{c,0}(1 - e^{-\varphi_t}) \tag{3-36}$$

(2) 徐变引起的钢筋混凝土附加应力。

对于钢筋混凝土板，在持续荷载作用下，若不考虑钢筋的徐变，混凝土中的钢筋将约束混凝土徐变。但钢筋是可变形的，钢筋应变的改变可作为超静定量处理。由于钢筋力的变化等于混凝土松弛力，可用式(3-37)表示徐变引起钢筋混凝土板的应变关系式：

$$\frac{N_{c,0}}{E_c A_c}d\varphi_t - \frac{N_{c,t}}{E_c A_c}d\varphi_t - \frac{1}{E_c A_c}dN_{c,t} = \frac{1}{E_s A_s}dN_{c,t} \tag{3-37}$$

其中，右边等式为 $N_{c,t}$ 产生的钢筋弹性应变变化。

(3) 徐变引起结合梁的附加应力。

钢筋混凝土的结合梁，钢梁的上、下翼缘往往是非对称的，故必须考虑随着徐变产生的轴力变化而附加的弯矩变化，在式(3-37)的基础上可得应变关系式为：

$$\frac{N_{c,0}}{E_c A_c}d\varphi_t - \frac{N_{c,t}}{E_c A_c}d\varphi_t - \frac{1}{E_c A_c}dN_{c,t} = \frac{1}{E_s A_s}dN_{c,t} + \frac{a^2}{E_s I_s}dN_{c,t} \tag{3-38}$$

式中：a——混凝土板和钢梁重心间的距离。

右式第二项：轴力 $N_{c,t}$ 引起的附加弯矩产生的钢梁弹性应变的变化。

同理，弯矩产生的徐变的变化关系式为：

$$\frac{M_{c,0}}{E_c A_c}d\varphi_t - \frac{M_{c,t}}{E_c A_c}d\varphi_t - \frac{1}{E_c I_c}dM_{c,t} = \frac{1}{E_s I_s}dM_{c,t} + \frac{a}{E_s I_s}dN_{c,t} \tag{3-39}$$

其中，左式第一项：$M_{c,0}$ 产生的徐变应变的改变；

左式第二项：$M_{c,t}$ 产生的徐变应变的改变；

左式第三项：$M_{c,t}$ 产生的弹性应变的改变；

右式第一项：$M_{c,t}$ 产生的钢梁弹性应变的变化；

右式第二项：轴力 $N_{c,t}$ 引起的附加弯矩产生的钢梁弹性应变的变化。

结合梁应引入修正系数 γ_s：

$$\gamma_s = \frac{F_s I_s}{A_0 I_0} \tag{3-40}$$

$$a_s = \frac{I_s}{I_s' + \frac{1}{n}I_c} \tag{3-41}$$

结合梁在时刻为 t 时：

$$N_{c,t} = N_{c,0}(1 - e^{-\gamma_s \varphi_t}) = -N_{s,t} \tag{3-42}$$

式中：A_0、I_0——结合截面面积和惯性矩。

引入假想的弹性模量，素混凝土的假想弹性模量：

$$\frac{1}{E_{c,t}} = \frac{1}{E_c}(1 + \varphi_t) \tag{3-43}$$

则

$$\frac{1}{E_{c,t}} = \frac{1}{E_c}(1 + \varphi_{kr} \cdot \varphi_t) \tag{3-44}$$

经整理可得钢筋混凝土板和钢梁上缘应力：

$$\sigma_c = \sigma_{c,0} \times \frac{1 + \left(1 + \frac{a_s}{y_i}\right)\beta_s \cdot \varphi_{kr}\varphi_t}{(1 + \varphi_{kr}\varphi_t)(1 + \gamma_s\varphi_{kr}\varphi_t)} \tag{3-45}$$

$$\sigma_s = \sigma_{s,0} \times \frac{1 + \left(1 \pm \frac{a_s}{y_i}\right)\beta_s \cdot \varphi_{kr}\varphi_t}{1 + \gamma_s\varphi_{kr}\varphi_t} \tag{3-46}$$

其中：$\varphi_{kr} = \frac{e^{\gamma_s\varphi_t} - 1}{\gamma_s\varphi_t}, y_0 = \frac{I_0}{A_0 a_c}, y_s = \frac{I_s}{A_s a}, \beta_s = \frac{A_s}{A_0}, a_c = a - a_s$（参数见图3-26）。

对于 $t = \infty$ 的最终状态，如 $\varphi_t = \varphi$，结合梁的一般情况下 $\varphi = 2.00$。

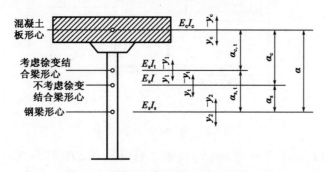

图3-26 徐变引起组合梁中性轴的变化

结合梁重心处仅受有轴向力 $\overline{N}$ 的情况下，混凝土板和钢梁分担的轴向力：

$$\overline{N}_{c,0} = \overline{N}\frac{A_c}{nA_0}, \overline{N}_{s,0} = \overline{N}\frac{A_s}{A_0} \tag{3-47}$$

$\overline{N}_{c,0}$ 使混凝土产生徐变，徐变引起的附加轴力：

$$\overline{N}_{c,t} = -\overline{N}_{s,t} \tag{3-48}$$

若忽略混凝土板内弯矩 $M_{h,t}$，则附加应力为：

$$\sigma_{c,t} = \frac{\overline{N}_{c,t}}{A_c}, \sigma_{s,t} = \frac{\overline{N}_{s,t}}{A_s} + \frac{\overline{N}_{c,t}}{I_s} \cdot a \cdot y_s \tag{3-49}$$

时刻 t 时截面内力和应力如式(3-50)所示：

$$\overline{N}_c = \overline{N}_{c,0} - \overline{N}_{c,t}, \overline{N}_s = \overline{N}_{s,0} + \overline{N}_{c,t}, M_s = \overline{N}_{s,t} \cdot a \tag{3-50}$$

$$\sigma_c = \frac{\overline{N}_c}{A_c}, \sigma_s = \frac{\overline{N}_s}{A_s} + \frac{M_s}{I_s} \cdot y_s \tag{3-51}$$

采用假想弹性模量 $E_{c,t}$ 时，时刻 t 的应力可用式(3-52)求得：

$$\sigma_c = \frac{\overline{N}}{n_1 A_{0,t}} + \frac{\overline{N}(a_s - a_{s,t})}{nI_{0,t}}y_{0,t}, \sigma_s = \frac{\overline{N}}{A_{0,t}} + \frac{\overline{N}(a_s - a_{s,t})}{I_{0,t}}y_{0,t} \tag{3-52}$$

其中：$n_1 = n(1 + \varphi_{kr}\varphi_t), A_{0,t} = A_0\frac{1 + \beta_s\varphi_{kr}\varphi_t}{1 + \varphi_{kr}\varphi_t}, a_{c,t} = a_c\frac{1 + \varphi_{kr}\varphi_t}{1 + \beta_s\varphi_{kr}\varphi_t}, a_{s,t} = a_s\frac{1}{1 + \beta_s\varphi_{kr}\varphi_t}, I_{0,t} =$

$$I_{\mathrm{i}}\frac{1+\gamma_{\mathrm{s}}\varphi_{\mathrm{kr}}\varphi_{t}}{1+\beta_{\mathrm{s}}\varphi_{\mathrm{kr}}\varphi_{t}}, y_{0,t} = y_{0} + a_{\mathrm{s}}\frac{\beta_{\mathrm{s}}\varphi_{\mathrm{kr}}\varphi_{t}}{1+\beta_{\mathrm{s}}\varphi_{\mathrm{kr}}\varphi_{t}}\text{。}$$

2. 温度应力

结合梁在温度变化时,由于混凝土和钢的热导率不同,两者之间有温度变化滞后现象,也就是产生温度差异,但因为剪力传递器使混凝土板和钢梁连接成一体,变形均受到约束,就会使结合梁内部产生初始应力。在计算结合梁温差引起的内部应力重分布时,混凝土和钢的线膨胀系数均可取为 $\alpha_{\mathrm{T}} = 12 \times 10^{-6}/\text{℃}$。

由于温差引起的结合梁内部状态一般可用下述假定情况去考虑,如由于温度变化混凝土能自由伸缩,那么在结合梁中若有温差 ΔT,单位长度混凝土板的变形变化量为 $\alpha_{\mathrm{T}} \cdot \Delta T$(图3-27)。

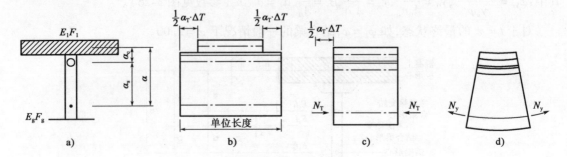

图3-27 结合梁中的温度效应

在钢梁重心处施加一个平衡力 N_{T},N_{T} 使钢梁缩短 $\alpha_{\mathrm{T}} \cdot \Delta T$[图3-27b)],当混凝土板和钢梁合成后,将施加的 N_{T} 力去掉,则 N_{T} 就以作用在钢梁重心处的内力使结合梁产生变形[图3-27c)],这个变形就是温差 ΔT 产生的结合梁的变形。

这时作用力:

$$N_{\mathrm{T,c}} = \alpha_{\mathrm{T}}\Delta T \cdot E_{\mathrm{s}}A_{\mathrm{s}} \tag{3-53}$$

于是形成结合梁后的截面内力就是轴向力和式(3-54)所示的弯矩:

$$M_{\mathrm{T,c}} = N_{\mathrm{T,c}} \cdot \alpha_{\mathrm{s}} \tag{3-54}$$

混凝土的应力 $\sigma_{\mathrm{T,c}}$ 为:

$$\sigma_{\mathrm{T,c}} = \frac{N_{\mathrm{T,c}}}{n}\left(\frac{1}{A_{0}} \pm \frac{a_{\mathrm{s}} \cdot y_{0}}{I_{0}}\right) \tag{3-55}$$

以上分析是基于两种材料热导率不同而产生温度差,钢梁变形大于混凝土板变形的情况,相当于钢梁重心处有一拉力 $N_{\mathrm{T,c}}$。对结合梁起作用;与此同时,混凝土板相当于有一拉力 $N_{\mathrm{T,s}}$,对钢梁起作用。

$$N_{\mathrm{T,s}} = -\Delta T\alpha_{\mathrm{T}} \cdot E_{\mathrm{c}}A_{\mathrm{c}}, M_{\mathrm{T,s}} = N_{\mathrm{T,s}} \cdot \alpha_{\mathrm{c}} \tag{3-56}$$

那么

$$\sigma_{\mathrm{T,c}} = N_{\mathrm{T,s}} \cdot \left(\frac{1}{A_{0}} \mp \frac{a_{\mathrm{c}} \cdot y_{0}}{I_{0}}\right) \tag{3-57}$$

对于结合截面内的温度分布,可按图3-28b)所示的进行计算,也可按图3-28c)所示的直线变化(线性变化)进行计算。这时若各部分线膨胀系数相同,则仅产生形变不产生应力,由此,我们在计算温度应力时,应采用图3-28b)非线性变化的分布曲线。当然在计算结合的连续梁桥时,为了简化计算可采用图 3-28c)的线性分布曲线进行计算。

对于简支结合梁桥计算温度应力时,日本按 $\Delta T = 10$ ℃ 计算,我国按 $10 \sim 15$ ℃温差计算。

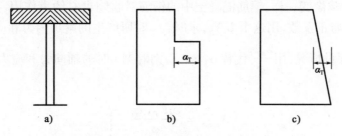

图 3-28 结合梁截面变形示意图

3. 收缩应力

结合梁混凝土板的收缩是随时间变化的,它的增长速度受到空气温度等条件的影响。为了简化计算,一般均假定收缩变化的规律相似于徐变的规律,即

$$\varepsilon_{s,t} = \varepsilon_s \frac{\varphi_t}{\varphi} \tag{3-58}$$

如把相当于允许自由变形时所产生的变形量的力叫作假想收缩力 N_s,则

$$N_s = \varepsilon_{s,t} E_c A_c = \varepsilon_s \frac{E_c A_c \varphi_t}{\varphi} \tag{3-59}$$

和徐变产生附加应力一样,代入式(3-37)中,可得

$$\frac{\varepsilon_s E_c A_c}{\varphi E_c A_c} \mathrm{d}\varphi_t - \frac{N_{s,c,t}}{E_c A_c} \mathrm{d}\varphi_t - \frac{1}{E_c A_c} \mathrm{d}N_{s,c,t} = \frac{1}{E_s A_s} \mathrm{d}N_{s,c,t} + \frac{a^2}{E_s I_s} \mathrm{d}N_{s,c,t} \tag{3-60}$$

同理附加弯矩为:

$$-\frac{M_{s,c,t}}{E_c A_c} \mathrm{d}\varphi_t - \frac{1}{E_c A_c} \mathrm{d}M_{s,c,t} = \frac{1}{E_s I_s} \mathrm{d}M_{s,c,t} + \frac{a}{E_s I_s} \mathrm{d}N_{s,c,t} \tag{3-61}$$

与徐变规律(见前文)相似,收缩产生的轴向力 $N_{s,c,t}$ 和弯矩 $M_{s,c,t}$ 为:

$$N_{s,c,t} = \frac{\varepsilon_s E_c A_c}{\varphi}(1 - e^{\gamma_s \varphi_t}) = -N_{s,s,t} \tag{3-62}$$

$$M_{s,c,t} = \frac{\varepsilon_s E_c A_c \alpha \frac{1}{n} I_h \alpha_s \gamma_s (e^{-\gamma_s \varphi_t} - e^{-\alpha_s \varphi_t})}{\varphi I_s (\alpha_s - \gamma_s)} \tag{3-63}$$

其中: $\gamma_s = \frac{F_s I_s}{F_c I_c}, \alpha_s = \frac{I_s}{I_s + \frac{1}{n} I_c}$。

若取 $\alpha_s \approx 1$,则式(3-63)变成:

$$M_{s,c,t} = \frac{\varepsilon_s E_c A_c \alpha \frac{1}{n} I_c \gamma_s (e^{-\gamma_s \varphi_t} - e^{-\varphi_t})}{\varphi I_s (1 - \gamma_s)} \tag{3-64}$$

而收缩引起的钢梁弯矩 $M_{s,s,t}$ 为:

$$M_{s,s,t} = N_{s,c} \cdot \alpha + M_{s,c,t} \tag{3-65}$$

由式(3-62)~式(3-65)求得 $N_{s,c,t}$、$M_{s,c,t}$、$M_{s,s,t}$ 后,则可求出收缩产生的各部分应力。和徐变一样,时刻 t 时的修正假想弹性模量为:

$$\frac{1}{E_c}(1 + \varphi_s \cdot \varphi_t) = \frac{1}{E_{s,c,t}} \tag{3-66}$$

其中，φ_s 和荷载徐变一样，钢筋混凝土中的钢筋对收缩也有约束作用，必须对假想弹性模量进行修正，即为修正系数，用这个 $E_{s,c,t}$，求时刻 t 时所产生的附加内力和应力时，可采取和求温差应力同样的假设情况，用 $\dfrac{\varepsilon_s \varphi_t}{\varphi}$ 代替 $\alpha_T \cdot \Delta T$，则时刻 t 时的轴向力和应力可由式(3-67)、式(3-68)求出：

$$\left. \begin{aligned} N_{s,c,t} &= \frac{\varepsilon_s E_c A_s \varphi_t}{\varphi} \\ N_{s,s,t} &= \frac{\varepsilon_s E_{s,c,t} F_c \varphi_t}{\varphi} \end{aligned} \right\} \tag{3-67}$$

$$\left. \begin{aligned} \sigma_{s,c,t} &= \frac{N_{s,c,t}}{n_{s,t}}\left(\frac{1}{A_{s,0,t}} \pm \frac{\alpha_{s,s,t} y_{s,0,t}}{I_{0,t}}\right) \\ \sigma_{s,s,t} &= N_{s,s,t}\left(\frac{1}{A_{s,0,t}} \mp \frac{\alpha_{s,s,t} y_{s,0,t}}{I_{s,0,t}}\right) \end{aligned} \right] \tag{3-68}$$

$\varphi_s = \dfrac{e^{r_s \varphi_t} \cdot \varphi_t}{(e^{r_s \varphi_t} - 1)\varphi} - \dfrac{1}{r_s \varphi_t}$；对于 $t = \infty$ 的最终状态，各式中可令 $\varphi_t = \varphi$；一般情况，结合梁可取 $\varphi = 4.00$ 进行计算。和徐变一样，由 B. Fritz 将 φ_s 两位数归纳为表3-5。

φ_s 值　　　　　　　　　　　　　　　表3-5

$\varphi_g \varphi_t$	0.06~0.18	0.19~0.30	0.31~0.41	0.42~0.54	0.55~0.66	0.67~0.78	0.79~0.90	0.91~1.00
φ_s	0.51	0.52	0.53	0.54	0.55	0.56	0.57	0.58

第六节　简支组合梁桥设计实例

一、工程概况

主桥计算跨径39.3m，桥面全宽为12m，双向四车道。主梁为等截面钢板梁，钢梁间距3.5m，两侧桥面板悬挑1.250m，钢板梁沿全长高2.0m，如图3-29所示。

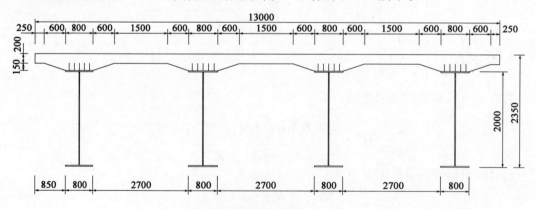

图3-29　桥梁横截面布置图(尺寸单位：mm)

抗剪连接件采用22的圆柱头螺栓,栓钉熔后长度150mm,钢梁上部布置5列栓钉,横向间距150mm,沿梁轴线间距150mm。

桥面板厚200mm,由80mm预制混凝土板和120mm后浇混凝土叠合构成。

采用无支架施工方法,用钢梁作为混凝土桥面板的支承模板。

桥梁主要技术指标:

(1)公路等级:双向四车道。
(2)桥梁宽度:0.5m 防撞栏 +12m 行车道 +0.5m 防撞栏 =13m。
(3)设计车速:100km/h。
(4)荷载标准:公路一级。
(5)桥梁坡度:桥梁纵横向坡度均为2%。
(6)抗震设防:按7度设防烈度抗震设防。
(7)主桥计算跨径:39.2m。

二、主要材料参数

钢主梁钢材为 Q345C 级,重度为 $\rho_s = 78.5 \text{kN/m}^3$,弹性模量 $E_s = 2.06 \times 10^5 \text{MPa}$,设计强度 210MPa。混凝土等级为 C50 级,重度为 $\rho_c = 25 \text{kN/m}^3$,配筋后重度取为 $\rho_s = 26.5 \text{kN/m}^3$,弹性模量 $E_c = 3.45 \times 10^4 \text{MPa}$,抗压强度标准值为 32.4MPa,抗拉强度标准值为 2.65MPa。桥面铺装采用100mm厚沥青混凝土,重度为 $\rho = 25 \text{kN/m}^3$。

三、截面几何特性计算

在梁桥设计中,边梁往往受力最大,所以取边梁作为计算模型,边梁截面如图3-30所示。

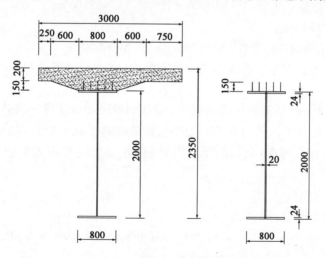

图 3-30 边梁横断面图(尺寸单位:mm)

计算组合梁桥翼板的有效宽度:

$b_{ef} = b_0 + \sum b_{ei}$,$b_0 = 600 \text{mm}$,$b_{e1} = L_e/8 = 39200/8 = 4900 \text{mm}$;

$b_1 = 950 \text{mm}$,所以 $b_{e1} = 950 \text{mm}$;$b_2 = 1450 \text{mm}$,所以 $b_{e2} = 1450 \text{mm}$;$b_{ef} = 950 + 600 + 1450 = 3000 \text{mm}$。

(1)混凝土桥面板。

混凝土桥面板面积 $A_c = 810000 \text{mm}^2$;

混凝土桥面板中和轴距梁底距离 $y_c = 215 + 2000 = 2215 \text{mm}$;

混凝土桥面板截面惯性矩 $I_c = 4.92 \times 10^9 \text{mm}^4$。

(2)钢梁截面。

钢梁面积 $A_s = 2 \times (800 \times 24) + 1952 \times 20 = 77440 \text{mm}^2$;

钢梁截面中和轴距梁底距离 $y_s = 1000 \text{mm}$;

钢梁截面的惯性矩 $I_s = 2 \times [800 \times 24^3/12 + (800 \times 24) \times (1000-12)^2] + 20 \times (2000 - 2 \times 24)^3/12 = 4.99 \times 10^{10} \text{mm}^4$。

(3)组合梁截面。

弹性模量比 $n = E_s/E_c = 2.06 \times 10^5 / 3.45 \times 10^4 = 5.971$,$E_s$、$E_c$ 分别为钢材和混凝土的弹性模量;

组合梁面积 $A_0 = A_c/n + A_s = 213095.67 \text{mm}^2$;

组合梁中和轴距梁底距离 $y_b = \dfrac{A_c y_c/n + A_s y_s}{A_0} = 1773.46 \text{mm}$;

组合梁截面惯性矩 $I_0 = I_c/n + I_s + \dfrac{A_c A_s}{nA_s + A_c}(y_c - y_s)^2 = 1.235 \times 10^{11} \text{mm}^4$。

四、应力计算

(1)恒载计算。

钢梁自重 $q_s = 1.3 \times 78.5 \times 77440 \times 10^{-6} = 7.90 \text{kN/m}$(考虑加劲肋的影响,自重乘以放大系数1.3)。

混凝土桥面板自重 $q_c = 26.5 \times 810000 \times 10^{-6} = 21.465 \text{kN/m}$。

施工荷载取 1.5kN/m。

二期恒载(包括桥面铺装和防撞护栏) $q_{sce} = 10.5 \text{kN/m}$。

混凝土收缩按混凝土等效降温15℃考虑,混凝土徐变采用有效弹性模量法计算。

(2)活载计算。

汽车荷载采用《公路桥涵设计通用规范》(JTG D60—2004)规定的公路一级荷载形式,计算得到边梁荷载横向分布系数为0.67(已考虑荷载横向折减系数)。温度荷载按钢梁与混凝土桥面板正负温差10℃考虑[《公路钢结构桥梁设计规范》(征求意见稿)规定了按正负温差15℃计算]。

(3)一阶段应力计算。

一期恒载产生的应力:

$$M_{g1} = (q_s + q_c)l^2/8 = (7.90 + 21.465) \times 39.2^2/8 = 5640.96 \text{kN/m}$$

$$\sigma_{sb} = \dfrac{M_{g1}}{I_s} y_s = \dfrac{5640.96 \times 10^6}{4.99 \times 10^{10}} 1000 = 113.05 \text{MPa}(拉)$$

$$\sigma_{su} = \sigma_{sb} = 113.05 \text{MPa}(压)$$

$$Q_{g1} = (q_s + q_c)l/2 = (7.90 + 21.465) \times 39.2/2 = 575.61 \text{kN}$$

$$\tau_{sw} = \dfrac{Q_{g1}}{A_w} = \dfrac{584.42 \times 10^3}{1952 \times 20} = 14.74 \text{MPa}$$

施工荷载产生的应力:

$$M_{g1} = q_{qc}l^2/8 = 1.5 \times 39.2^2/8 = 288.12 \text{kN/m}$$

$$\sigma_{sb} = \frac{M_{g1}}{I_s}y_s = \frac{288.12 \times 10^6}{4.99 \times 10^{10}}1000 = 5.77 \text{MPa}(拉)$$

$$\sigma_{su} = \sigma_{sb} = 5.77 \text{MPa}(压)$$

$$Q_{g1} = q_{qc}l/2 = 1.5 \times 39.2/2 = 29.4 \text{kN}$$

$$\tau_{sw} = \frac{Q_{g1}}{A_w} = \frac{29.4 \times 10^3}{1952 \times 20} = 0.75 \text{MPa}$$

(4)二阶段应力计算。

二期恒载引起的跨中截面弯矩和支点剪力为:

$$M_{g2} = q_{sec}l^2/8 = 10.5 \times 39.2^2/8 = 2016.84 \text{kN} \cdot \text{m}$$

$$Q_{g1} = q_{sec}l/2 = 10.5 \times 39.2/2 = 205.8 \text{kN}$$

截面正应力为:

$$\sigma_{sb} = \frac{M_{g2}}{I_0}y_b = \frac{2016.84 \times 10^6}{1.235 \times 10^{11}}1773.46 = 28.96 \text{MPa}(拉)$$

$$\sigma_{su} = \frac{M_{g2}}{I_0}(h_s - y_b) = \frac{2016.84 \times 10^6}{1.235 \times 10^{11}}(2000 - 1773.46) = 3.70 \text{MPa}(压)$$

$$\sigma_{cb} = \frac{M_{g2}}{nI_0}y_b = \frac{2016.84 \times 10^6}{5.971 \times 1.235 \times 10^{11}}(2000 - 1773.46) = 0.62 \text{MPa}(压)$$

$$\sigma_{cu} = \frac{M_{g2}}{nI_0}(h - y_b) = \frac{2016.84 \times 10^6}{5.971 \times 1.235 \times 10^{11}}(2350 - 1773.46) = 1.57 \text{MPa}(压)$$

界面剪应力为:

$$\tau_{su} = \frac{Q_{sec}S}{I_0 \times b} = \frac{205.8 \times 10^3 \times (81000/5.971) \times (2215 - 1773.46)}{1.235 \times 10^{11} \times 800} = 0.125 \text{MPa}$$

钢梁腹板剪应力为:

$$\tau_{sw} = \frac{Q_{sec}}{A_w} = \frac{205.8 \times 10^3}{1952 \times 20} = 5.27 \text{MPa}$$

汽车荷载引起跨中截面弯矩和支点剪力:

根据《公路桥涵设计通用规范》(JTG D60—2004)有关规定,主桥计算跨径为39.2m。

公路一级汽车荷载均布荷载为 $q_q = 10.5 \text{kN/m}$;集中荷载 $P_q = \frac{39.2 - 5}{50 - 5} \times 180 + 180 = 316.8 \text{kN}$;汽车荷载横向分布系数为0.67。

$$M_q = \xi(q_ql^2/8 + P_ql/4) = 0.67(10.5 \times 39.2^2/8 + 316.8 \times 39.2/4) = 3431.39 \text{kN} \cdot \text{m}$$

$$Q_q = \xi(q_ql/2 + 1.2P_q) = 0.67(10.5 \times 39.2/2 + 1.2 \times 316.8) = 392.59 \text{kN}$$

截面正应力为:

$$\sigma_{sb} = \frac{M_{g2}}{I_0}y_s = \frac{3431.39 \times 10^6}{1.235 \times 10^{11}}1773.46 = 49.28 \text{MPa}(拉)$$

$$\sigma_{su} = \frac{M_{g2}}{I_0}(h_s - y_b) = \frac{3431.39 \times 10^6}{1.235 \times 10^{11}}(2000 - 1773.46) = 6.29 \text{MPa}(压)$$

$$\sigma_{cb} = \frac{M_{g2}}{nI_0}y_b = \frac{3431.39 \times 10^6}{5.971 \times 1.235 \times 10^{11}}(2000 - 1773.46) = 1.05 \text{MPa}(压)$$

$$\sigma_{cu} = \frac{M_{g2}}{nI_0}(h - y_b) = \frac{3431.39 \times 10^6}{5.971 \times 1.235 \times 10^{11}}(2350 - 1773.46) = 2.68\text{MPa}(压)$$

界面剪应力为:

$$\tau_{su} = \frac{Q_{sec}S}{I_0 \times b} = \frac{392.59 \times 10^3 \times (81000/5.971) \times (2215 - 1773.46)}{1.235 \times 10^{11} \times 800} = 0.238\text{MPa}$$

钢梁腹板剪应力为:

$$\tau_{sw} = \frac{Q_{sec}}{A_w} = \frac{392.59 \times 10^3}{1952 \times 20} = 10.06\text{MPa}$$

温度荷载产生的截面应力为:

①混凝土桥面板较钢梁低10℃。

$$P_T = A_s E_s \alpha_t \Delta t = 77440 \times 2.06 \times 10^5 \times 1.2 \times 10^{-5} \times 10 = 1914.32\text{kN}$$

$$\sigma_{sb} = -\frac{P_T}{A_s} + \frac{P_T}{A_0} + \frac{P_T(y_b - y_s)y_b}{I_0}$$

$$= -\frac{1914.32}{77440} + \frac{1914.32}{213095.67} + \frac{1914.32(1773.46 - 1000)1773.46}{1.235 \times 10^{11}}$$

$$= 5.53\text{MPa}(拉)$$

$$\sigma_{su} = -\frac{P_T}{A_s} + \frac{P_T}{A_0} - \frac{P_T(y_b - y_s)(h_s - y_b)}{I_0}$$

$$= -\frac{1914.32}{77440} + \frac{1914.32}{213095.67} - \frac{1914.32(1773.46 - 1000)(2000 - 1773.46)}{1.235 \times 10^{11}}$$

$$= -18.45\text{MPa}(压)$$

$$\sigma_{cb} = \frac{1}{n}\left[\frac{P_T}{A_0} - \frac{P_T(y_b - y_s)(h_s - y_b)}{I_0}\right]$$

$$= \frac{1}{5.971}\left[\frac{1914.32}{213095.67} - \frac{1914.32(1773.46 - 1000)(2000 - 1773.46)}{1.235 \times 10^{11}}\right]$$

$$= 1.05\text{MPa}(拉)$$

$$\sigma_{cu} = \frac{1}{n}\left[\frac{P_T}{A_0} - \frac{P_T(y_b - y_s)(h - y_b)}{I_0}\right]$$

$$= \frac{1}{5.971}\left[\frac{1914.32}{213095.67} - \frac{1914.32(1773.46 - 1000)(2350 - 1773.46)}{1.235 \times 10^{11}}\right]$$

$$= 0.35\text{MPa}(拉)$$

综上:

$$\begin{cases}\sigma_{sb} = 5.53\text{MPa}(拉) \\ \sigma_{su} = -18.45\text{MPa}(压)\end{cases}, \begin{cases}\sigma_{cb} = 1.05\text{MPa}(拉) \\ \sigma_{cu} = 0.35\text{MPa}(拉)\end{cases}$$

②混凝土桥面板较钢梁高10℃。

同理可得:

$$\begin{cases}\sigma_{sb} = -5.53\text{MPa}(拉) \\ \sigma_{su} = 18.45\text{MPa}(压)\end{cases}, \begin{cases}\sigma_{cb} = -1.05\text{MPa}(拉) \\ \sigma_{cu} = -0.35\text{MPa}(拉)\end{cases}$$

混凝土收缩产生的截面应力:

计算方法同温度荷载产生的截面应力,只需将温差按15℃计算。

$$\begin{cases} \sigma_{sb} = 8.29\text{MPa}(拉) \\ \sigma_{su} = -27.68\text{MPa}(压) \end{cases}, \begin{cases} \sigma_{cb} = 1.57\text{MPa}(拉) \\ \sigma_{cu} = 0.51\text{MPa}(拉) \end{cases}$$

混凝土徐变产生的截面应力：

采用有效弹性模量法考虑混凝土徐变效应，假定徐变系数 $\varphi=2$，根据荷载类型确定的徐变因子，考虑混凝土的收缩作用时 $\chi=0.55$。

混凝土弹性模量为：

$$E_{c\varphi} = \frac{E_c}{1+\chi\varphi} = \frac{3.45\times10^4}{1+0.5\times2} = 17250\text{MPa}$$

此时弹性模量比为：

$$n_{c\varphi} = E_s/E_{c\varphi} = 2.06\times10^5/17250 = 11.942$$

考虑混凝土长期效应组合梁截面面积为：

$$A_{01} = A_c/n_{c\varphi} + A_s = 810000/11.942 + 77440 = 145267.83\text{mm}^2$$

组合梁中和轴距下翼缘距离为：

$$y_{b1} = \frac{A_c y_c/n_{c\varphi} + A_s y_s}{A_{01}} = \frac{810000\times2215/11.942 + 77440\times1000}{145267.83} = 1567.30\text{mm}$$

组合梁截面惯性矩为：

$$I_{01} = I_c/n_{c\varphi} + I_s + \frac{A_c A_s}{n_{c\varphi}A_s + A_c}(y_c - y_s)^2 = 1.04\times10^{11}\text{mm}^4$$

$$N_c = \frac{M_{g2}}{nI_0}(y_c - y_b)A_c = \frac{2016.84\times10^6}{5.971\times1.235\times10^{11}}(2215 - 1773.46)\times81000 = 978167.33\text{kN}$$

$$P_\varphi = \frac{\varphi}{1+\chi\varphi}N_c = \frac{2}{1+2\times0.5}\times978167.33 = 978.167\text{kN}$$

$$\sigma_{cb} = \frac{1}{n_{c\varphi}}\left[\frac{P_\varphi}{A_{01}} + \frac{P_\varphi(y_c - y_{b1})(h_s - y_{b1})}{I_{01}}\right] + \frac{\varphi}{1+\chi\varphi}\sigma_c$$

$$= \frac{1}{11.942}\left[\frac{978.167\times10^3}{142567.83} - \frac{978.167\times10^3(2215 - 1567.30)(2000 - 1567.30)}{1.04\times10^{11}}\right] +$$

$$\frac{2}{1+0.5\times2}\times0.62 = 1.405\text{MPa}(压)$$

$$\sigma_{cu} = \frac{1}{n_{c\varphi}}\left[\frac{P_\varphi}{A_{01}} + \frac{P_\varphi(y_c - y_{b1})(h - y_{b1})}{I_{01}}\right] + \frac{\varphi}{1+\chi\varphi}\sigma_c$$

$$= \frac{1}{11.942}\left[\frac{978.167\times10^3}{142567.83} - \frac{978.167\times10^3(2215 - 1567.30)(2350 - 1567.30)}{1.04\times10^{11}}\right] +$$

$$\frac{2}{1+0.5\times2}\times1.57 = 2.54\text{MPa}(压)$$

$$\sigma_{sb} = -\frac{P_\varphi}{A_{01}} + \frac{P_\varphi(y_c - y_{b1})y_{b1}}{I_{01}}$$

$$= -\frac{978.167\times10^3}{142567.83} + \frac{978.167\times10^3(2215 - 1567.30)1567.30}{1.04\times10^{11}}$$

$$= 2.84\text{MPa}(拉)$$

$$\sigma_{su} = -\frac{P_\varphi}{A_{01}} - \frac{P_\varphi(y_c - y_{b1})(h_s - y_{b1})}{I_{01}}$$

$$= -\frac{978.167 \times 10^3}{142567.83} - \frac{978.167 \times 10^3 (2215 - 1567.30)(2000 - 1567.30)}{1.04 \times 10^{11}}$$

$$= -9.38 \text{MPa}(\text{压})$$

五、应力验算

各工况及组合的应力计算结果如表3-6所示。

应 力 组 合 结 果 表3-6

编号	荷载类型	混凝土板正应力 (MPa)		钢梁正应力 (MPa)		钢梁腹板剪应力 (MPa)
		σ_{cb}	σ_{cu}	σ_{sb}	σ_{su}	τ_{sw}
1	一期恒载	—	—	113.05	-113.05	14.74
2	施工荷载	—	—	5.77	-5.77	0.75
3	二期恒载	-0.62	-1.57	28.96	-3.7	5.27
4	汽车荷载	-1.05	-2.68	49.28	-6.29	10.06
5	温降10℃	1.05	0.35	5.53	-18.45	—
6	温升10℃	-1.05	-0.35	-5.53	18.45	—
7	混凝土徐变	-1.405	-2.54	2.84	-9.38	—
8	混凝土收缩	1.57	0.51	8.29	-27.68	—
施工阶段	1+2	0	0	118.82	-118.82	15.49
正常使用阶段	1+3+4+6	-2.72	-4.6	185.76	-104.59	30.07
	1+3+5+7+8	0.595	-3.25	158.67	-172.26	20.01
	1+3+4+5+7+8	-0.455	-5.93	207.95	-178.55	30.07

注：1. 表中应力符号以受拉为正，受压为负。
2. 各项荷载组合系数均为1.0。

从表中可以看出，钢梁在施工阶段最大拉应力为118.82MPa，由于是对称截面，最大压应力与最大拉应力相同，均小于钢材的容许应力210MPa；在正常使用阶段，钢梁最大拉应力为207.95MPa，最大压应力为178.55MPa，均小于钢材的容许应力210MPa；混凝土桥面板最大压应力为5.93MPa，小于混凝土的抗压强度标准值32.4MPa，最大拉应力为0.595MPa，小于混凝土的抗拉强度标准值2.65MPa，故满足要求。

六、挠度验算

采用折减刚度法计算组合梁在汽车荷载作用下的跨中挠度。

$$A_0 = \frac{A_c A_s}{n A_s + A_c} = \frac{810000 \times 77440}{5.971 \times 77440 + 810000} = 49297.93 \text{mm}^2$$

$$I_0 = I_s + \frac{I_c}{n} = 4.99 \times 10^{10} + \frac{4.92 \times 10^9}{5.971} = 5.07 \times 10^{10} \text{mm}^4$$

$$A_1 = \frac{I_0 + A_0 (y_c - y_s)^2}{A_0} = \frac{5.07 \times 10^{10} + 49297.93 \times (2215 - 1000)^2}{49297.93}$$

$$= 2505154.81 \text{mm}^2$$

$$k = 0.7 A_s \gamma f = 0.7 \times \frac{\pi \times 22^2}{4} \times 1.67 \times 215 = 95492 \text{N}$$

$$\eta = \frac{36E_s(y_c - y_s)pA_0}{n_s khl^2} = \frac{36 \times 2.06 \times 10^5 \times (2215 - 1000) \times 150 \times 49297.93}{5 \times 95492 \times 2350 \times 39200^2}$$
$$= 0.0386$$

$$\alpha = 0.81\sqrt{\frac{n_s kA_1}{E_s I_0 p}} = 0.81\sqrt{\frac{5 \times 95492 \times 2505154.81}{2.06 \times 10^5 \times 5.07 \times 10^{10} \times 150}} = 7.08 \times 10^{-4}$$

$$\zeta = \eta\left[0.4 - \frac{3}{(\alpha l)^2}\right] = 0.0386 \times \left[0.4 - \frac{3}{(7.08 \times 10^{-4} \times 39200)^2}\right] = 0.0153$$

$$B = \frac{E_s I_0}{1 + \zeta} = \frac{2.06 \times 10^5 \times 1.235 \times 10^{11}}{1 + 0.0153} = 2.51 \times 10^{16} \text{mm}^4$$

$$f_1 = 0.67\frac{5q_k l^4}{384B} = 0.67 \times \frac{5 \times 10.5 \times 39200^4}{384 \times 2.51 \times 10^{16}} = 8.63 \text{mm}$$

$$f_2 = 0.67\frac{P_k l^3}{384B} = 0.67 \times \frac{316.8 \times 10^3 \times 39200^3}{384 \times 2.51 \times 10^{16}} = 10.6 \text{mm}$$

$$f = f_1 + f_2 = 9.63 + 10.6 = 19.3 \text{mm} \leq \frac{l}{600} = 65.33 \text{mm}$$

满足要求。

复习思考题

1. 简述剪力连接件的结构形式,它们在构造上有何要求?
2. 试比较混凝土收缩徐变和温差应力计算的异同点。
3. 组合截面连续梁桥主要有哪些负弯矩的处理办法? 简述它们的特点和使用范围。
4. 简支组合梁桥课程设计。

第四章 钢箱梁桥

第一节 概 述

一、箱梁桥主要结构形式

箱形截面梁桥是其主梁为薄壁闭口截面形式梁桥的总称,常见结构形式如图 4-1 所示。图 4-1a)为单室箱梁桥,用于桥宽较小的情况;图 4-1b)为主梁是并列箱梁的并列箱梁桥,多数采用两个箱,桥宽较大时可采用多个箱;图 4-1c)为钢箱梁与工字形钢梁并用的钢箱梁桥;图 4-1d)是倾斜腹板的倒梯形箱梁桥,桥墩宽度较小;图 4-1e)是具有 3 个以上腹板的多式箱梁桥。图 4-1f)为双腹板箱梁桥,在下翼缘处将双腹板封闭,箱梁宽度较小。

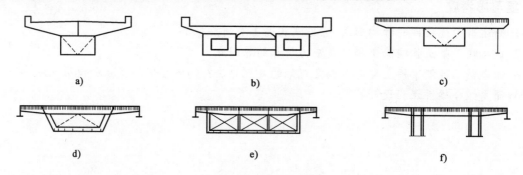

图 4-1 各种形式的箱梁
a)单室箱梁桥;b)并列箱梁桥;c)与工字钢并用的箱梁桥;d)倒梯形箱梁桥;e)多室箱梁桥;f)双腹板箱梁桥

对于采用钢筋混凝土桥面板的钢箱梁桥梁,根据钢筋混凝土桥面板是否参与主梁受力,可以分为组合箱梁桥与非组合箱梁桥,如图 4-1c)~图 4-1f)所示。根据受力体系,钢箱梁桥可以分为简支梁桥、连续梁桥和悬臂梁桥,钢箱梁桥特别适合于连续梁桥。此外,还往往把钢桥面板箱梁用作吊桥、斜拉桥、拱桥等的刚性梁来使用。

二、钢箱梁桥的发展

世界上第一座箱梁桥是 1850 年英国建造的跨度为 142m 的 Britania 铁路桥,1950 年建造了第一座现代化的正交异性桥面板箱梁桥。我国从 20 世纪 80 年代开始采用钢箱梁结构。1982 年,位于陕西省安康水电站铁路专用线上的安康汉江桥落成,它是一座主跨达 176m 的箱形截面栓焊结构铁路斜腿刚构桥,是当时世界上跨径最大的钢斜腿刚构铁路桥;1984 年,在广东省肇庆建成了一座简支正交异性板上承式的栓焊钢箱梁桥。进入 21 世纪以来,钢箱梁得到了更大的发展,如西安后围寨立交 B、C 匝道桥各有四跨一联等截面单箱多室全焊接钢箱梁;哈尔滨尚志大桥和海城街的高架桥,主桥为 50.45m + 55m + 50m + 50.45m 的四跨连续钢箱梁;2006年建成了108m钢箱梁重庆石板坡长江大桥复线桥,在跨中有108m采用的是钢箱梁;2011年建成的长江入海口跨江大桥——崇启大桥也是钢箱梁桥结构。

箱梁桥快速发展主要有以下原因:

(1)箱梁桥具有较大的抗扭刚度和抗扭强度。

直线桥在偏心活荷载作用下,其横向的荷载分配良好。即在单室箱梁桥中,两个腹板弯曲应力相差很少,上、下翼缘弯曲应力也几乎相等。如图4-2a)所示,当单位集中力沿横向移动时,左侧腹板上应力几乎没有变化。与此相反,在双主梁桥中,左侧腹板上作用有荷载时,右侧腹板中没有应力。荷载作用在右侧腹板上时,左侧腹板没有应力。如图4-2c)所示,对腹板上荷载的荷载分配为1:0(杠杆原理)。相对于单室箱梁桥的分配率(例如0.53:0.47)来说,这个分配率极为不好。而并列箱梁桥是居于两者之间的。所以对偏心荷载来说,箱梁桥的力学性能很有利。

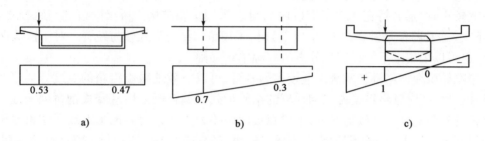

图4-2 荷载分配
a)单室箱形梁桥;b)并列箱形梁桥;c)工字梁桥

(2)箱梁桥的翼缘宽度比工形截面板梁桥大,能很好地抵抗弯曲应力。

工形板梁桥随着跨度加大,翼缘板要加厚,且需要高强度钢,从而导致连接困难。而箱梁因为翼缘薄就没有此类问题。一般来讲,箱梁和同跨度工形梁桥相比,梁高度低,外形轻快,具有美感。同时,如果梁高受到现场条件限制时,梁的高跨比小就具有十分实用的价值。

(3)箱梁桥具有很好的空间受力体系。

从箱梁的结构来看,无论是承受竖直偏心荷载还是水平荷载,箱梁都能作为一个空间结构来抵抗外力,发挥各个杆件的力学性能,没有所谓的零杆。箱梁在所有荷载作用下,各杆件按空间结构分担作用力,一个杆件可以起多种作用。例如图4-1c)~图4-1f)中箱梁上翼缘起的作用有:

①充当钢桥面板,将车轮荷载传递给主梁;
②在竖直荷载作用下,作为主梁翼缘抵抗弯曲;
③在偏心荷载作用下,作为闭口薄壁截面抵抗扭转。

另一方面,下翼缘除了起②、③作用外,在水平荷载作用下,还起平纵联作用。因而力学性能好,经济适用。

(4)箱梁适于用分块架设法安装,可以提高安装效率,缩短工期。

(5)箱梁的内部可作为维修管理的通道。不需要特殊的脚手架便可在内部进行观察、油漆和补修。

(6)电缆、水管、煤气管等附属设备容易在箱梁内部通过。

(7)箱梁内部是密封的,不与海边、河上的湿气接触,有利于防止腐蚀。

(8)由于加劲杆、横连、节点板等几乎全设置在内部,箱梁外部平滑,外观轻巧美观。

第二节 钢箱梁的总体布置

钢箱梁桥上部结构的组成与工字钢板梁桥类似,主要由主梁、横向连接系和桥面系组成。由于钢箱梁桥的横向刚度很大,可以不设纵向连接系。钢箱梁的单箱承载力较大,可以采用单箱、双箱和多箱的结构形式,总体布置比较灵活。对于铁路桥梁由于桥宽不大,单线铁路基本采用单箱桥,复线铁路可以做成单箱双室的结构形式。

一、主梁布置

1. 单箱刚梁桥

钢箱梁由于抗弯刚度和抗扭刚度比较大,箱梁截面尺寸较大时,单梁往往具有较大的承载力。桥宽较小时(通常桥宽在3车道以内),可以采用单箱结构。桥梁的桥宽与跨径之比(宽跨比)不大(通常跨径是桥宽的10倍以上)时,采用单箱结构形式较为经济。对于桥宽在4~6车道时,也可以采用上下行线完全分离的双幅单箱梁桥。

单箱刚梁桥在钢箱桥和两侧设置较大的悬臂,可以有效地减小钢箱的宽度。为了减小挑梁的悬臂长度,还常常将箱梁做成倒梯形的结构形式。钢箱梁采用悬臂式钢桥面板还可以增加翼缘板的有效宽度。一般情况下,主梁腹板间距不大于等效跨径的1/5或者主梁悬臂长度不大于等效跨径的1/10时,箱梁全宽有效。这里,简支梁的等效跨径与主梁计算跨径相同,连续梁的等效跨径为反弯点间的距离。

对于钢桥面结构,挑梁主要是为了提高桥面板的刚度,采用开口加劲肋时挑梁间距一般为1.5~3m,闭口加劲肋时挑梁间距可以适当增加,为2~4m。通常挑梁高度较小,闭口截面形式的加工制作困难,一般做成工形截面。

单箱钢梁桥通常采用单箱单室的结构形式。单箱多室结构的中间腹板对箱梁的抗扭刚度贡献不大,有效工作宽度不明确,而且会增加用钢量,所以采用较少,只有梁高受到限制不得已时采用。

2. 双箱钢梁桥

桥宽较大,或者单箱结构尺寸过大在制作、运输和安装与架设有困难,或者单箱有效宽度很小,不经济时,采用双向结构较为合理。采用钢筋混凝土桥面板结构时,可以设置挑梁[图4-3a)],也可以不设置挑梁[图4-3b)],两种结构用钢量差别不大。

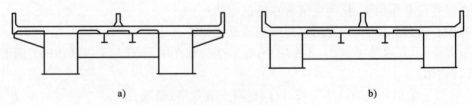

图4-3 双箱钢梁桥的布置
a)设挑梁;b)不设挑梁

设置挑梁的结构形式主要有以下优点:
(1)可以通过调整悬臂长度适应桥宽的变化使得主梁间距不变。
(2)减小下部结构的宽度。

(3)增加组合梁桥顶板的有效宽度。

(4)可以使得桥面板相对于主梁接近于对称,减小主梁偏心受力。

不设置挑梁的形式,简化了结构,可以减少工厂加工量,并且与工形钢板梁桥相连接时可以使得两者的桥面板悬臂长度相同,结构更加美观。因此,采用哪种结构形式应该考虑桥墩形式、车辆轨迹位置、排水、景观以及与相邻桥跨的连接情况等因素综合确定。

采用钢桥面板时,通常采用有悬臂的结构形式。双箱刚梁桥的挑梁布置和结构形式与单箱梁基本相同。

3. 多箱钢梁桥

多箱钢梁桥的布置与双箱桥基本相同。由于多箱结构的用钢量较大,只有跨径较小且桥宽很大时采用。为了使得各主梁受力均匀和改善桥面板的受力,多箱钢梁桥的主梁尽可能等间距布置,如图 4-4 所示。

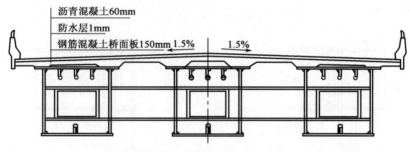

图 4-4 多箱钢梁桥的布置

二、纵梁布置

当主梁间距较大时,为了减小钢筋混凝土桥面板的跨径,或者提高桥面板的刚度,箱梁之间可以设置纵梁,如图 4-5 所示。纵横梁间距对钢筋混凝土桥面板厚度有较大影响,当纵梁间距由 2m 增加到 3m 时,桥面板厚度大约增加 3cm 左右。从钢筋混凝土桥面板的厚度考虑,纵梁间距不宜太大,一般不大于 3m,并且支承于横梁之上。

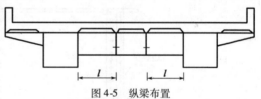

图 4-5 纵梁布置

图 4-6 和图 4-7 分别为纵梁与横梁的常用连接构造,在连接处纵梁一般做成可以传递弯矩的结构形式。其中图 4-6a)为腹板搭接连接,图 4-6b)为腹板对接连接。箱梁外侧设置挑梁时,在挑梁端部需要设置边纵梁(俗称耳梁)支撑桥面板,图 4-8 为边纵梁与挑梁的常用连接构造,也有腹板搭接和对接两种连接方式。

对于钢桥面板,通常横梁或横肋间距较小,可以不设纵梁。但桥宽较大,横梁刚度相对较小时,为了提高桥面结构刚度,也可以设置纵梁。

三、横梁布置

对于多箱或多箱结构钢梁桥,为了使得各主梁受力较均匀、支承纵梁和桥面板,往往在箱梁之间设置中间横梁。在梁端或中间支承处设置横梁,还可以有效提高桥梁整体抗扭能力和分散支点反力。为了保证桥梁的整体受力和抵抗偏心荷载和风荷载等产生的扭矩,除单箱或多幅完全分离式单箱梁桥外,必须设置端横梁。

主梁之间设置纵梁并且支承于横梁之上时,为了减小纵梁的跨径(通常是横梁的间距),横梁的间距不宜过大,横梁间距不宜大于6m。无纵梁时,横梁主要是起到荷载横向分配的作用,横梁间距可以适当放宽,最大间距可达20m左右,其中一道应该设置在跨中位置。

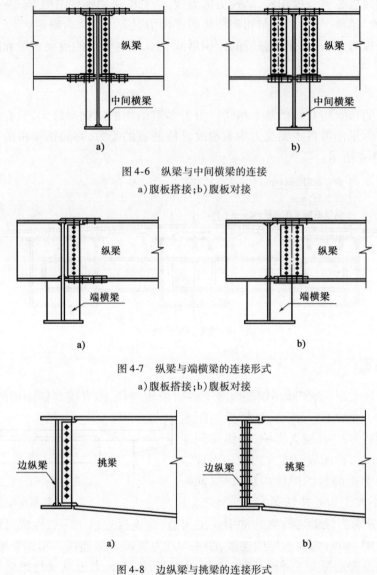

图 4-6　纵梁与中间横梁的连接
a)腹板搭接；b)腹板对接

图 4-7　纵梁与端横梁的连接形式
a)腹板搭接；b)腹板对接

图 4-8　边纵梁与挑梁的连接形式
a)腹板搭接；b)腹板对接

钢箱梁桥的横向连接系,与主梁组成箱梁桥格系结构。为了使得横梁有较好的横向分配效果和支承纵梁,横梁要有足够的刚度。所以钢箱梁桥通常采用图 4-9 所示的实腹式结构形式。梁高通常为主梁高度的 3/4～4/5,除特殊情况之外不得小于主梁高度的 1/2,横梁还兼做桥面板的横向支承结构,横梁顶面一般与主梁同高。

四、支座及临时支点布置

单箱钢梁桥的梁端必须设置两个支座才能保证结构的稳定性和抵抗扭矩的作用。对于连续弯箱梁桥,中间支座偏离主梁形心,偏心设置在曲率半径较大的一侧可以减小主梁恒载偏心扭矩,为了便于控制支座的偏心距,中间支点可以采用单个支座的结构形式。但是,单支座结构形式抵抗活载扭矩的能力比双支座结构小,采用中间支点单支座结构形式时,箱梁整体必须具有足够的抵抗外扭矩的能力。

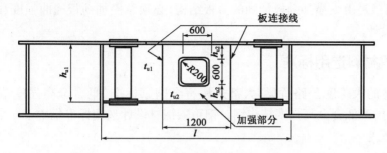

图 4-9　横梁(尺寸单位:mm)

多箱钢梁桥,往往一个钢箱设置一个支座,箱梁之间用横梁相连。当一个钢箱设置多个支座时,由于支座高度的设置误差会导致支座受力的不均匀,会对箱梁产生不利的影响。

为了维修和更换支座方便,箱梁桥应该设置支承千斤顶的临时支点加强结构,图 4-10 是常用的临时支点的布置形式。

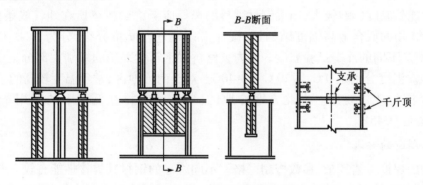

图 4-10　支座及临时支点布置

第三节　钢箱梁的注意事项

一、力学性能

当箱梁按容许应力法(弹性设计)设计时,必须考虑以下力学问题:

(1)当荷载作用于剪力中心时,和其他形式的桥梁没有什么区别。在这种荷载状态下,主要是产生弯曲正应力和剪应力,这和 H 型钢板梁相同。箱梁是闭口截面,其剪应力计算是超静定问题,故比起开口截面的计算要复杂些。可根据薄壁结构理论计算。

在单室箱梁桥中,如图 4-2 所示,偏心荷载 P 作用在离剪力中心 S 的距离为 e 处时,可把它分解为通过点 S 的竖直荷载 P 和绕点 S 的扭矩 $T = Pe$ 来研究。

对于后者,需用下述 3 种方法来研究。

①假定横截面形状不变,可忽略附加的开口截面部分,仅按纯扭转(St. Venant 扭转)计算闭口截面部分的剪应力。

②在横截面不变形的假定下,计算弯曲扭转产生的整个截面上的正应力和剪应力。

③考虑扭转产生的横截面变形,计算由于它的影响而产生的应力。

(2)为保持箱梁的截面形状,横隔板或横连的位置和尺寸需由计算确定。上述问题决定后,受扭转荷载的箱梁就可以采用纯扭转或弯曲扭转理论的薄壁结构来分析。

(3)由于箱梁是由纵横加劲板加劲的薄板结构,必须掌握加劲板屈曲强度和屈曲后性能,这样才能合理设计。

二、钢箱梁材料选用标准

近几年建造的大跨度公路桥梁,大都采用符合国家标准《低合金高强度结构钢》(GB/T 1591—2008)的国产低合金高强度结构钢。钢箱梁钢材设计选用标准集中于三个方面。

1. 强度的要求

钢结构桥梁设计目前仍采用容许应力法,强度设计以控制截面应力不超过材料容许应力为原则。考虑到在钢箱梁加工制作及拼装过程中,会产生很多由于误差造成的附加应力及焊接残余应力,这些应力是无法计算的,在施工安装中也会产生误差附加应力,这些应力虽能计算,却是不确定的。故在设计中,一般会采用较高的应力储备,以提高安全度。

2. 使用气候条件的要求

钢材性能受温度影响较大,箱梁钢材牌号的选择应考虑到桥梁所在地气候条件对结构的影响。设计常用的低合金高强度结构钢,按冲击韧性进行质量分级,分为A、B、C、D、E等级别,各级别对应不同的冲击试验温度。国内公路桥梁钢箱梁采用的级别大部分集中在C、D和E,对应的试验温度分别是0℃、-20℃和-40C。对于南方地区,常年温度较高的情况下,选用Q345C已经满足使用要求。在北方寒冷地区,考虑到钢材在低温下的使用条件,宜使用Q345D,甚至是Q345E。

3. 加工制造的要求

高强钢的焊接工艺复杂,参数控制严格。不同牌号的钢材其焊接性能有较大差别,即使同一牌号,不同等级的钢材,其可焊性也不尽相同。钢箱梁制造过程是大量的钢材焊接过程的集合体,焊缝检查要求极为严格。过于追求强度、硬度等指标而忽视可焊性,会造成不必要的浪费。

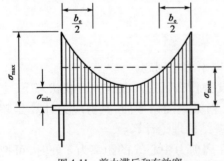

图4-11 剪力滞后和有效宽

三、剪力滞后和有效宽度

当主箱梁的宽度与跨度比较大时,在翼缘中会产生剪力滞后的现象。如图4-11所示,由于翼缘本身的剪应变,正应力在腹板上方最大,在翼缘中间最小,近似呈抛物线分布。也就是说,腹板上方正应力比初等弯曲理论求得的应力值大,在翼缘中间则小。为此,在设计上如何决定有效宽度就是一个重要问题。

π形和T形截面有效宽度的计算公式简单,设计上十分实用。因为箱梁桥上(下)翼缘的有效宽度几乎不受下(上)翼缘应力分布的影响。所以,分别计算也不会产生很大的误差。如图4-12a)所示,当求此箱梁上翼缘有效宽b_{mu}时,可如图4-12b)所示,将截面积等于箱梁下翼缘截面面积$2A_1$之半的翼缘放于腹板的正下方,置换成π形截面,在此π形截面上计算上翼缘的有效宽度。反之,计算下翼缘的有效宽度时,可用图 4-12c)所示的 U 形截面进行计算。

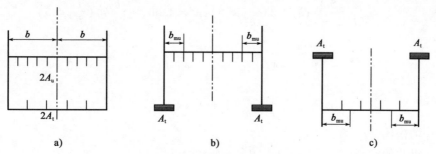

图 4-12 箱梁翼缘有效宽度近似计算法
a)箱梁;b)π 形截面;c)U 形截面

有悬臂的箱梁,如图 4-13a)所示,当求悬臂部分有效宽时,可将腹板间的翼缘集中到截面的对称中线上去,变为如图 4-13b)所示的 T 形截面,再按 T 形截面计算。当求中间翼缘的有效宽时,如图 4-13c)所示,将悬臂梁的截面积集中到角隅部,下翼缘集中到两侧腹板下,再按 π 形截面计算。当计算下翼缘有效宽度时,如图 4-13d)所示,将上翼缘及其悬壁部分集中到腹板上方,再按 U 形截面积算。

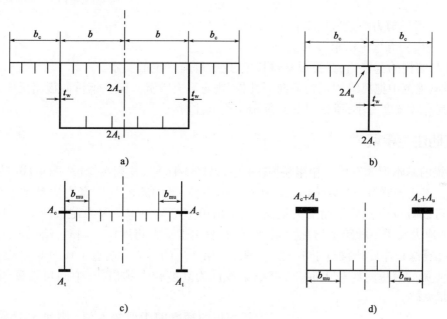

图 4-13 有悬臂翼缘的箱梁翼缘有效宽度近似计算法
a)有悬臂翼缘的箱梁;b)计算悬臂翼缘有效宽度的 T 形断面;c)计算上翼缘有效宽度的 π 形断面;d)计算下翼缘有效宽度的 U 形断面

对于上述理想化的 π 形、T 形、U 形截面,考虑纵肋影响的简支箱梁,当集中荷载 P 作用在 $c = \varphi l$ 处,同时匀布荷载 q 满载时,根据近藤、小松、中井给出的方法,其翼缘有效宽度 b_m 实用计算公式如式(4-1)~式(4-4)所示。

$$\frac{b_m}{b} = 1 - \frac{k\lambda P + 2ql\dfrac{b}{l}\omega x}{\{3(1-\varphi^{**})\varphi P + 1.5\varphi(1-\varphi)ql\}\dfrac{l}{b} + \kappa(k\lambda P + 2ql\dfrac{b}{l}\omega x)} \quad (4\text{-}1)$$

$$k = \sqrt{\frac{1.5\omega}{1.2-\kappa}}; \lambda = 1\left(\frac{l}{b} \geq 5\right), \lambda = \tanh\left(-\frac{\frac{l}{b}}{2\omega}k\right)\left(\frac{l}{b} < 5\right) \tag{4-2}$$

$$\varphi^{**} = 1\left(\frac{l}{b} \geq 10\right); \varphi = 1 - \sec h\left(\frac{\frac{l}{b}}{2\omega}k\right)\left(\frac{l}{b} < 10\right) \tag{4-3}$$

$$\omega = \frac{1}{1-\mu} + \frac{R}{at}(1+\nu); \kappa = \frac{A}{F} + \frac{2Ah^2}{J} \tag{4-4}$$

式中：μ——泊松比；

a——纵肋的间距；

R——1个纵肋的截面积；

t——翼缘板厚；

h——按正交异性板考虑的翼缘中性面和箱梁中性轴的距离；

F、J——箱梁截面积和截面惯性矩。

另外，可用剪力滞系数来衡量。

$$\lambda = \frac{\sigma_{max}}{\overline{\sigma}} \tag{4-5}$$

式中：σ_{max}——考虑剪力滞效应所求得的截面最大正应力；

$\overline{\sigma}$——按初等理论所求得的正应力。

此系数与结构的宽跨比、翼缘板悬臂长度、跨数等有一定的关系。

公路桥梁规范中把翼缘假定为各向同性板，规定了有效宽。但在钢桥面板箱梁中，设有很多纵肋，因其有效宽度变小，所以对此必须给予充分注意。

四、其他注意事项

(1)箱梁的基本形式有单室箱梁桥[图4-1a)及图4-1d)]、并列箱梁桥[图4-1b)、图4-1c)及图4-1f)]、多式箱梁桥[图4-1e)]，从中选择哪一种，平均跨度与桥宽之比是个重要因素。若比值大，可以减少腹板数量而加大梁高，以采用单室箱梁为宜。因为在这种形式中产生的 St. Venant 剪应力几乎不随跨度增加而增加，因而适用于长大跨度桥。同时，箱梁形式接近正方形，腹板和翼缘板厚度比接近于1。由于翘曲约束产生的次应力接近于0，所以是很有利的。

(2)当主梁的腹板间距较大时，可把横梁设计为高度较大的桁架，中间可设置桁架式纵梁，以便质量减轻。

一般钢桥面板的横梁间距取较大值（例如5~6m），而设置中心距700~800mm，高500~600mm的闭截面纵向加劲肋，可使质量减轻。但是采用闭截面纵肋时，工地连接的施工设计必须给予足够的重视。

如图4-14所示，因为腹板附近的翼缘应力比其他部分的应力大，故其厚度也应增大，以增加其局部屈曲强度。改善翼缘和带有加劲肋的腹板结合处的边界条件，可以提高翼缘整体屈曲强度或受压极限强度，同时，车轮荷载产生的应力和变形也将降低。在开始安装时，箱梁为两个并列的工形截面，在工地用翼缘将两者连接起来。由于增加了翼缘板厚，也就增加了工形截面的刚度，从而容易架设，安全性能好。

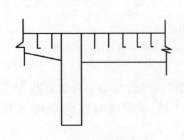

图4-14 桥面板厚度的变化

(3)在施工设计中,应注意以下几点。

在纵肋和横梁(或横肋)的交接处,应将横梁切开以便纵肋通过,如图 4-15 所示。在图 4-15a)、图 4-15b)所示的纵肋与横梁腹板间的贴脚焊缝末端附近,容易发生焊接收缩裂缝,一般在腹板上切开一个较大的圆弧口,如图 4-15c)、图 4-15d)所示。

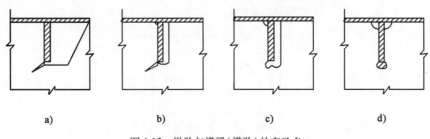

图 4-15　纵肋与横梁(横肋)的交叉点

第四节　钢箱梁的构造与设计

钢箱梁的组成部分主要是:桥面板、底板,腹板和加劲构件,如图 4-16 所示。其中,桥面板又兼作桥面之用,分为钢筋混凝土桥面板和钢桥面板两种。为了减轻质量,增加箱梁整体性,往往采用正交异性钢桥面板。下面就各分部的设计加以说明。

一、一般规定

钢箱梁的结构形式如图 4-17 所示。根据《公路钢结构桥梁设计规范》(征求意见稿),钢箱梁必须满足以下规定:

(1)以弯为主的钢箱梁宜采用矩形或有斜腹板的梯形对称断面,钢箱梁应尽可能选用单室截面形式。作为加劲梁的扁平钢箱梁可以不受本条款限制。

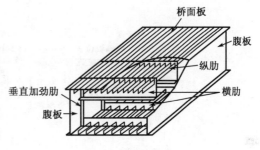

图 4-16　钢箱梁的构成

(2)焊接箱梁应尽可能便于采用自动焊或半自动焊,避免采用不利于疲劳寿命的构造细节。

(3)钢箱梁应采取措施以防止梁在制作、运输、安装架设和运营阶段的过大变形和稳定性。

(4)钢箱梁应设置进入箱内的检修通道,人孔宽度和高度均不宜小于400mm,箱内应该设置排水孔。当箱梁尺寸不能满足开孔的要求时,则箱梁应完全封闭。箱内或者闭口结构无法设置检修通道或人孔尺寸不能满足要求时,箱内或者闭口结构必须完全封闭。

(5)钢箱梁的强度和稳定计算应该考虑剪力滞后和局部稳定的影响。

(6)钢箱梁剪应力计算应该考虑扭转的影响。

二、正交异性钢桥面板的构造与设计

1.构造及特点

箱形截面梁的顶板用作钢桥面板。如仅按强度计算,则桥面板只需 5~6mm 厚的钢板即

可,但薄钢板刚度过小,在轮重作用下易产生过大的变形,因此一般用厚度不小于10mm的钢板,同时钢板下面还要用密布的纵肋及垂直于纵肋的、分布较疏的横肋来加劲。钢板上面用厚度为50mm及以上的沥青铺装、环氧树脂铺装或橡胶铺装等。

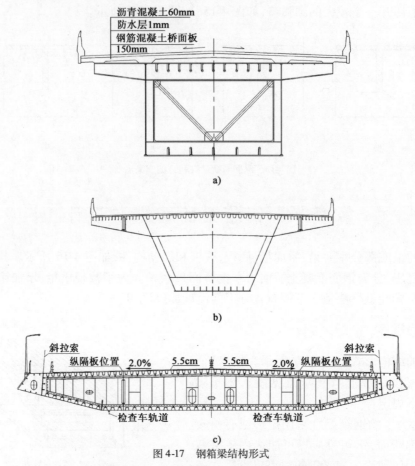

图 4-17 钢箱梁结构形式
a) 矩形钢箱梁; b) 梯形钢箱梁; c) 钢箱梁桥面系横断面布置

由于加劲钢板的纵、横肋刚度不同,两个方向的弹性性能也不同,这种具有"正交异性"的板通常就称为正交异性板,可近似按正交异性板理论对正交异性桥面板进行力学分析。试验和理论研究表明,正交异性板具有很高的承载能力,采用这种桥面板可以显著地减轻钢梁的自重。

钢桥面板除了有桥面和桥面系的作用外,还作为主梁的一部分发挥作用。

钢桥面板加劲纵肋的截面形式可分为开口截面和闭口截面两种,如图4-18所示。开口纵肋易于工厂制造和养护,肋与肋之间的连接也较方便;闭口纵肋具有较大的抗扭刚度,屈曲稳定性也较好。

纵肋间距与钢盖板厚度有关,一般在300mm左右。德国规范规定行车道部分的间距 $b \leqslant 25t$。人行道部分为 $b < 10t$;日本则规定在 $t \geqslant 12mm$ 时,行车道部分 $b < 28.5t$。纵肋跨径则与截面形式有关。

横肋一般皆为倒T形截面,其间距即是纵肋的跨径。计算截面考虑钢盖板形成的上翼缘,从而形成工字形截面。纵、横肋交叉部位一般皆在横肋中设切口,其构造见图4-19。

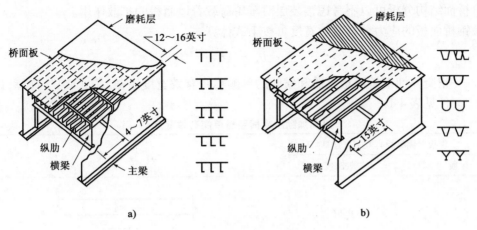

图 4-18 加劲纵肋的截面形式
a)开口肋;b)闭口肋
注:1 英尺 = 0.3048m;1 英寸 = 0.0254m。

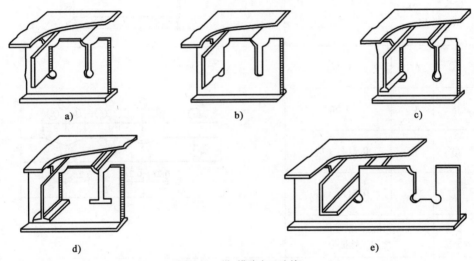

图 4-19 纵、横肋交叉连接

2. 规范要求

对此《公路钢结构桥梁设计规范》(征求意见稿)做了以下规定。

(1)正交异性钢桥面板最小板厚应符合下列规定:

①钢桥面板的盖板不得小于 $0.037b$(b 为纵向加劲肋腹板间最大中心距),并且不得小于 14mm。

②开口加劲肋的最小板厚不应小于 8mm。

③闭口加劲肋的最小板厚不应小于 6mm。

(2)正交异性钢桥面板应该分别验算整体结构体系和桥面系结构体系的强度、稳定和疲劳,两种结构体系都必须满足安全性要求。

(3)钢桥面板设计车轮荷载冲击系数按 0.4 计算,伸缩缝处应该考虑由于路面高差引起的车轮撞击作用。钢桥面板的设计应考虑重型车辆和超载车辆的轴重对强度、稳定和疲劳的影响。

（4）桥面结构分析可以不考虑铺装层对车轮荷载着地面积的扩散作用。

（5）钢桥面板的应力分析有效宽度可按下式计算：

$$b_e = \lambda b \tag{4-6}$$

式中：λ——正交异性钢桥面板纵肋和横肋的单侧翼缘有效宽度系数，按式(4-7)计算，计算条件见表4-1。

纵向加劲肋或横肋翼单侧有效宽度　　　　　　　　　　表4-1

构件	腹板单侧翼缘有效宽度计算			计 算 图 式
	区段	符号	等效跨度 l	
纵肋	全长	λ_L	$0.6L$	
横肋 简支	全长	λ_L	L	
横肋 连续	①	λ_{L_1}	$0.8L_1$	
	⑤	λ_{L_2}	$0.6L_2$	
	③	λ_{s_1}	$0.2(L_1+L_2)$	
	⑦	λ_{s_2}	$0.2(L_1+L_3)$	
	②④⑥⑧	在该区间两端值之间线性插值		
	①	λ_{L_3}	$2L_3$	
	③	λ_{L_2}	L_2	
	②	在该区间两端点值之间线性插值		

$$\left.\begin{aligned}\lambda &= 1 & \frac{b}{l} &\leq 0.02 \\ \lambda &= \left[1.06 - 3.2\frac{b}{l} + 4.5\frac{b}{l}\right] & 0.02 &< \frac{b}{l} < 0.30 \\ \lambda &= \left[1.04 - 2.23\frac{b}{l} + 1.49\left(\frac{b}{l}\right)^2\right] & 0.30 &\leq \frac{b}{l} < 0.5\end{aligned}\right\} \tag{4-7}$$

当 $\frac{b}{l} \geq 0.5$ 时,λ 值应用空间分析或其他更精确的方法确定。

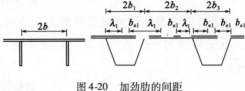

图 4-20 加劲肋的间距

式中:λ——纵肋或横肋翼缘单侧有效宽度;
b——纵肋或横肋间的距离,如图 4-20 所示。

(6)纵向加劲肋应满足以下要求。

①纵向加劲肋宜等间距布置,不得已时加劲肋腹板的最大间距不宜超过最小间距的 1.2 倍。

②纵向加劲肋应连续通过,不宜中断。

③纵向加劲肋与盖板焊缝焊接之后,宜将横向加劲肋或横隔板交叉处的过焊孔用熔透焊封闭。

④纵向加劲肋受拉翼缘或肢尖不应与横向加劲肋或横隔板焊接。

⑤闭口加劲肋的几何尺寸应满足以下规定:

$$\frac{t_r a^3}{t_d^3 h'} \leq 400 \tag{4-8}$$

式中:t_d——盖板厚度;
t_r——加劲肋腹板厚度;
h'——加劲肋腹板斜向高度;
a——加劲肋腹板最大间距。

⑥闭口纵向加劲肋与盖板焊接熔透深度不得小于加劲肋板厚的 80%。

⑦闭口纵向加劲肋必须完全封闭,高强螺栓连接处应设置可维修的操作孔。

(7)横向加劲肋应满足以下要求:

①对于闭口纵向加劲肋,横向加劲肋的间距不宜大于 6m。

②对于开口纵向加劲肋,横向加劲肋的间距不宜大于 4m。

三、腹板设计

在腹板的设计中,腹板不仅要能安全承受剪应力,而且要能同时安全承受面内弯曲应力和拉(或压)应力。梁端则可按承受剪力计算。当腹板的焊接部分名义截面积在腹板总截面积的 0.3% 以下时,其在梁轴方向的残余应力可考虑在 $0.10\sigma_y$ 以下,腹板的设计如下所示。

在结构物设计标准《铁路钢桥制造规范》(TB 10212—2009)8.3 和 8.4 中规定了腹板的最小板厚。在公路桥中,当没有水平加劲肋和有 1 层、2 层水平加劲肋时,必须根据《钢路钢桥制造规范》(TB 10212—2009)8.4 决定腹板厚度,较大跨径的连续箱梁板的腹板,往往需要 3 层以上的水平加劲肋。这时,由水平加劲肋和垂直加劲肋包围的板段一般呈现如图 4-6 所示的平面应力状态。如采用《公路桥涵设计规范》(JTG D60—2004)的方法,为保证板段 i 局部屈曲必要的安全系数 v_{Bi}。腹板厚度 t 必须满足式(4-9):

$$\left(\frac{t}{b_i}\right)^2 \geq \frac{v_{Bi}}{(1378R)^2}\left\{\frac{1+\psi}{4k_\sigma} + \sqrt{\left(\frac{3-\psi}{4k_\sigma}\right)^2 + \left(\frac{\eta}{k_\tau}\right)^2}\right\} \tag{4-9}$$

式中:k_σ、k_τ——分别为四周简支板在正应力和剪应力单独作用下的屈曲应力。

$$v_{Bi} = 1.25 + (0.30 + 0.15\psi)e^{-4.3\eta} \geq 1.25$$

$$R = 0.90 - 0.10\psi \tag{4-10}$$

根据《公路钢结构桥梁设计规范》(征求意见稿)相关规定,可得以下规定:

以受弯剪为主的板厚、加劲肋应该满足以下要求。腹板厚度应满足表4-2的最小板厚要求。

钢板梁腹板最小厚度　　　　表4-2

钢材品种	Q235钢	Q345钢	备注
不设横向加劲肋及水平加劲肋时	$\dfrac{\eta h_0}{70}$	$\dfrac{\eta h_0}{60}$	
仅设横向加劲肋,但不设水平加劲肋时	$\dfrac{\eta h_0}{160}$	$\dfrac{\eta h_0}{140}$	
设横向加劲肋和1段水平加劲肋时	$\dfrac{\eta h_0}{280}$	$\dfrac{\eta h_0}{240}$	水平加劲肋位于距受压翼缘 $0.2h_0$ 附近
设横向加劲肋和2段水平加劲肋时	$\dfrac{\eta h_0}{310}$	$\dfrac{\eta h_0}{310}$	水平加劲肋位于距受压翼缘 $0.14h_0$ 和 $0.36h_0$ 附近

注:1. h_0 为腹板计算高度,对焊接梁为腹板的全高,对铆接梁为上、下翼缘角钢内排铆钉线的间距。
2. η 为应力折减系数,$\eta = \sqrt{\dfrac{腹板计算应力}{腹板弯曲设计应力}}$。

四、横隔板的设计

1. 构造及特点

在桥梁纵向,钢箱梁桥面板上的荷载由桥面板传给纵向加劲肋,再由纵向加劲肋传给横隔板,因此横隔板相当于纵肋的弹性支撑,减小了纵向加劲肋的跨度和受压失稳时的自由长度;在桥梁横向,横隔板和有效宽度内钢箱梁的上下翼缘共同作用相当于一个上缘受压的工字梁。钢箱梁在承受非对称荷载时,不但发生弯曲,并且伴随着扭转和畸变,如图4-21所示。为了有效抵抗以上的变形效应,横隔板需要足够的刚度和适当的间距。

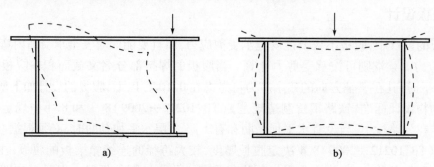

图4-21 箱梁畸变和横向弯曲变形
a)畸变;b)横向弯曲变形

箱梁隔板一般有两种形式:一种是桁架式,另一种是实体式。在承受较大轴向压力的斜拉桥钢箱梁设计中,一般采用桁架式纵向隔板。如出于对整体刚度的考虑,横隔板较多采用实体式。实体式横隔板的做法按照隔板与上下顶板连接方式的不同,总体上可以分为两种:一种是横隔板与上下顶、底板直接相连,另一种是通过搭接板与上下顶、底板相连。第一种制造方法适用于截面较小的箱梁,如西陵大桥采用了这种做法,钢箱梁制造用反胎架建造法,即先将顶板翻身置于胎架上,与横隔板相焊后将梁段整体翻身,焊接横隔板和底板。该法由于需要梁段翻身,对于梁宽较大的桥梁并不适合。因此,搭接式横隔板由于制造简单、组装容易、工艺要求不高,在当前的设计中,采用较多。

钢桥中横隔板分为中间横隔板和支点横隔板,作用是限制钢箱梁的畸变和横向弯曲变形,保持一定的截面形状。对于支点横隔板还将承受支座处的局部荷载,起到分散支座反力的作用。横隔板具有一定的刚度。由于两种横隔板作用不同,其构造形式不同,采用的设计方法也不一样。

横隔板的厚度一般采用8mm,在吊点处会有加强,增加到10mm,同样是出于提高整体刚度的考虑,已有将其普通处增厚至10mm、吊点处增厚至12mm的设计,如珠江黄埔大桥。但如前所述,更能体现横隔板作用的是抵抗箱梁扭转和畸变,增加横隔板板厚对于钢箱梁整体刚度的提升效果还有待实践的检验。

横隔板的间距也关系到桥面的局部刚度,一般取节段长度的整分数,以便于钢箱梁节段的工厂标准化制作。如虎门大桥节段长度16m,横隔板间距取的是节段长度的四等分即4m,江阴长江大桥、珠江黄埔大桥的节段长度也是16m,但取的是五等分,间距3.2m。国内钢箱梁桥横隔板间距最小的要属西陵长江大桥,其节段长度为12.7m,为了抵抗三峡建设期间的特种载重车辆荷载,箱梁横隔板间距设计为2.54m,为节段长度的1/5。

2. 规范要求

《公路钢结构桥梁设计规范》(征求意见稿)对横隔板做出了以下规定。

(1)钢箱梁支点处横隔板应符合下列规定:
①钢箱梁支点处必须设置横隔板,形心应该通过支座反力的合力作用点。
②横隔板支座处应该成对设置竖向加劲肋。
③横隔板与底板的焊缝应该完全熔透。
④人孔最好设置在支座边沿线以外的部分。
⑤支点横隔板必须验算横隔板与加劲肋的强度。

(2)箱间横梁处横隔板应符合下列规定:
①箱间横梁处箱内应该设置横隔板。
②箱间横梁的翼板处,箱内应该设置加劲肋或翼板,确保横梁翼板受力的连续性。
③横隔板与腹板的焊缝应该完全熔透。

(3)中间横隔板应符合下列规定:
①箱梁畸变翘曲正应力大于材料设计强度的5%时,在支点横隔板或横梁横隔板之间应该设置中间横隔板。
②横隔板与顶底板和腹板可以采用角焊缝连接。

(4)扁平钢箱梁等横隔板不仅承受扭矩作用,而且承受弯矩和剪力作用时,横隔板应符合下列规定:
①横隔板的板厚、加劲肋应该满足规范各条款的要求。
②在斜拉索或吊杆锚固点等应力集中处,横隔板与腹板或顶板的焊缝应该熔透。
③不受集中荷载作用的横隔板与底板可以采用角焊缝连接。

五、其他

钢箱梁除了可以当作梁式桥的主要承重结构之外,还可以用作其他桥梁的主要结构。例如悬索桥和斜拉桥的主梁，当用于大跨径桥梁时，设计时就应考虑箱梁的抗风性能。

钢箱梁主梁横截面形状及尺寸的局部改变，都会对桥面的流场及桥梁的风致响应产生明显影响。出于结构物风致响应计算的复杂性和不确定性，对箱梁抗风性能主要是通过风洞试验检验，再根据检验结果，对箱梁设计进行优化，称之为选型。一般情况下，对于扁平钢箱梁截面，增大梁高可提高箱梁的颤振临界风速。但当箱梁高度达到一定值时，再增加高度对颤振临界风速的影响较为缓慢，且会造成设计的不经济。近年来提出的分离式双箱梁钢梁方案值得引起重视，类似方案也出现在上海长江大桥和舟山西堠门大桥中。

六、扁平钢箱梁构造实例

扁平钢箱梁结构是由众多纵横加劲肋和盖板组成的封闭式扁平薄壁箱形结构，梁高与跨径和梁宽相比很小。自从1966年英国的塞文悬索桥第一次采用扁平钢箱梁以来，其抗风性能好、整体性强、线条美观等优点便得到了认可，扁平钢箱梁适用于大跨度斜拉桥、悬索桥和拱桥等，在大跨度桥梁建设中受到越来越多的关注。目前，国内外斜拉桥、悬索桥的建设资料中，现代大跨度斜拉桥、悬索桥加劲梁的截面形式大部分为扁平钢箱梁。

图4-22所示是扁平钢箱梁的典型截面，由顶板、底板、腹板、横隔板和风嘴组成。顶底板上都焊有U形或其他形式的加劲肋，成为构造上的正交异性板，顶底板加劲肋增加了截面面积和抗弯惯性矩，提高了主梁的刚度，而且也大大提高了顶底板的稳定性。顶板的厚度一般比底板厚，顶板用U形加劲肋加劲，而底板可以采用球头钢做成开口的加劲肋，有时为方便工厂制作，也使用U形加劲肋，不过间距要大一些。用于悬索桥主梁时，钢箱顶底板厚度一般来说分别是12mm、10mm；用于斜拉桥主梁时，顶底板厚度通常分别是14～16mm、12mm。腹板厚度较大，其上焊有纵向加劲肋，以保证其稳定性。

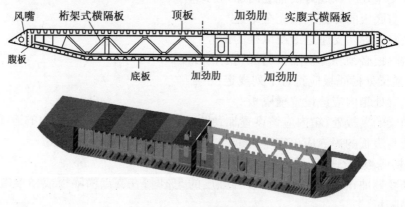

图4-22 扁平钢箱梁典型截面

横隔板起着限制箱梁畸变和梁段横向变形的作用，同时也作为桥面板的纵向支承，起着减少桥面板自由长度、增加稳定性的作用。对于支座处的横隔板，还将承受支座反力，分散支座处局部荷载。横隔板上都焊有纵向和竖向加劲肋以保证稳定性。横隔板的厚度一般采用8～12mm。顶、底板的纵肋和横隔板相贯时，要求横隔板开孔，以便纵肋连续通过，还要在纵肋和顶底板相连处开小孔，纵肋和横隔板仅在侧面相焊。

箱梁两侧安装有风嘴，使箱梁截面形成流线型，减少风阻，并不作为主要受力构件设计，所以板厚小，其钢材标号也比较低。

腹板的构造与板梁填板相同，但加劲仅设在内侧，腹板沿长度方向需要设置焊接或栓接的竖向接头。沿高度方向则随尺寸而定,如有可能就用整块钢板,不然则设水平接头。腹板按强度要求其厚度是不大的,一般根据桥型、跨径和梁高在 10～30mm 之间变化,腹板应保证局部屈曲的安全性,为此需要设置一定的水平加劲肋和竖向加劲肋。箱梁加劲肋仅设在箱的内侧,如同板梁一样,在支点处及横肋与腹板连接处应设置竖向加劲肋。水平加劲肋的数量与腹板高度和厚度有关,可以设置到 3 层以上。底板一般也设有纵、横肋,横肋与桥面板上横肋位置一致,以组成横向连接系,纵肋布置间距较顶板间距大。箱梁应有一定数量的横隔板或横框架,以保证箱梁的整体作用。横隔板或横框架的位置和尺寸由计算确定,一般横隔板或横框架的间距可达 10～15m,在跨中和支点截面处必设此结构。

第五节　工程实例

一、104 国道绍兴高桥立交桥工程

1. 一般构造

104 国道绍兴高桥立交桥工程位于 104 国道、萧甬铁路、浙东运河与绍齐公路的交叉处,地处东浦镇南侧。立交桥总占地约 12.8 万 m^2,批复概算约 2.6 亿元,建设工期为 24 个月。

该桥分为 W 主线桥、E 主线桥、A 匝道桥、B 匝道桥、C 匝道桥、D 匝道桥、D 匝道桥、N 匝道桥、S 匝道桥。其设计荷载采用公路Ⅰ级指标;桥梁标准桥面宽度 13.5m;A、D 匝道桥为 10m。大、中、小桥及涵洞的设计洪水频率按 100 年一遇设计。地震动峰值加速度小于 0.05g,相当于地震基本烈度小于Ⅵ度。

(1) E 主线桥。

上部结构采用 (7×25)m 预应力混凝土连续箱梁 + (4×17.5)m 预应力混凝土连续箱梁 + (30.2+40.5+17.1)m 连续钢箱梁 + (15+3×17.2)m 预应力混凝土连续箱梁 + (8×25)m 预应力混凝土连续箱梁,总长 600.24m,其中 (30.2+40.5+17.1)m 连续钢箱梁跨越 104 国道和萧甬铁路;E 主线钢箱梁(连续梁结构)跨径为 30.2m+40.5m+17.1m。桥面宽度为 0.5m+12.5m+0.5m=13.5m。梁体位于平曲线上。钢箱梁采用单箱双室,挑臂为 1.6m。梁高 1.5m。

在总体布置中,40.5m 跨中设置 49mm 的预拱度,30.2m 跨中设置 15mm 的预拱度,17.1m 跨中设置 5mm 的预拱度,全跨按二次抛物线形设置;桥面横坡通过箱体扭转实现;钢箱梁采用现场加工、吊装架设;在钢箱梁支座处设一调平楔形钢板,中心厚 3cm。其中一处的钢箱梁构造图如图 4-23 所示。

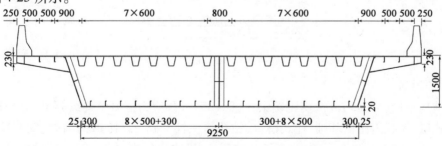

图 4-23　E 主线桥钢箱梁构造图(尺寸单位:mm)

(2)W主线桥。

上部结构采用(4×25)m预应力混凝土连续箱梁+(4×16)m普通钢筋混凝土连续箱梁+(4×15.75)m预应力混凝土连续箱梁+(30.2+40.5+24.8)m连续钢箱梁+(3×19.1)m预应力混凝土连续箱梁+(7×25)m预应力混凝土连续箱梁,总长555.64m,其中(30.2+40.5+24.8)m连续钢箱梁跨越104国道和萧甬铁路。钢箱梁为单箱双室截面,梁高采用1.50m。箱梁底板宽度为9.2m,悬臂长度为1.6m。W主线钢箱梁(连续梁结构)跨径为30.2m+40.5m+24.8m。桥面宽度为0.5m+12.5m+0.5m=13.5m。梁体位于平曲线上。钢箱梁采用单箱双室,挑臂为1.6m。梁高1.5m。其中一处的钢箱梁构造图如图4-24所示。

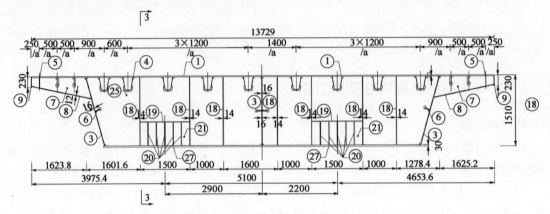

图4-24 W主线桥钢箱梁构造图(尺寸单位:mm)

(3)C匝道桥。

上部结构采用(1×45)m简支钢箱梁+(9×25)m预应力混凝土连续箱梁,总长270.42m;下部0号墩为门式墩,其余为柱式墩,钻孔灌注桩基础,柱式桥台,钻孔灌注桩基础。C匝道钢箱梁(简支梁结构)跨径为45m。桥面宽度为0.5m+7m+0.5m=8m。梁体位于半径为85m的圆曲线上。钢箱梁采用单箱单室,挑臂为1.6m。梁高2.05m。图4-25为构造图。

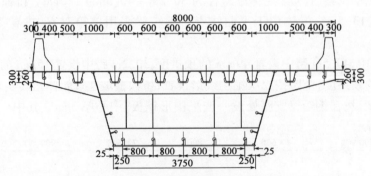

图4-25 C匝道45米钢箱梁构造图(尺寸单位:mm)

(4)D匝道桥。

上部结构采用(1×45)m简支钢箱梁+(8×25)m预应力混凝土连续箱梁,总长245.42m;下部为柱式墩,钻孔灌注桩基础,柱式桥台,钻孔灌注桩基础。D匝道钢箱梁(简支梁结构)跨径为45m。桥面宽度为0.5m+9m+0.5m=10m。梁体位于半径为100m的圆曲线上。钢箱梁采用单箱单室,挑臂为1.6m。梁高2.05m。钢箱梁为单箱单室截面,梁高2.05m。箱梁底板宽度为3.7(5.7)m,悬臂长度为1.6m。本工程箱梁各部位的连接均采用焊接(即全焊结构)。钢桥面采用8cm改性沥青混凝土。铺装层如图4-26所示。

2. 结构设计

(1)连续钢箱梁上部结构。

钢箱梁为单箱双室截面,梁高采用1.50m。箱梁底板宽度为9.2m,悬臂长度为1.6m。

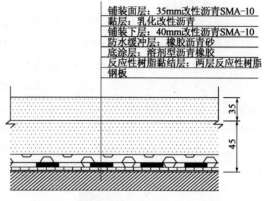

图4-26 铺装层结构组成(尺寸单位:mm)

钢箱梁顶底板厚度均为20mm,腹板厚度为16mm,横隔板厚度为12mm,横隔板及悬臂挑板均每300cm和100cm设置一道。在支座处加密一道横隔板。顶板采用8mm厚U形加劲肋,间距为60cm。底板采用166船用球扁钢($t=10mm$)加劲肋。腹板上采用10mm厚钢板加劲。节段在工厂预制,运至工地后拼装。本工程箱梁各部位的连接均采用焊接(即全焊结构)。

(2)简支钢箱梁上部结构。

钢箱梁为单箱单室截面,梁高采用2.05m。箱梁底板宽度为3.7(5.7)m,悬臂长度为1.6m。

钢箱梁顶板厚度为20mm,腹板厚度为16mm,底板厚度为22mm,横隔板厚度为12mm,横隔板及悬臂挑板均每300cm和100cm设置一道。在支座处加密一道横隔板。顶板采用8mmU形加劲肋,间距为60cm。底板采用166船用球扁钢($t=10mm$)加劲肋。腹板上采用10mm厚钢板加劲。

节段在工厂预制,运至工地后拼装。本工程箱梁各部位的连接均采用焊接(即全焊结构)。

(3)细部结构。

①支座:本桥支座采用符合《公路桥梁盆式支座》(JT/T 391—2009)及《公路工程抗震设计规范》(JTJ 004—1989)规定的减震球形钢支座。支座安放时应保持其处于水平状态,支座下设预埋钢板,通过其厚度可少量调整由于施工误差引起的高程变化。支座安装时,应根据气温等情况设置预偏值,必要时可要求厂家指导。支座处钢箱梁底板加厚到30mm。

②伸缩缝(图4-27):本桥均采用GQF-MZL(Ⅱ)-80型异型钢橡胶伸缩缝。伸缩缝在钢箱梁一端与钢箱梁焊接(螺栓)连接,混凝土梁端则埋入混凝土中。伸缩缝安装时,应根据气温情况设置,必要时可要求厂家指导。

③防撞栏杆:钢箱梁采用钢栏杆。

④防落网:在桥梁跨铁路段设置。

⑤桥面排水:本次桥面铺装采用SMA沥青混凝土材料,对雨水口作相应的处理。钢桥面雨水口与钢桥面板间用环氧树脂黏结,并同时用角焊缝焊接。下水管沿桥墩侧面顺桥墩而下,排入地下雨水管网。

⑥桥面铺装:混凝土梁桥面采用UT-1防水剂防水层+10cmSBS沥青混凝土;钢桥面采用环氧树脂防水胶+溶剂型沥青橡胶+橡胶沥青砂+4cm改性沥青SMA-10+乳化改性沥青+3.5cm改性沥青SMA-10。沥青混凝土中(包括桥头引线)均掺入聚酯类沥青混凝土增强纤维。

(4)主要材料。

①混凝土:钢桥面铺装 SMA 沥青混凝土。

②钢材:钢箱梁采用 Q345q,质量等级为 C。其余均采用 Q235C。钢材应分别符合《桥梁用结构钢》(GB/T 714—2008)和《碳素结构钢》(GB/T 700—2006)的要求。

③普通钢筋:直径 $\phi \geqslant 12$mm 者,采用 HRB335 螺纹钢筋;直径 $\phi < 12$mm 者,采用 R235 光圆钢筋。钢筋必须符合《钢筋混凝土用钢 第 1 部分:热轧光圆钢筋》(GB 1499.1—2008)和《钢筋混凝土用钢 第 2 部分:热轧带肋钢筋》(GB 1499.2—2008)的相关规定。

④其他材料:各种材料均应符合现行的国家或行业有关规定。

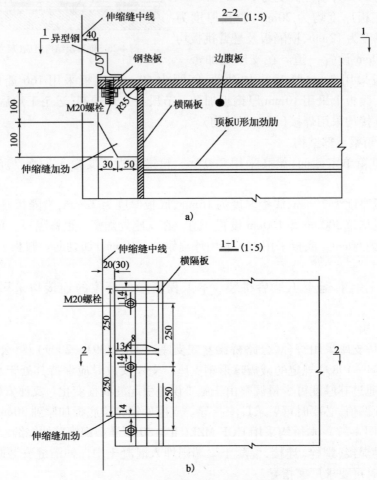

图 4-27 伸缩缝设置(尺寸单位:mm)

(5)焊接工艺。

①箱梁开工制造之前,应做好焊接工艺评定试验工作,然后做一些必要的工艺性试验。

②图纸中已经标示了焊缝坡口形式,生产过程中可根据需要适当调整坡口形式,但坡口应符合《气焊、焊条电弧焊、气体保护焊和高能束焊的推荐坡口》(GB/T 985.1—2008)中的有关规定。

③箱梁所用钢材均为 Q345q,所采用的焊条、焊丝均应与母材及焊缝等级相匹配。

④焊接件在工厂制作采用整体退火或者局部退火;工地安装焊缝采用锤击工艺,以消除焊接应力。

⑤图纸中的结构尺寸均未考虑构件焊接装配所需要的间隙,应根据实际需要由工厂自行确定,但必须严格控制成品精度。

⑥箱梁的顶板与顶板、底板与底板、腹板与腹板的纵向对接焊缝为一级焊缝。腹板与顶板、腹板与底板的T接头缝采用一级焊缝。横隔板与顶板、横隔板与腹板、横隔板与底板的T接头采用一级焊缝。悬臂板与顶板、悬臂板与边腹板的T接头采用一级焊缝。支座加厚板与箱梁底板的焊接采用一级焊缝。U形肋与顶板、I形肋与底板采用一级焊缝,加劲板与加劲板的对接焊缝采用一级焊缝,其余加劲肋与腹板、加劲肋与横隔板等的焊接采用二级焊缝。一级焊缝,应进行100%超声波探伤及20%X光摄片检查;二级焊缝,应进行100%超声波探伤,对探伤结果有疑问的焊缝应进行X光摄片复检。对确认质量不合格的焊缝必须返工。对不能拍片的焊缝进行表面无损检测(PT或MT)。

对于二类角焊缝,图纸中已经标明了焊角高度,必要时可适当调整,但应符合 $H \geqslant 1.5\sqrt{t}$, t 为较厚钢板的厚度。

⑦各类焊缝,应满足《钢结构工程施工质量验收规范》(GB 50205—2001)规定的评定要求与检验要求。

(6)施工注意事项。

确保施工质量是工程的关键,施工时应严格按照《公路桥涵施工技术规范》(JTG/T F50—2011)、《公路工程质量检验评定标准 第一册 土建工程》(JTG F80/1—2004)及《钢结构工程施工质量验收规范》(GB 50205—2001)的有关要求执行,对各主要工艺应制定详细的施工细则,并征得监理工程师和设计单位的意见后方可施工作业。

①钢结构制作。

a. 钢箱梁主要结构部件均采用Q345qc,均在工厂预制节段,现场拼装。所有钢材必须有合格证书,并符合相关规范规定。

b. 各结构零部件表面必须光滑平整,不得有凹凸不平、弯曲及翘曲现象存在。全部钢板均需进行预处理,表面处理等级为Sa2.5(需热喷铝部分达到Sa3.0)。

c. 钢结构基本尺寸误差在规范允许范围内。

d. 焊接质量要求如下:

(a)顶板对接焊缝与腹板对接焊缝必须错开250mm,腹板与底板再错开250mm。在本设计中,面板、腹板、底板的焊缝均需按规范要求开具相应的V形坡口。对接焊缝要求焊透,各种焊缝高度应符合规范要求。

(b)若翼缘板及腹板出现纵横两方向的对接焊缝,可采用T形交叉和十字形交叉,对应T形交叉接头,其交叉点的距离不得小于200mm。

(c)对接焊缝所选用引弧板,必须与母材的材质、厚度相同,剖口形成与母材相同。

(d)横隔板的上、下端应与箱梁翼缘刨平顶紧后焊接。

(e)焊接不应有裂纹和沿焊缝边缘的未熔合、溢流、烧穿、假焊、未填满的火口以及超出允许限度的气孔、夹渣、咬肉等。

(f)钢箱梁的拼装:主梁需分段预制,现场拼装,预制完成后,必须对主体尺寸严格校验。在出厂前应进行自由状态预拼装。预拼装的允许偏差应符合《钢结构工程施工质量验收规范》(GB 50205—2001)的相关规定,对不符合预拼装的允许偏差的构件需进行修整或返工,合格后方可出厂。

(g)钢梁制作时请先详细核对各块尺寸后再下料。

(h)钢结构的制作与安装应符合《钢结构工程施工质量验收规范》(GB 50205—2001)及《公路桥涵施工技术规范》(JTG/T F50—2011)中有关规定。

②钢结构的运输和安装。

a.钢箱梁运输:钢结构运输出厂时,应对其进行临时加固,切实防止钢箱梁箱体及接口变形,制订稳妥可行的装运方案,保证运输安全。

b.支座安装:支座中线应与主梁纵轴线平行。

c.钢梁吊装:钢梁吊装前,应对高程、中线及各主梁跨径(支座中心距离)进行复测,各数据不超过允许偏差后方可吊装。拼装时应在梁跨中设立临时支点,严格控制梁底高程值,使梁底高程值达到设计要求。

d.钢结构在运输安装过程中被破坏的涂漆等应按有关规定补涂。钢结构安装完毕后即应进行面漆涂层。

e.钢箱梁施工顺序原则上参照施工工艺图,若有更合理便捷的方案需报设计认可。

③其他未尽事宜按部颁标准《公路桥涵施工技术规范》(JTG/T F50—2011)和《钢结构工程施工质量验收规范》(GB 50205—2001)等有关规定办理。

二、高速匝道桥叠合梁方案与连续钢箱梁方案对比

1.概述

某枢纽共有 MY、D、LY 和 LZ 四条匝道,需跨越甬台温高速。因单跨跨越跨径较大,故考虑在甬台温高速中分带中设独柱墩,以减少跨线桥梁跨径。同时为减少跨线桥梁结构高度,尽量降低匝道桥纵断面,以提高纵面指标。另鉴于目前甬台温高速交通流量较大,为尽量减少桥梁施工对高速运营的影响,计划采用钢箱梁方案或叠合梁方案。

2.叠合梁方案设计

MY 匝道叠合梁桥桥宽 12.3m,桥跨布置为 40m + 45m,在甬台温高速中央分隔带上设独柱墩。叠合梁采用双箱双室断面,由两个预制开口钢箱梁和现浇预应力混凝土桥面板通过抗剪连接件组成。主梁中心梁高 2.0m,钢梁高 1.55m。

单个开口钢箱梁底宽为 3.1m,底板厚度 40mm(中支点附近)、22mm,底板横向共设 5 道纵向板式加劲;单个开口钢箱梁设 2 道腹板,腹板中心间距 3m,腹板厚度为 24mm(中支点附近)、20mm(边支点附近)和 16mm,腹板内设竖向加劲;钢箱梁上翼板宽为 0.6m,钢板厚度 24mm,翼板顶面设剪力钉。钢箱内设横隔板,标准板厚 12mm,支点处加厚至 20mm。两个开口钢箱梁通过工字形横梁连接。

现浇混凝土桥面板总宽 12.3m,两侧挑臂宽 2.15m,中间桥面板厚 28cm,与钢箱梁上翼板连接处加厚至 45cm,支点附近桥面板统一采用 45cm 厚。桥面板内布置型号为 15-10 的体内预应力,钢梁内布置型号为 15-19 的体外预应力。叠合梁标准横断面如图 4-28 所示。

D 匝道叠合梁桥桥宽 9.8m,桥跨布置为 35m + 40m,在甬台温高速中央分隔带上设独柱墩。叠合梁采用双箱双室断面,由两个预制开口钢箱梁和现浇预应力混凝土桥面板通过抗剪连接件组成。主梁中心梁高 2.0m,钢梁高 1.6m。

单个开口钢箱梁底宽为 2.6m,底板厚度 32mm(中支点附近)、20mm,底板横向共设 4 道纵向板式加劲;单个开口钢箱梁设 2 道腹板,腹板中心间距 2.5m,腹板厚度为 20mm(支点附近)和 16mm,腹板内设竖向加劲;钢箱梁上翼板宽为 0.6m,钢板厚度 24mm,翼板顶面设剪力

钉。钢箱内设横隔板,标准板厚12mm,支点处加厚至20mm。两个开口钢箱梁通过工字形横梁连接。

现浇混凝土桥面板总宽9.8m,两侧挑臂宽1.65m,中间桥面板厚25cm,与钢箱梁上翼板连接处加厚至40cm,支点附近桥面板统一采用40cm厚。桥面板内布置型号为15-10的体内预应力,钢梁内布置型号为15-19的体外预应力。叠合梁标准横断面如图4-29所示。

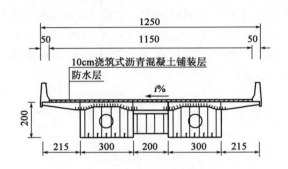

图4-28 MY匝道叠合梁标准横断面(尺寸单位:cm)

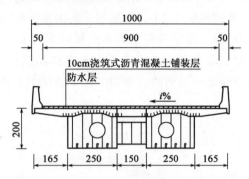

图4-29 D匝道叠合梁标准横断面(尺寸单位:mm)

LY匝道叠合梁桥桥宽9.8m,桥跨布置为35m+45m+35m。叠合梁采用双箱双室断面,由两个预制开口钢箱梁和现浇预应力混凝土桥面板通过抗剪连接件组成。主梁中心梁高2.0m,钢梁高1.6m。

单个开口钢箱梁底宽为2.6m,底板厚度30mm(中支点附近)、20mm,底板横向共设4道纵向板式加劲;单个开口钢箱梁设2道腹板,腹板中心间距2.5m,腹板厚度为20mm(支点附近)和16mm,腹板内设竖向加劲;钢箱梁上翼板宽为0.6m,钢板厚度24mm,翼板顶面设剪力钉。钢箱内设横隔板,标准板厚12mm,支点处加厚至20mm。两个开口钢箱梁通过工字形横梁连接。

现浇混凝土桥面板总宽9.8m,两侧挑臂宽1.65m,中间桥面板厚25cm,与钢箱梁上翼板连接处加厚至40cm,支点附近桥面板统一采用40cm厚。桥面板内布置型号为15-8的体内预应力,钢梁内布置型号为15-17的体外预应力。

LZ匝道叠合梁桥桥宽9.8m,桥跨布置为46m+50m+46m。叠合梁采用双箱双室断面,由两个预制开口钢箱梁和现浇预应力混凝土桥面板通过抗剪连接件组成。主梁中心梁高2.2m,钢梁高1.8m。

单个开口钢箱梁底宽为2.6m,底板厚度32mm(中支点附近)、22mm,底板横向共设4道纵向板式加劲;单个开口钢箱梁设2道腹板,腹板中心间距2.5m,腹板厚度为24mm(中支点附近)、20mm(边支点附近)和16mm,腹板内设竖向加劲;钢箱梁上翼板宽为0.6m,钢板厚度24mm,翼板顶面设剪力钉。钢箱内设横隔板,标准板厚12mm,支点处加厚至20mm。两个开口钢箱梁通过工字形横梁连接。

现浇混凝土桥面板总宽9.8m,两侧挑臂宽1.65m,中间桥面板厚25cm,与钢箱梁上翼板连接处加厚至40cm,支点附近桥面板统一采用40cm厚。桥面板内布置型号为15-10的体内预应力,钢梁内布置型号为15-19的体外预应力。

3.钢箱梁方案设计

MY匝道钢箱梁桥宽12.5m,桥跨布置为40m+45m,在甬台温高速中央分隔带上设独柱墩。钢箱梁采用单箱双室断面,两侧挑臂3m与MY匝道桥混凝土断面同宽,箱梁中心梁高

1.8m。箱梁顶板厚16mm,纵向采用U形肋加劲,U形肋加劲间距600mm,底板厚20mm,纵向采用板式加劲,腹板厚16mm。箱梁横隔板标准间距4m,在两道横隔板中间设一道横肋。钢箱梁标准横断面如图4-30所示。

D匝道、LY匝道、LZ匝道桥宽均为10m,钢箱梁桥跨布置分别为35m+40m、35m+45m+35m、46m+50m+46m,D匝道在甬台温高速中央分隔带上设独柱墩。钢箱梁采用单箱单室断面,两侧挑臂1.75m,与其相邻跨混凝土同宽,D匝道、LY匝道钢箱梁中心梁高1.8m,LZ匝道梁高2m。箱梁顶板厚16mm,纵向采用U形肋加劲,U形肋加劲间距600mm,底板厚20mm,中墩处加厚至24mm,纵向采用板式加劲,腹板厚16mm。箱梁横隔板标准间距4m,在两道横隔板中间设一道横肋。钢箱梁标准横断面如图4-31所示。

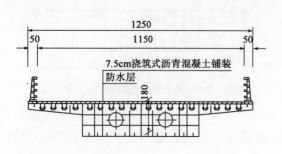

图4-30 MY匝道钢箱梁标准横断面(尺寸单位:cm)　　图4-31 D匝道、LY匝道钢箱梁标准横断面(尺寸单位:cm)

复习思考题

1. 钢箱梁桥相对钢板梁桥有哪些优点?
2. 钢箱梁桥总体布置的主要工作有哪些?
3. 请解释剪力滞后和有效宽度的概念。
4. 请简述钢箱梁正交异性桥面板的设计中需考虑哪些内容?

第五章 钢 拱 桥

第一节 概 述

随着工业革命的出现,铸铁和锻铁逐步进入工业化生产阶段,此时,铁在桥梁工程中的用量也越来越多。最著名的铁拱桥有1779年在英国修建的IronBridge和1877年在葡萄牙波尔图修建的Pia Maria桥。1861年,桥梁建设进入钢桥时代,首次在桥梁中使用大量钢铁的是1874年修建的美国密苏里州跨越Stolouis的Eads桥,该桥为三跨(153m+158m+153m)钢桁肋拱桥。由于Eads桥在建成后取得了很好的社会效应,继而许多精美的刚拱桥先后建成:建于1932年的悉尼港大桥(澳大利亚)、建于1931年的Bayanne桥和建于1977年的New River Gorge桥(美国),以上三座均为钢桁拱桥。钢桁拱自重轻,易于安装,可采用悬臂施工,但是由于构件多,养护工作量大,因而宜采用耐蚀钢以减少养护费用,美国的New River Gorge桥就采用耐蚀钢板。

与国外钢桥相比,我国钢拱桥起步较晚,我国最早出现的钢拱桥是天津的建于1887年的大红桥。在当时,由于材料短缺与工业化落后的原因,我国建造的钢桥数量较少,大多数是跨大江大河的铁路桥,公路钢拱桥修建较少,早期比较有代表性的有攀枝花2号桥和3号桥。前者又叫渡口大桥,为钢箱拱桥,于1966年建成,主跨180m;后者又叫密地大桥,为钢桁拱桥,主跨也是180m,于1969年建成。随着我国的钢产量不断增加和钢材种类的不断丰富,钢桥的修建日益增多,此时我国也开始了钢拱桥的建造。2003年,上海在黄浦江上建成了大跨径的钢拱桥(卢浦大桥),这使我国钢拱桥跨径的纪录跃升到世界第一。在卢浦大桥建成之后,又有几座大跨径的钢拱桥相继建成,如广州新光快速路的江海特大桥、重庆菜园坝长江大桥、重庆朝天门大桥(现在拱桥跨径居世界第一)和沪蓉西高速公路大宁河特大桥等。表5-1给出跨径不小于150m的27座钢拱桥的简要情况。

在桥梁美学中,作为最基本体系之一的拱桥,具有其独特的魅力。拱的弯曲具有和谐的韵律,使得桥梁看上去如无声而美妙的音乐。钢拱桥外形轮廓柔和,桥型雄伟壮观,易于与周边景观协调搭配,能够体现现代工业化的风貌。

钢拱桥具有自重轻、水平推力相对较小和结构表现力丰富等优点,并且其结构强度较高,刚度较柔,结构形式较多。钢拱桥构造各有差异,有上、中、下承式桥、拱梁组合、提篮拱、单片拱、管状拱等。此外,其跨越能力大、承载能力高的优势,也使得钢拱桥在大跨径桥梁领域,尤其是公铁两用桥方面具有较大的优势,主要表现在以下几个方面:

(1)拱桥的力学特点决定了具有较好的竖向刚度,而斜拉桥和悬索桥本身属于柔性体系,必须在结构和体系布置上加以处理才能满足受力和高速行车的需要。

(2)拱桥中的杆件多为承受轴向力构件,能够充分发挥材料的力学性能。

(3)拱桥具有每个节间杆件都能够根据受力大小而灵活改变钢材种类和截面的特点,展现了良好的经济性能。

主跨不小于 150m 的钢拱桥一览表 表 5-1

序 号	桥 名	主 跨（m）	建成年份	结构形式
1	广州珠江白沙河大桥	150	2008	中承式
2	台 4 线崁津大桥	150	2002	下承式
3	屏东东港进德大桥	155	2001	下承式
4	台北关渡大桥	165	1983	中承式
5	台北基隆河大桥	166	—	双层
6	台北梦帅一桥	170	2001	双层
7	宁波姚江大桥（湾头大桥）	180	2009	下承式
8	攀枝花 2 号桥（渡口大桥）	180	1966	上承式
9	攀枝花 3 号桥（密地大桥）	181	1969	上承式
10	台湾桃园县巴陵大桥	185	2005	中承式
11	福厦客专线闽江特大桥	198	2009	中承式
12	厦门钟宅湾大桥	208	2004	中承式
13	杭州九堡大桥	210	2012	下承式
14	台北市梦帅二桥	210	1996	下承式
15	九江长江大桥	216	1992	双层
16	厦深客专线榕江特大桥	220	2013	中承式
17	武广客专线珠江东平水道桥	242	2009	中承式
18	南宁大桥	300	2009	中承式
19	佛山东平大桥	300	2006	中承式
20	京沪高速南京大胜关长江大桥	336	2009	中承式
21	宜万铁路万州长江大桥	360	2005	中承式
22	沪蓉西高速大宁河特大桥	400	2010	上承式
23	重庆菜园坝长江大桥	420	2007	中承式
24	广州新光大桥	428	2006	中承式
25	宁波东外甬江大桥	450	2011	中承式
26	上海卢浦大桥	550	2003	中承式
27	重庆朝天门大桥	552	2007	中承式

注："—"表示相关资料暂缺。

（4）桥梁的上部结构施工多为高空作业，钢拱桥的单根杆件相对较轻，不需要大型起吊设备，施工迅速。

目前，世界各地不仅开始越来越多地修建造型各异、结构体系更为合理的钢拱桥，同时也使拱桥的跨径得到进一步增大,中国重庆朝天门大桥的跨度已达552m,根据理论推算,钢拱桥的极限跨度可达1200m左右。

第二节 钢拱桥的类型

一、钢拱桥

钢拱桥上部结构主要由拱圈、吊杆(或拱上立柱)、系杆、桥道梁等构件组成,见图5-1。

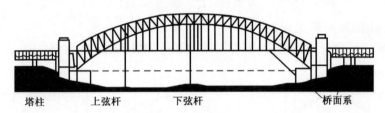

图5-1 钢拱桥的组成

拱桥的形式可以按照不同的方式来进行分类,其中最主要的是按照结构形式的不同,以及结构体系受力特点的不同来进行分类。

1. 按照结构构造形式进行分类

(1)按照行车道系所处的位置分类。

按照行车道系所处的位置,可分为上承式、中承式和下承式拱桥。

①上承式拱桥。

上承式拱桥一般是有推力结构,对地基要求较高,一般适合于山区等地基条件较好的桥位,如新河谷桥。上承式肋拱常采用多肋形式(多两肋),横向连接系较多。

②下承式拱桥。

下承式钢拱桥一般均设置系杆(系梁),为无推力或少推力结构。系杆常采用柔性系杆,主要靠风撑将拱肋连成整体,因此横撑间距较密,刚度也较大,甚至可以用K撑,如南海佛陈大桥。如果要取消风撑,须改用刚性系梁,或加大拱肋刚度。

下承式钢拱桥主要用于建筑高度受限制、通航要求高和地基条件较差的情况。跨径布置常采用单跨形式,采用多跨形式时,边孔一般用梁式结构。多跨拱式结构在造型和系杆处理上难度均较大。

③中承式拱桥。

中承式拱的构造介于上承式拱和下承式拱之间,其建筑造型极佳,在城市桥梁中往往受到青睐。中承式拱桥根据是否设置系杆,可分为是有推力结构、无推力或少推力结构。

中承式拱桥同下承式拱桥一样,一般采用双肋形式,设置数量较少的横向连接系,并且常在边跨搭配上承式拱桥,此时有两种布置形式。

a. 不设置系杆,其水平推力通过边孔小跨拱桥来抵消一部分,例如边拱可以采用矢跨比小、恒载集度较大的板拱、肋拱、刚架拱等来解决,这种处理方式使整体结构经济,且造型美观、视野开阔;有时受建筑高度等限制,边跨也可采用中承式,但此时横桥向结构构造较难处理,容易产生杂乱的感觉。

b. 设置水平系杆带悬臂半孔的飞雁式(又称飞鸟式或自锚式),来减小水平推力对墩台的不利影响。图5-2所示的广州新光大桥就是采用了这种结构形式。

图5-2 广州新光大桥

(2) 按照主拱圈截面形式分类。

主拱结构形式可以分为钢箱拱、钢管拱[图5-3a)]和桁架式拱[图5-3b)、图5-3c)]。

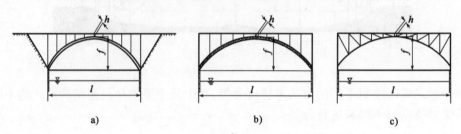

图5-3 主拱结构形式
a) 钢箱(管)拱；b) 桁架式拱；c) 桁架式片拱

钢拱桥的主拱可以做成箱形,即钢箱拱;或者做成等截面钢管形式,即钢管拱。简单肋拱桥外形简洁,但是跨径增大时,会使主拱质量增加,在制造、运输和架设等方面都会增加难度,使该体系的经济性受到影响。当跨径增大时,可采用桁架式拱。如图5-2c)所示的结构称为桁架式片拱,它的上弦杆与桥面系平行,可以直接支承横梁和桥面系结构。桁架式结构美观性稍差,但经济性明显,且结构刚度大,拱脚处构造处理也相对简单,多用于跨径较大的钢拱桥。

(3) 按照吊杆的布置形式分类。

对于设置吊杆的拱桥,吊杆的布置形式可分为:平行布置吊杆体系、无交叉的吊杆体系和有交叉的吊杆体系,见图5-4。

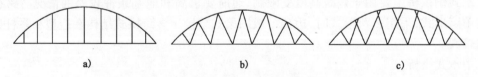

图5-4 吊杆立面布置方式
a) 平行竖吊杆；b) 无交叉的斜吊杆；c) 有交叉的斜吊杆

2. 按照结构体系进行分类

按主拱圈与桥面系之间相互作用的性质及其相互影响的程度,拱桥可以分成简单体系拱桥和组合体系拱桥。

(1) 简单体系拱桥。

仅主拱圈是主体受力构件,桥面系为局部承载和传力结构,不参与主拱联合受力。简单体系均为有推力结构,拱的推力直接由墩台或基础承受,如图5-5所示。

按照主拱圈的静力图式,简单拱桥可分为三铰拱、两铰拱、单铰拱和无铰拱。

①三铰拱:为静定结构。其最大优点为温度变化、支座沉降、混凝土收缩和徐变等因素不会在拱圈内产生附加应力。但其构造复杂、施工难度大、整体性差、抗震能力差,因此主拱圈一般不采用三铰拱。

②无铰拱:为三次超静定结构,是钢拱桥最经济的结构形式,其结构刚度大、挠度小;拱脚弯矩很大,对地基要求较高;大跨度无铰拱在设计时,通常须考虑因结构非线性因素引起的附加应力。

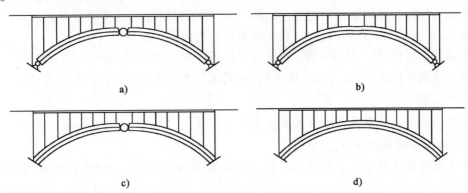

图 5-5　简单体系拱
a)三铰拱;b)两铰拱;c)单铰拱;d)无铰拱

③两铰拱:为一次超静定结构,其特点介于三铰拱和无铰拱之间。由于取消了中间铰,结构整体性能好。两铰拱的应用范围较广,既可应用于整体肋拱桥,也可应用于桁肋拱等。

(2)组合体系拱桥。

在现代钢拱桥中,行车系的行车道梁往往与拱组合共同受力,形成拱梁组合体系桥。

拱梁组合体系(或称组合体系),当其构造形式或支承条件不同时,其受力特点将会有较大的差异,本节将对拱梁组合体系详细分类介绍。拱梁组合体系桥有单跨或多跨的布置形式,见图 5-6 和图 5-7。

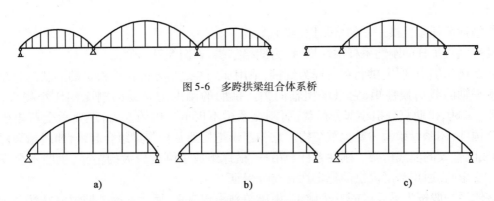

图 5-6　多跨拱梁组合体系桥

图 5-7　单跨拱梁组合桥体系
a)系杆拱(刚性拱柔性吊杆);b)朗格尔拱(柔性拱刚性吊杆);c)洛泽拱(刚性吊杆刚性拱)

二、拱梁组合体系桥

1. 根据拱桥对墩台的推力分类

(1)有推力拱。有推力组合体系主要用于上承式,由拱与桥道主梁共同受力,由于没有系杆,拱的推力仍由墩台承受。有推力的拱梁组合体系是国外大跨径拱桥常用的结构形式,通常没有与简单体系拱桥作特别的区分。

(2)无推力拱。拱梁组合体系中,行车道系与拱组合,拱的推力由行车道系(系梁、系杆)承受,对外表现为静定结构,墩台不受水平推力,此类体系通常称为无推力系杆拱桥。

拱梁组合体系桥将拱与梁两种基本结构组合在一起,共同承受荷载,充分发挥了梁受弯、拱受压的结构性能。因体系是外部静定结构,兼有拱桥跨越能力大和梁桥对地基适应能力强的两大特点,故应用范围较广,我国的钢拱桥多属此类体系。

刚架系杆拱桥中,拱与桥墩固结,但又有系杆承受推力,对外表现为少推力结构,一般也被归入无推力体系。因此,无推力组合体系拱桥,又可分为完全无推力的拱梁组合体系和少推力的刚架系杆拱桥。

2. 根据拱肋和系梁刚度的比例关系分类

(1)无推力系杆拱的分类。

无推力系杆拱体系相当于在简支梁上设置加强拱,梁拱端节点刚结,其间布置吊杆,通过调整吊杆张拉力,可使梁处于较好的受力状态。体系中拱肋主要承担轴压力,梁内主要承担轴拉力,而弯矩及剪力主要是节间荷载(吊杆范围内)的影响。根据拱肋和梁(刚性系杆)相对刚度的大小,无推力拱梁组合体系桥可划分为:柔性系杆刚性拱(系杆拱)、刚性系杆柔性拱(朗格尔拱)、刚性系杆刚性拱(洛泽拱)等。

①柔性系杆刚性拱——系杆拱。

具有竖直吊杆的柔性系杆刚性拱称为系杆拱,见图5-7a)。由于系杆较柔,容易造成拱的竖向抖动。悉尼港湾桥、英国朗克恩桥等均采用系杆拱形式。

柔性系杆刚性拱体系中,当系杆的刚度远小于拱肋的刚度,一般 $EI_{拱}/EI_{梁}>80$ 时,组合体系中的荷载基本上由拱肋承受,系杆只起了取代地基平衡拱的水平推力的作用。此时系杆和吊杆均为柔性杆件,只承受轴向拉力,基本不承受弯矩,拱肋尺寸与一般上、中承式拱肋尺寸基本相同。

②刚性系杆柔性拱——朗格尔拱(梁)。

具有竖直吊杆的刚性系杆柔性拱,称为朗格尔拱,如图5-7b)所示。

在朗格尔拱中,假定拱肋和吊杆为铰接,采用加劲梁之后才能保持稳定的形状。忽略拱肋绕其水平轴的截面惯性矩,它只承担轴向力。拱肋的刚度与系梁的刚度相比小得多,一般 $EI_{拱}/EI_{梁}<80$,拱肋只分担小部分荷载,而刚性系梁不仅承受拱的推力,还要承受弯矩成为拉弯组合构件,体系以梁为主要承重结构。它相当于把桁架弦杆与梁组合起来,曲线桁架对梁加劲,形成刚性梁的曲线桁架。刚性系杆与吊杆、横撑组成了刚度较大的桁架,拱肋不会发生面内S形变形,在适用跨度内拱的稳定性有充分保证。

该体系一般按先梁后拱的方法施工,由梁单独承担自重,而后加的二期恒载和活载则由组合体系共同承担。如我国江西的九江长江大桥即为朗格尔体系。

朗格尔拱的加劲梁一般采用桁架或者单腹板的板梁,大跨度桥梁中也可采用箱梁。一般山区和海上多采用桁梁,城市多采用板梁,拱可以采用箱形或者管形截面。加劲梁之间的纵向连接系与一般的梁式桥相同,可以是菱形、K形和空腹桁架式结构(图5-8)。

加劲梁的纵向连接系与一般的梁式桥相同。图5-8a)中用菱形纵向连接系,水平荷载的反力凭借设于 P 位置的竖直桥门架,通过加劲梁传到主结构的支座上。在节点 H 处为了防止拱的横向屈曲构成了一个 U 形框架。图 5-8b)采用 K 形纵向连接系,在桥端的两节间设有拱面内的桥门架,作用于拱的水平荷载直接传到主结构的支座上。图 5-8c)在拱间用空腹桁架式的纵向连接系,省略了如图 5-8a)所示的竖直的门形结构。用图 5-8b)及 5-8c)的结构时,全部吊杆可以用柔性材料,整个桥梁呈现轻快的外观。这种结构全部省略了上部纵向连接系,与半下承式桥门架为同样的结构。

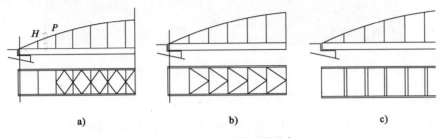

图 5-8 上部纵向连接系的形式

③刚性系杆刚性拱——洛泽拱。

具有竖直吊杆的刚性系杆(梁)刚性拱,称为洛泽拱,如图 5-7c)所示。在洛泽拱中,拱与梁的刚度比例适中,都有较大的抗弯刚度,端部是刚性连接,荷载引起的内力在拱肋和系杆之间按刚度分配。这种体系刚度较大,因而适合于在设计荷载较大的公路桥梁、重载的铁路桥梁以及公铁两用桥梁中采用。

④尼尔森体系拱。

尼尔森体系拱具有如下特征:拱肋和系杆的轴向力与竖直吊杆的拱桥相比,轴力没有显著的不同,但弯矩大幅度减少了,基本可按轴力的大小来设计具体的拱轴截面,适当地选择吊杆的间距和倾角,吊杆可仅按拉力设计。吊杆的设计内力与它在桥长方向的安装位置没有多大关系。尼尔森体系桥梁的最大挠度和其他形式的系杆拱相比,是非常小的。由于斜杆的存在大大地减少了拱桥的剪切变形,尼尔森体系的拱桥是活载挠度较小的结构,即该体系能够提供较大的纵向刚度。一般地,尼尔森体系的振动刚度比是其频率比的 2 倍左右;其一阶振动频率为常见拱桥的 1.5~4.0 倍,具有较好的动力性能,在相同的行车条件下,跨度越大对尼尔森体系的拱桥越有利。

(2)其他组合体系拱桥。

①网状拱桥。

在朗格尔、尼尔森体系之后,1955 年挪威爱吉尔学院的 PerTveit 教授又申请了网状拱桥(Network)的专利。网状拱桥,就是指采用网状斜吊杆布置形式的系杆拱桥,这里的网状是指部分斜吊杆至少要和其他吊杆相交两次。与竖吊杆、斜吊杆等布置形式相比,网状斜吊杆系杆拱桥的拱肋、系梁弯矩很小,最能体现"拱肋受压、系杆受拉"的系杆拱桥的受力意图,同时网状斜吊杆系杆拱桥的刚度也较大,因此可以说网状斜吊杆的布置形式为系杆拱桥的跨径进一步提高提供了可能。我国的上海卢浦大桥,就是一座采用网状斜吊杆布置形式的系杆拱桥。

②悬臂梁—拱—桁架的组合结构。

这种组合结构通常是中央挂跨为系杆拱桥,支承于边跨的伸臂梁上。巴拿马的塔歇尔桥(图 5-9)采用此种结构。在塔歇尔桥中,中跨跨度为 343m,其中中央 259m 的跨度为系杆拱,支承在边跨伸臂上,边跨跨度为 170m。中跨系杆拱在突出的两伸臂端上,一端沿纵向固定,另一端纵向可动,摆柱式支承的直径达50cm,支反力15400kN。中跨343m的上部结构,在拱系杆的平面内与伸臂的下弦杆平面内设有纵向连接系,上部纵向连接系设于拱的上弦杆平面内。

图5-9 巴拿马的塔歇尔桥

③叠合拱桥。

我国浙江的雁荡山大桥,如图5-10所示。其主桥布置采用2×90m连续下承式叠合拱桥,主桥全长184m,两主拱之间采用辅助拱肋连接,辅助拱肋总长102m,与主拱轴线几近相切,以保证传力的顺畅。该桥为双线铁路桥,设计速度为200km/h,客货共线,预留250km/h提速条件。桥下为甬台温高速公路,分离式双向4车道,桥净高5m。加设辅助拱对结构受力改善不显著,在辅助拱覆盖范围内主拱的应力稍有改善,提高了桥梁的纵、横向刚度,以及结构的动力性能,增强了两个主跨的连续性,拱肋稳定安全系数略有提高。

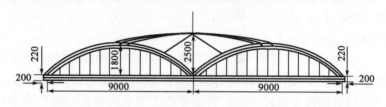

图5-10 雁荡山大桥立面布置图(尺寸单位:cm)

第三节 钢拱桥的构造与设计

一、钢拱桥主要组成部分的构造特点

1. 拱肋

目前国内外已建钢拱桥都属于肋拱桥。拱肋是结构的主要承重构件,一般都需要承受较大的轴向压力,在荷载变化情况下,还承受一部分弯矩(弯矩较小而轴力很大),拱肋属以受压为主的偏心受压构件。

拱肋断面可分为实肋和桁肋,实肋与桁肋的区别在于后者有腹杆,而前者没有。实肋构造简单,免除了节点问题,杆件少,造型简洁,但跨径大时,腹板的材料性能没有得到充分发挥,板的局部屈曲问题会导致加劲材料用量较大(拱以受压为主),施工节段吊装质量较大,因此实肋一般应用于跨径较小的拱桥中。

钢拱肋的截面形式有桁架式、管形和箱形。国外中小跨径的钢拱桥有用工字形或圆管截面的,但我国基本上没有采用。实肋拱应用于跨径较大的桥梁中时,一般用箱形截面。

桁架式拱肋的特点在于能够采用较小的材料截面取得较大的纵横向抗弯刚度,且杆件以受轴向力为主,能够发挥材料的特性。与箱形拱肋相比,桁架式拱肋减轻了自重,使拱桥具有更强的跨越能力,而且桁式拱肋具有每个节间杆件能够灵活地改变截面和钢种的特点。桁架式拱肋按主桁框架分类,可分为柏式桁架、华伦桁架、K式桁架、再分式桁架等多种形式。

2. 吊杆

吊杆是传力构件,它把桥面系荷载传递至承重构件拱肋,吊杆大多为轴心受拉构件。

在钢拱桥中,吊杆按照结构特点一般可分为刚性吊杆和柔性吊杆。刚性吊杆多用钢管或型钢制成,一般情况下承受拉力,但在活载作用下也可能出现部分承受压力的情况。使用刚性吊杆对增强拱肋的横向刚度有利,但钢材用量多,工艺较复杂;使用柔性吊杆可以部分消除拱肋与桥面系之间的互相影响,且节省钢材。柔性吊杆采用高强平行钢丝束或钢绞线制成,只能承受拉力。使用柔性吊杆可以部分消除拱肋和桥面系之间的相互影响,施工方便、外形较好。

3. 系杆(梁)

对于无推力拱桥,拱的推力全部由系杆承担,因此系杆将承受较大的轴向拉力。系梁按照结构特点,可以分为刚性系杆和柔性系杆两种形式。

刚性系杆可以采用钢、预应力混凝土等材料,也有采用无黏结预应力混凝土系杆的,如江苏丹阳的云阳大桥。刚性系杆常用型钢制成,并通常作为桁式加劲梁的弦杆,此种形式与主桁拱间的连接构造简单,受力明确,主要承受弯曲内力。在铁路桥中多采用桁架形式的刚性系杆,可以减少拱脚的水平变位,增加结构的竖向刚度;在公路桥中多采用箱形截面。有吊杆和立柱的支承,刚性系杆更多地体现出弹性地基梁的受力特点,无论在恒载还是活载作用下都承担一定的弯矩,是以受拉为主的偏心受拉构件,所以刚性系杆通常被称为系梁。

传统意义的系杆拱桥(柔性系杆刚性拱)的系杆为柔性系杆,其主要材料为拉索或预应力钢束,属于轴心受拉构件。广东荷塘西江大桥将系杆设在与拱肋固结的桥墩上,此杆称为体外系杆,是系杆拱的一种新形式。柔性系杆可采用平行钢丝束制成,其特点是便于施工安装,但在主桁上的锚固构造设计难度大。

4. 横撑

为了保证两片拱肋的横向刚度和稳定以承受作用在拱肋、桥面及吊杆上的横向水平力,必须在两片拱肋之间设置横撑。横撑的数量及布置形式对全桥侧倾、扭转及两拱肋独立侧倾振型的影响较大,而对面内竖弯基频影响很小。横撑的存在可以大大提高全桥的面外刚度与扭转刚度,但基本不提高面内刚度的大小。横撑使两拱肋之间的联系更为紧密,提高了两拱肋独立振动的基频,而且它的布置形式对两拱肋独立侧倾振动的形式有很大的影响。拱顶处设置横撑对提高全桥刚度的效果比拱脚处设置横撑的效果要好,但是对于地震多发区,拱顶处设置横撑却增加了全桥的横向地震反应,所以最好将横撑设在拱脚处,以减小震害影响。

(1)基本要求。

为满足桥面以上净空高度的要求,横向连接杆件只容许设置在桥面净空高度范围之外的拱段(对于中承式拱肋,还可以设置在桥面系以下的肋段)。横撑的宽度不应小于其长度的1/15。横向连接系布置既要满足横向稳定的要求,又要简洁美观。

为保证结构的足够横向刚度,可以采取两种措施:

①将拱肋矢高加大来设置横向构件。横向构件的尺寸一般比较粗大,高悬在行车道之上,给人以一种压抑感,为了改善这种感觉,在行车道之上可以不设横向构件,而做成敞口桥。敞口桥为了满足拱肋的横向刚度,必须采用刚性吊杆,以使吊杆和横梁形成一个刚性的半框架,给拱肋提供足够刚劲的侧向弹性支承,以承受拱肋上的横向水平力。敞口桥费料较大,未普遍推广。

②加大拱肋的断面尺寸,使其本身具有足够的横向刚度和稳定。

(2)横撑的构造形式。

横向连接系可做成横撑、对角撑或空格式构造等形式。横向连接系的主要形式有:"一字撑"、"K形撑"、"X形撑"及"米形撑"等形式,如图5-11所示。

对于桥面以下拱肋(中承式拱),不同横向连接系布置方式对美观的影响较小,为加强拱脚段的横向刚度,一般采用"K形撑"、"X形撑"的布置形式。对于大跨径宽桥,为加强整体稳定性和缩短横向连接系杆件的自由长度,常在拱顶布置"米形撑",其两侧布置"K形撑"。但是过多的横撑会给桥上行车带来压抑感,现在的拱桥设计都尽量采用较少的横撑,一些系杆拱桥设计甚至取消了横撑。

端横梁也属于横向连接系的一部分,而且同时承受行车道板传递的荷载。端横梁最重要的作用是将两片"拱肋—系杆"系统连接成一体,使之不产生横桥向的相对位移,同时对顺桥向的拱肋相对位移也起较大的约束作用。

对于桥面以上拱肋,横向连接系设置的位置一般与吊点位置对应,并按对称于拱顶奇数布置。对于拱顶附近横向连接系,其作用主要为约束扭转角和拱顶位移,一般设置"一字撑"即可。哑铃形截面的拱肋,横向连接系可采用径向布置的"一字撑";对于桁架式截面,由于N形腹杆的竖杆一般采用竖直布置,与此相适应横向连接系采用竖直平行布置的"一字撑";对于$L/4$处横向连接系,由于组拼拱在切向平面内的局部抗变形能力在侧倾稳定中起主要作用,在$L/4$附近拱肋横向连接系,设置为按切向布置的"K形撑"。

5. 拱上立柱

立柱(图5-12)主要用于上承式拱桥和中承式拱桥上承部分中,是桥面系与主拱肋之间的传力结构。对于长立柱,因其柔度较大,立柱本身能产生一定的变形以适应桥面系与拱肋变形不协调的问题。对于短立柱,特别是宽桥、长桥的短立柱,因其刚度较大,需要采取一定的构造措施来适应桥面系与拱肋之间不协调的变形,主要有两种做法:一种做法是将立柱与拱肋相接处的截面削弱,以产生类似铰的作用;另一种做法是立柱横梁(或称盖梁)与立柱不采用刚接(不做成门式刚架),而是在立柱上安放支座,然后在其上放置立柱横梁。这种做法对于结构的抗震不利,应在构造上采取一定的防震措施。另外,对于中承式拱桥,当桥面纵梁存在固定与活动两种支座时,固定支座一般不设在拱上门式刚架上,以减小刚架的纵向水平力。

6. 桥面系

下承式拱桥的桥跨结构是由拱肋、悬吊结构和横向连接系三部分构成。由于车辆在两片拱肋之间行驶,所以,需要用吊杆将纵、横梁系统悬挂在拱肋下,在纵、横梁系统上支承车道板,组成桥面系(行车道、人行道、栏杆等),桥面系与其传力构件统称为悬吊结构。

中承式拱桥的行车平面位于肋拱矢高的中部。桥面系一部分用吊杆悬挂在拱肋下,另一部分用刚架立柱支承在拱肋上。

图 5-11 横撑的布置形式

a)上海卢浦大桥一字形横撑;b)广州新光大桥横撑;c)Fremont bridge K 形横撑;d)美国新河谷桥 K 形横撑;e)sydney bridge X 形横撑;f)九江长江大桥 X 形横撑;g)广州丫髻沙大桥 X 形横撑(尺寸单位:mm)

在布置行车道时,必须注意在适当位置设横向断缝,以避免由于拱肋的变形致使桥面被拉坏。行车道系的断缝可设于跨度中部,也可设于边上。断缝设于跨度中部时,可采用双吊杆和双横梁的形式,将行车道系在横向完全断开,行车道系在水平面内,在断缝处做成企口,这种方法在构造上最简单,但双吊杆不太美观;一种方法,是将中央节间的行车道纵梁做成简支梁或一个小的挂梁形式,其两端分别用活动支座和固定支座直接支承在两边横梁上或特设的托臂上,这样就在桥面中设置了两条断缝,采用这种方式,桥的外观比前一种好些。断缝设在跨度边上时,往往可以设在固定横梁上。

a) b)

图 5-12 拱上立柱
a)上承式拱桥的立柱;b)中承式拱桥的立柱

二、拱肋的总体设计参数

大跨度桥梁的概念设计是桥梁工程前期工作中一个十分重要的环节,它决定了桥梁的总体布置和主要构造的格局,对桥梁的美学价值、结构安全性能、可施工性以及经济指标,甚至养护管理等都有决定性的影响。大跨度钢桁架拱桥的总体设计中很重要的一个环节,就是设计参数的拟定。其主要的设计参数有:矢跨比、拱轴线的选取、拱顶和拱脚高度的选择等。

1. 设计高程和矢跨比

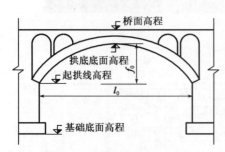

图 5-13 拱桥的主要高程示意图

确定拱桥高程是拱桥设计中的一个重要问题。拱桥设计高程主要有四个:即桥面高程、拱顶底面高程、起拱线高程和基础底面高程(图 5-13)。在拱桥总体布置中,应根据道路、通航和泄洪等具体要求,合理确定这几项高程。

当拱顶、拱脚高程确定后,根据跨径即可确定拱的矢跨比。拱桥的矢跨比,主要根据桥址的地形、地质条件及桥下净空要求等,通过技术经济比较来确定。矢跨比是拱桥的一个特征数据,它不仅影响拱肋的内力,还影响拱桥施工方法的选择;同时,对拱桥的外形能否与周围景物相协调,也有很大关系。

对已收集到的我国钢拱桥的矢跨比进行统计分析,矢跨比的使用情况如图 5-14 所示。由图可知,我国钢拱桥矢跨比分布在 1/2~1/8 之间(包括 1/2 和 1/8),分布范围较宽,其中以 1/4~1/5(含 1/4)最多,超出此范围的矢跨比(如 1/2 或 1/8)多在小跨径拱桥中使用。矢跨比与跨径之间没有直接联系,如图 5-15 所示。

矢跨比小,结构外形比较轻巧美观,上部结构用料也较省。对直杆式桁架拱来说,矢跨比越小,拱上结构协助拱肋共同承载作用越强。桁架拱的刚度较大,矢跨比小则水平推力大,拱的推力增加会对桥梁基础部分不利,对于无推力拱来说,会增加系梁或水平拉索的用量;矢跨比过大,则会导致拱圈部分用量增加,对拱桥的抗倾覆能力和抗震性能也是一个考验,同时,在钢桁架拱桥的施工方面,不利于拱上爬行吊机的工作。因此,在设计时,矢跨比的大小应经过综合比较进行选择。

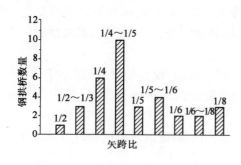

图 5-14 钢拱桥矢跨比分布

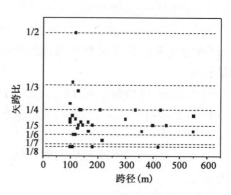

图 5-15 矢跨比与跨径关系

当地质较差时,在地形及桥下净空允许的条件下,可采用较大的矢跨比以减少水平推力。相反,对于地形平坦,跨径较大或地质较好的单孔桥,宜取较小的矢跨比。

几座著名钢桁架拱桥拱肋矢跨比,如表 5-2 所示。

钢桁架拱桥的矢跨比　　　　　　　　　　　表 5-2

桥名	澳大利亚悉尼港大桥	英国朗格尔大桥	韩国首尔傍花大桥	中国重庆万州长江铁路大桥	中国京沪高铁南京大胜关大桥	中国重庆朝天门大桥
矢跨比	1/4.7	1/4.3	1/3.9	1/4.8	1/4.0	1/4.3

2. 拱肋的拱轴线

拱轴线是拱桥概念设计中的重要参数,其值直接关系到拱肋截面的内力分布和大小。最理想的拱轴线是与拱上各种荷载的压力线相吻合,使拱肋截面只有轴向压力而无弯矩作用,这样可以使截面受力均匀,使材料强度充分利用。但由于活载、温度变化和材料收缩等因素存在,这种理想拱轴线是不可能获得的。因此,在目前拱轴线线形的设计中多采用"五点重合法",即满足拱肋上少数几个关键断面的压力线与拱轴线重合的方法。

在大跨径钢拱桥中,常用的拱轴线线形包括:圆弧线、二次抛物线、悬链线和多次抛物线等,这些多是对应特定恒载分布模式的合理拱轴线。在收集到的 52 座跨径大于 100m 的钢拱桥中,扣除几座未知拱轴线的拱桥和一些提篮拱、异形拱,共有 24 座已知拱轴线形式。表 5-3 为对 24 座钢拱桥拱轴线的统计,由表可知,大多数钢拱桥采用抛物线和悬链线,少数采用圆曲线、椭圆曲线或圆曲线与抛物线相结合等其他曲线。其中采用抛物线的有 14 座,占总数的 58.3%;悬链线的有 6 座,占总数的 25%;仅有 4 座采用其他曲线,占 16.7%,可见抛物线是我国钢拱桥最主要的拱轴线。混凝土拱桥大多数采用悬链线和抛物线,以悬链线为主,少数采用圆弧线等其他曲线。钢管混凝土拱桥的拱轴线同样大多数为悬链线和抛物线,以悬链线最多,但悬链线所占比例小于混凝土拱桥。然而在钢拱桥中,由于上承式钢拱桥较少,且拱上建筑轻型化,恒载更接近于均布,因此抛物线用得更多。

钢拱桥拱轴线统计 表 5-3

拱轴线形式	抛物线	悬链线	其他
数量	14	6	4
百分比(%)	58.3	25.0	16.7

3. 拱肋的拱顶与拱脚高度选择

(1) 等高度与变高度拱肋。

拱顶与拱脚的高度选择是钢桁架拱桥设计中的重要参数,它们的选择不仅要满足受力的要求,同时也要考虑到全桥整体架构的和谐。根据拱肋高度的变化,可分为等高度拱肋和变高度拱肋两种。

等高度拱肋:拱桥跨径较小时,拱肋高度一般采用等高度。根据统计,跨径小于 200m 的桁架式拱肋全部为等高度,而采用等高度桁架式截面的最大跨径桥例为 336m 的安徽铜汤高速太平湖第二桥。

变高度拱肋:当拱桥跨径较大时,拱肋高度倾向于采用变高度以适应拱肋内力分布并节省工程数量。

(2) 拱肋的高度选择。

对于钢拱桥来说,拱肋的拱脚高度选择往往是由施工过程中产生的最大内力来控制,尤其是悬臂拼装的施工方法。拱顶高度的最好选择是内力和稳定相互平衡的结果,拱顶高度多是由成桥以后运营状态产生的内力来决定,并且不宜取得过高,这样会影响桥梁的建筑高度,对于桁式拱来说,还会增加竖杆特别是斜腹杆的自由长度,不利于受压杆件的稳定。

对于简单肋拱桥,譬如钢箱肋拱桥,拱脚肋高为跨径的 1/60~1/40。对于片拱来说,拱顶高度为跨径的 1/60~1/25。等高度的桁肋拱拱顶高度为跨径的 1/45~1/15;而变桁高的钢桁架拱桥的拱顶高度与跨度之比在 1/30~1/45 范围内;拱脚高度与跨径之比在 1/7~1/10 范围内;拱顶与拱脚高度之比在 1/3~1/5 范围内。一般系杆拱拱顶高度与跨径之比为 1/45~1/15,拱脚高度与跨径之比为 1/17~1/12。

三、钢拱桥的内力分析要点

1. 钢桁拱桥的静力分析

(1) 按位移法分析钢拱桥。

①弹性理论(微小位移理论)。

在普通的结构中,由于外力作用产生的变形,与结构的截面尺寸相比是微小的,往往认为变形后的结构平衡状态与变形前相同。这就是一般结构分析中常用的假定位移为微小的弹性理论。弹性理论作如下基本假定:

a. 各杆件的弹性模量是一定的,与应力无关。

b. 杆件的截面变形可以忽略,在杆件端部,杆轴力与位移是线性关系。

c. 由于荷载所产生的结构位移是微小的,在考虑外力作用状态下力的平衡时,结构的尺寸保持与变形前相同。

去掉上述弹性理论基本假设中的任意一条假设,都将形成非线性理论。

②挠度理论。

由于弹性理论的假设,按照弹性理论算得的弯矩及挠度值比实际值往往要小。基于结设计安全的考虑,并且由于跨度的长大化和高强材料的使用等,在易于变形的拱桥中,日本工程界多认为必须考虑用挠度理论,即考虑荷载作用下,结构竖向位移的影响。

③有限位移理论。

关于大跨径钢桁拱桥的静力计算,在实际设计中多采用以利用计算机为前提的分析法。由于钢桁拱桥的结构跨度大,杆件截面尺寸相对较小,同时结构在外力作用下的变形也不能忽略,因此必须考虑结构非线性的影响。而目前普遍采用的有限位移理论,是除去了以上第 c. 条假设的分析理论。

(2)结构的稳定性与极限承载力。

在对稳定性的研究中,主要从局部杆件失稳和结构整体失稳两方面进行。

①局部杆件失稳。

结构的破坏往往是由于杆件局部失稳引起的。在大跨度钢桁架拱桥中,有许多大型受压弦杆和腹杆,而目前我国在大型钢桥压杆设计时尚无自己的规范,只能参照其他国家的有关规定,如欧洲钢结构协会 ECSS 的建议和英国 BS5400 规范等。因此,考虑杆件宽度和厚度方向残余应力分布和初偏心等因素影响,研究压杆极限承载力是十分必要的,可以为大型压杆的设计提供理论依据。

②结构整体失稳。

对结构进行极限承载能力分析的目的在于准确地确定结构的安全性,为设计提供合理的安全系数。通常进行桥梁极限承载力分析的内容为:在考虑几何、材料非线性的基础上,确定大跨度钢桁架拱桥从加载至达到极限承载力时失稳过程的受力特性、失稳类别及失稳模态,同时确定影响钢桁架拱桥极限承载力的各种参数。

2. 大跨径拱桥的动力分析要点

大跨度钢桁架拱桥的动力分析,主要包括自振特性分析、移动车辆荷载下的强迫振动、桥梁的抗风与抗震分析。

要分析大跨度钢桁架拱桥在外荷载作用下其动力响应程度,首先要分析其结构自身的固有频率。目前通用的方法为将结构作为弹性体,建立空间有限元模型来计算其自振频率和固有振型。

对于大跨径的桥梁来说,其抗风及抗震能力往往对设计起控制作用。针对大跨度钢桁拱桥的自身特点,对其侧向弯曲与扭转的动力研究不容忽视,由于钢桁架拱桥的拱脚处腹杆通常较长,杆件的涡流激振现象也应该引起重视。为了确保桥梁的抗风安全性,对全桥应进行理论分析和气动模型风洞试验研究。在桥梁抗震中,首先要根据规范要求进行反应谱法分析。但反应谱理论无法反映许多实际的复杂因素,例如大跨径桥梁地震波输入的相位差、结构的几何和材料非线性、地基与结构的相互作用等问题。为了能够精确地计算结构的地震响应,尤其是大跨径桥梁和抗震要求高的桥梁,需要进行动态时程分析。

3. 系杆拱的受力特点

(1)中承式系杆拱桥的力学特性。

中承式系杆拱(图 5-16)桥属梁拱组合桥,而梁拱组合桥在受力特征上是典型的三元结构,即由活载分布构件、力的传递构件及主要承重构件组成。

桥面系为作用力分布构件,吊杆(或与立柱一起)为力的传递构件,而拱肋及系杆为主要承重构件。其中系杆分为刚性和柔性两种,当为刚性系杆时不仅是承重构件,也是活载分布构件,因此其受力机理是双重的;而柔性系杆仅仅是主要受力构件。

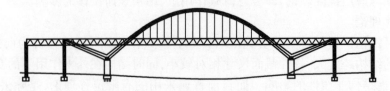

图 5-16　中承式系杆拱

成桥后的梁拱组合桥其外部支承条件与连续梁基本相同,边支座处只产生竖向反力,反映出连续梁桥的受力特点。从结构内部看,荷载在拱和梁中产生的内力大部分转化成它们之间所形成的自相平衡体系的相互作用力,因此整个结构在外部是水平推力小的结构。系梁从力学特征分析,可以看作是一根在吊杆吊点处受弹性支承的连续梁。系梁和拱肋不单单通过吊杆发生作用,在拱脚处系梁还承受拱肋传给它的作用力。由于梁、拱的组合及合理的布置吊杆与立柱,梁的弯矩减小,恒载大部分转化为拱的轴力。当吊杆设计内力较小时,系梁会因自重而产生较大的挠度;反之,吊杆内力较大时,系梁又产生反向的上拱变形,而且吊杆内力的增加也增加了拱肋所受的压力以及系梁所受的拉力。拱式连续梁桥外部是无推力结构,内部却是高次超静定结构,而且任一吊杆内力的改变对全结构受力状态都有一定的影响;也正因为有这一特点,可以通过改变传力构件的内力来调整全桥结构的内力状态,使系梁的内力或线性达到某一期望状态,或使全桥受力状态达到设计者的要求。在具体设计中,决定恒载吊杆力时有一个原理,那就是在一般超静定结构中,在荷载作用下设计者可以任意选择赘余力的大小,或者决定吊杆恒载内力值。

一般地,就吊杆的构造而言,吊杆作为主要受拉构件可做成刚性吊杆或柔性吊杆两种形式。前者,为避免吊杆在恒载作用下开裂,常采用预应力构件;但吊杆截面必须满足吊杆临界压力要求,避免吊杆施工受压屈曲。另外一种为缆索结构,可采用预应力高强钢丝束或钢绞线,这种吊杆不能承受压力只能承受拉力,故为柔性吊杆,在桥较宽、吊杆间距较大时,使用较合理方便。

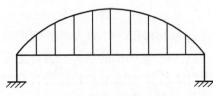

图 5-17　下承式刚架系杆拱

(2)下承式刚架系杆拱桥的受力特点。

下承式刚架系杆拱桥(图 5-17)的主拱与下部结构的连接采用固结,系杆采用柔性拉杆,不参与桥面系的受力。由于系杆抗拉刚度较小,拱在成桥阶段的水平推力增量主要由桥墩和拱肋自身承受,因而考虑系杆变形后它是有推力结构。系杆的作用是对拱施加预应力以抵消拱的大部分水平推力(主要是恒载产生的水平推力),因此通常把系杆看成预应力体外索。除去系杆的水平推力后余下的拱的水平分力一般来说并不大,还可以通过超张拉给予最大限度地减小,从这个角度又可以看成无推力拱。

下承式刚架系杆拱的施工可像一般固定无铰拱一样采用无支架施工,因而桥梁的跨越能力也较大。但这种结构体系属高次超静定结构,活载内力及次内力对下部结构影响较大。在施工过程中,随着结构质量的逐渐增加,增加的拱脚水平推力是靠逐渐张拉系杆予以平衡,桥墩一般受不平衡推力较小。但在系杆的设计时一定要注意分组,以免分批更换系杆时,下部结构难以承受此不平衡的水平推力,对于高桥墩尤其应注意。在结构设计时就要考虑系杆更换的可能性。

(3) 不同边界条件对结构受力的影响。

不同边界条件的采用,对结构的受力会产生较大的影响。对于单跨的钢桁架拱桥,在已建成的桥梁中均采用两端铰支的支座条件。不同支承体系分析比较结果,如表5-4所示。

不同支承体系分析比较表　　　　　　　　　　表5-4

方案形式	主要技术问题(优缺点)	技术难度及解决措施	比较结论
中跨拱脚一侧为固定铰支座,另一侧为活动铰支座	上、下部结构受力明确;对基础不产生推力;温度对结构影响很小;系杆力均匀;施工期间可对结构进行位移调整而不影响结构受力;需设置大吨位支座	大吨位支座在国内外已有使用;国内有大吨位支座研究、设计的能力;目前国内的大吨位千斤顶已达4000t,为支座更换提供技术保证	体系传力明确,结构受力合理,安装架设工艺成熟,施工期间受力对成桥受力无影响,易于保证结构成桥线形和受力状态
中跨拱脚两侧均采用固定铰支座	结构刚度稍好;施工期间无法对结构进行位移和转角调整,需满布扣索控制施工线形,施工内力对结构成桥受力产生影响较大;温度对下部结构受力影响较大;固结支点处杆件杆端次弯矩较大;无须设置大吨位支座	大吨位支座技术(同上);下部结构和基础设计需考虑活载和温度产生的推力;恒载推力需采用大吨位水平系索平衡,锚固点布置困难;结构合龙难度大,需要对合龙构件进行扩孔或现场钻孔,成桥线形及受力受施工合龙精度影响	体系传力明确,安装架设工艺相对成熟。施工控制要求较高,施工对成桥线形、受力有一定影响;水平系索吨位大、数最多,锚固点布置困难
中跨拱脚两侧均采用土墩与主桁杆件固结	结构刚度稍好;施工期间无法对结构进行位移和转角调整,需满布扣索控制施工线形,施工内力对结构成桥受力产生影响较大;温度对下部结构受力影响较大;固结支点处杆件杆端次弯矩较大;无须设置大吨位支座	下部结构基础设计需考虑活载和温度产生的推力和弯矩;恒载推力需采用大吨位水平系索平衡,锚固点布置困难;施工过程需满布扣索保证成桥线形,控制难度大;结构合龙难度大,需要较大外力进行强迫合龙	施工控制要求较高;方案实现难度较大;水平系索吨位大、数量多,锚固点布置困难

第四节　主拱结构形式

一、钢桁拱

1. 拱肋桁架布置形式

拱肋桁架是桁架拱桥中的主要承重部分,其布置形式是否合理,对整个结构体系的设计质量起着重要的作用。在拟定桁架形式时,应根据桥位当地具体情况(如地形、地质、水文、运输等)、受力方式、跨度、制造及安装等选择一个经济合理的方案。

(1) 不同桁架形式力学性能的比较。

桁架的布置形式是丰富多彩的,在大跨度桁架桥中,常见的形式有柏(Pratt)式、华伦(Warren)式、K式、再分式桁架等(图5-18)。

下面利用重庆朝天门大桥的平面桁杆单元模型,说明不同桁架形式应用于拱肋中其间的差别。选用三种常应用于长大跨度钢桥中的布置形式,即K式、P式和W式,如图5-18所示。

模型中边跨的跨度、布置形式、桁杆截面均相同,桥面系和吊杆完全一样,不同桁架拱肋中的各个对应杆件的截面亦一致,其差别仅在于拱肋桁架的布置,荷载采用跨中均布。经计算,其力学性能的主要差别如表 5-5 所示。

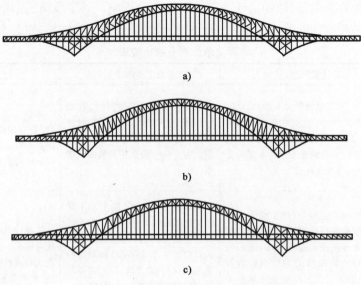

图 5-18　三种不同桁架布置形式的钢桁拱桥
a)K 式桁架拱肋；b)P 式桁架拱肋；c)W 式桁架拱肋

总的来看,各种布置形式对上下弦杆的受力基本上没有影响,但腹杆受力差异较大:K 式桁架与 P 式桁架相比,竖杆和斜杆的自由长度均减半,有利于受压杆件的稳定,同时竖杆和斜杆的轴力也相应减小;W 式桁架的竖杆分担到的轴力很小,其作用仅是在节间较宽时将吊杆力传递给上弦杆和斜杆相交的节点上,因此不同于 P 式桁架,其截面尺寸可以尽量降低,杆件发生失稳的可能很小。对斜杆受力而言,三种形式中 K 式桁架的斜杆受力最小,P 式和 W 式相差无几。综上所述,单单从力学性能来讲,K 式桁架是大跨桁架拱桥的最好选择,毕竟大跨桁架桥中单根杆件的长度均很大,受压杆件的稳定往往控制设计。

三种桁架布置形式力学性能的比较　　　　　　　　　　　　　　表 5-5

杆件位置	K 式桁架	P 式桁架	W 式桁架
上弦杆	拱顶受压; 拱脚受拉	拱顶受压,拱脚受拉	拱顶受压,拱脚受拉
下弦杆	全部受压	全部受压	全部受压
竖杆	K 节点上部竖杆受拉; K 节点下部竖杆受压	斜杆全部产生拉力	拱脚处竖杆受压,拱顶处竖杆受拉; 竖杆轴力远小于斜杆产生轴力
斜杆	K 节点上部斜杆受压; K 节点下部斜杆受拉	斜杆全部产生拉力	斜杆全部产生拉力

(2)不同桁架布置形式的综合比较。

在力学性能方面,三种布置形式对上下弦杆的受力基本没有影响;K 式桁架的竖杆和斜杆自由长度比 P 式小,有利于受压杆稳定;对斜杆受力而言,K 式桁架的斜杆受力最小,P 式和 W 式相似。因此,K 式桁架受力最为合理。W 式桁架由于部分斜杆存在很大的轴向压力,不利于稳定。

在经济性能方面,W 式桁架的最小用钢量略占优势,P 式桁架的用钢量偏大。

在构造方面,K 式桁架比 P 式桁架多出 K 式节点,W 式桁架的节点处为 5 杆相交,对节点板的受力极其不利,容易产生疲劳问题。

从架设速度来看,由于 K 式节点的存在,K 式桁架要略逊于其他两种形式。

在美学方面,P 式桁架斜杆的不同倾斜方向较少,看上去轻快、有韵律感,而 K 式和 W 式桁架略显杂乱无章。

总的来看,在力学性能方面,K 式桁架为最好的选择;从经济性能方面,W 式桁架用钢量最小;在构造、施工及美学方面,P 式桁架具有优势。但是大跨径桥梁,通常被赋予地标式建筑的重任,强调功能与形式并重,因此美学上的和谐统一往往起到关键性作用,因此钢桁架拱桥多选择 P 式桁架。

2. 主拱的结构体系

(1)与墩台的连接。

目前国内修建的公路拱桥,主要为无推力的系杆拱和无铰的推力拱。当钢桁架拱桥与下部结构间固结时,局部桁拱杆件存在巨大的杆端次弯矩,量值的巨大,使其已没有承受轴力的能力。该次弯矩的大小与杆件的刚度成正比,存在恶性循环,使得部分杆件很难设计。因此,钢桁架桥梁与桥墩或基础间不宜采用固结。目前世界上的桁梁桥基本都是铰接方式。

(2)力学体系的选择。

钢桁拱桥采用推力拱还是无推力拱的问题,从受力上考虑都是可以选用的,主要视其桥位处的实际情况而定。此外,还必须考虑到桁拱受力体系受安装方法的影响。

大跨度钢桁拱桥常用的架梁方法为:借助于临时施工辅助结构全伸臂或半伸臂拼装跨中合龙。对于双铰的推力拱桁架采用伸臂拼装施工时,在最大伸臂状态下,拱脚反力巨大,需在拼装的初始阶段便将拱脚直接支承在正式固定铰支座上,其位置在后续的安装中难以调整。为保证桁拱的合龙和设计线形,需要提供较多的临时支承。

另外,由于结构安装受力与成桥受力的不一致以及理论与实际之间的差异,会使合拢口的间距发生变化。为保证桁拱总体尺寸与设计相符,需在合龙口布置较大规模的强迫合龙措施及较大的强迫力,工艺复杂,风险较大;如采用无应力合龙,由于合龙口构件长度与设计值不同,将引起成桥后的桁拱各构件内力发生改变,永存部分安装残余内力,影响内力的准确分析和构件的设计。无推力的系杆钢桁架拱采用伸臂拼装施工时,系杆合龙前的结构特点与钢桁梁相同,可通过各支点的升降平移使两岸的桁拱合龙点对位,这对杆件的设计长度没有影响,各构件无安装残余内力存在。如果单孔布置的钢桁拱桥采用两岸悬拼跨中合龙,则不宜采用无推力的系杆拱。

3. 钢桁架拱桥的杆件及节点构造

(1)主桁杆件截面形式。

在桁架桥中,主桁杆件的截面形式主要有:H 形截面、箱形截面和圆管截面。

①H 形截面的优缺点。

H 形截面的优点:构造简单,易于施焊,焊接变形较易控制和修整,工地安装时也比较方便。

H 形截面的主要缺点:截面对 $x-x$ 轴的回转半径比对 $y-y$ 轴的小很多,当压杆用 H 形截面时,基本容许应力的折减相当大。扩充截面考虑问题多。腹板为间接拼接不宜过厚,若加大翼板高度又受到局部稳定的限制,而加厚翼板尺寸,$[\sigma]$ 将降低。因此,对内力不很大的杆件和长度不大的压杆,采用 H 形截面比较适宜。

②箱形截面的优缺点。

箱形截面的优点在于两个主轴的回转半径相近,具有较大的抗扭刚度,扩充截面也容易,因此它在承受纵向压力方面较 H 形为佳。但缺点是采用这种截面形式的杆件在工厂制造时比较费工,焊接变形也较难控制和修整。

③桁拱的构件材料选择。

桁拱的构件材料选择:目前国内的桥梁用结构钢,主要有 Q235q、Q345q、Q370q 和 Q420q 四种强度级别的钢材。对于钢桁拱桥而言,当跨度在 300~400m 或以下时,主桁拱的最大杆力一般在 50000kN 以下,由 Q345q 和 Q370q 材料构成的杆件便能满足其受力需要,可以不考虑更高强度等级的钢材。当然,选用部分高强度钢材,对减少钢材用量和降低自重也是有利的。随着跨度的增大,主桁拱杆件的最大杆力的量值将显著加大,最大杆力范围内的杆件增多,此时考虑使用高强钢就显得非常必要。

对钢桁拱桥中受力相对较小,以及一些构件尺寸主要是为满足结构构造的需要,通常 Q345q 便能满足要求。

(2)跨中截面总高度。

跨中截面总高度,是指跨中由桁架拱片实腹段和桥面组合的截面高度。单孔桁架拱桥的跨中截面总高度 H 与桥梁跨径、矢跨比、桁架拱片片数、荷载等级和混凝土强度等级有关。

在初拟尺寸时,跨中截面总高度可简单估算:

$$H = \left(\frac{1}{40} \sim \frac{1}{50}\right)L_0 \tag{5-1}$$

式中:L_0——桥的净跨径,cm。

应用简化公式估算时,对于中、小跨径桥取较大值,对于大跨径桥取较小值。

对于下部结构刚度比较小的连续多跨的桁架拱桥,跨中截面总高度的拟定须考虑连拱影响。由于连拱作用,使荷载孔的推力减小,跨中弯矩增加,因此,跨中截面总高度应根据连拱作用的程度予以增加。

(3)上、下弦杆轴线形状。

桁架杆件轴线的延长线在节点处应相交于一点,则杆件以受轴向力为主,否则将产生附加弯矩,对受力不利。如果构造上确实不交于一点,则应按实际图式计算内力,并加强杆件截面尺寸。

①上弦杆轴线。

上弦杆轴线一般平行于桥面。单孔桁架拱桥在符合桥面纵坡规定的情况下可以做成圆弧线或二次抛物线。考虑到桥面板参与结构共同作用,上弦杆和实腹段的轴线应该是包括参与共同受力作用的桥面板在内的截面重心的连线。

②下弦杆轴线。

下弦杆(拱肋)轴线通常采用圆弧线、二次抛物线和悬链线。桁架拱表面上看是一个桁架,无合理拱轴问题,但是桁架拱本身是一个有推力的组合体系。

在恒载作用下,腹杆内力与桁架拱下弦轴线有关,一般是恒载压力曲线越接近下弦轴线时,腹杆内力越小,当恒载压力线在下弦杆轴线下方通过时,腹杆基本上都是受压。恒载压力线在下弦杆轴线上方通过时,下伸斜杆受拉。因此,从受力角度出发,桁架拱的下弦杆轴线应尽可能按恒载压力线来选择。一般桁架拱桥的下弦轴线常采用均布荷载作用下的压力线,即二次抛物线或拱轴系数取值较小的常用悬链线。

中小跨径的桁架拱桥,为了设计计算和施工方便,采用圆弧线作为下弦轴线。下弦节点按所用的线形决定坐标,节点之间宜用直线相连,使下弦杆内产生偏心弯矩。使下弦轴线实际上为直线,以免受压的实腹段下缘为曲线。

(4)钢桁拱的节点构造。

桁架结构的各个相邻杆件,通过节点的连接实现其相互间的内力传递。杆件与节点间通常可以采用焊接和栓接两种连接方式。

二、钢箱拱

1. 钢箱拱的结构体系及设计要素

(1)钢箱拱的设计要点。

①拱轴线形、拱肋刚度、吊杆布置、宽跨比与拱轴系数的选取。

相对于其他参数而言,对大跨度钢箱拱桥动力特性的影响很小。对上述参数的选取,主要根据结构的静力或稳定性的要求选取。

②支承方式(或者边界条件)。

支承方式对大跨度钢箱拱桥的自振特性有较大影响,无铰拱支承方式与两铰拱支承方式相比,可以大大提高全桥的扭转与面外刚度,也可以部分提高提篮拱的面内刚度。而这也从拱自振特性的角度说明了无铰拱的优越性,为大跨度拱桥多采用无铰拱形式做出了合理的解释。

③矢跨比的选择。

随着矢跨比的减小,跨径增大,全桥线刚度变小,拱脚处水平推力会增加,拱肋进行面内振动遇到的阻力将大于面外振动所遇到的阻力,钢箱拱面外刚度与面内刚度的比值有所减小,故全桥第一阶振型由面内振型变为面外振型,横向稳定问题将有所突出。

④拱肋横向倾角。

拱肋横向内倾角的增加可以大大提高拱桥的侧向刚度,增加拱桥的面外稳定性,这是因为从结构上分析,内倾角增大时,全桥横断面由门形刚架变为了斜腿刚构,而斜腿刚构的刚度显然大于门形刚架的刚度;同时,内倾角的增加也可有效提高全桥的面内刚度。内倾角的取值对提篮拱扭转振型影响较大,这是由于随着内倾角的增大,横撑长度变短,两片独立拱肋之间联系更加紧密,全桥扭转刚度变大,进行扭转振动所遇的阻力大幅增大,两拱肋更易表现出面内或面外振动的整体振型。

(2)钢箱拱的结构体系。

①对于下承式系杆拱桥,不考虑桥面系的非保向力是偏于保守的。以第一类稳定为基础建立新光大桥主跨双肋拱横向稳定性分析模型,反映了桥面系非保向力作用对拱肋横向稳定性的影响;探讨了下承式拱桥桥面系通过非保向力作用有助于拱的横向稳定性。在非保向力的影响下,有桥面系的拱肋在屈曲模态上也不同于裸拱;为了精确确定非保向力的影响,应当对结构作有限元分析。

②V形刚构、拱座承台和基础刚度相当强大,变形很小,接近无铰拱拱脚。

③作用于结构上的风荷载较小时,例如小于20m/s时,可以不考虑风荷载对于大跨度拱桥的影响。但是当阵风较大时,尤其是沿海常遭遇台风的地区,会出现较大的阵风风速,因此,当作用于结构风荷载较大时,不考虑作用在桥面主要结构上的风荷载中升力对结构承载力的影响是偏于不安全的。由于升力矩对结构承载力影响较小,分析中可以忽略。横向和纵向应当设置阻尼限位装置,以减小由风荷载引起的动力作用。

2. 钢箱拱构造示例

示例桥梁:杭州沿江公路运河二通道桥。

(1)工程概况。

本项目位于杭州市沿江公路东湖路—聚首路区间,为沿江公路跨越规划运河二通道及八堡排涝河工程。

杭州市沿江公路运河二通道桥桥梁工程包括主桥工程、引桥工程。其中主桥采用"三水共融"下承式钢拱桥,总长度为366.720m,主桥主跨跨径为252m,边跨跨径为106m。杭州市沿江公路运河二通道桥直观图如图5-19所示,立面布置如图5-20所示。

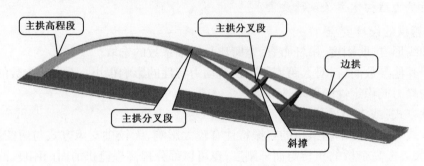

图5-19 整体桥梁直观图

(2)主要技术标准。

道路等级为城市次干道Ⅰ级标准,计算行车速度50km/h;桥梁结构设计安全等级为乙级;设计基准期100年;主桥抗震设防烈度为7级,水平向设计基本地震加速度峰值0.1g,抗震重要性系数E1地震作用取1.0、E2地震作用取1.7;引桥抗震设防烈度为6度,水平向设计基本地震加速度峰值0.05g,抗震重要性系数E1地震作用取0.43、E2地震作用取1.3;基本风速为28.6m/s;通航等级为Ⅲ级,通航净空不小于7m,通航净宽100m,最高通航水位7.8m(国家85高程)。

(3)设计荷载。

汽车荷载:公路Ⅰ级;

人群荷载:2.5kN/m^2;

非机动车荷载:取人群荷载和公路Ⅱ级之间的较大值。

(4)主桥上部结构设计要点。

主桥上部结构采用跨径为358m = 252m + 106m的异形拱桥结构,钢箱拱拱轴线为二次抛物线,矢高52.81m。主梁钢箱梁总长366.34m,梁高3.5m,标准宽度34m,中墩拱梁结合段处顺应总体布置需要逐渐变宽至最大桥宽43m。主桥采用满堂支架施工方法。

①钢主梁。

钢主梁长度366.34m,梁高3.5m,标准宽度34m,标准梁段直观图如图5-21所示。中墩拱梁结合段处顺应总体布置需要逐渐变宽至最大桥宽43m。全桥主梁根据受力和构造需要,共划分为35个梁段,标准梁段10.5m。主梁结构形式为整体扁平钢箱梁,顶宽34~43m,底宽28~36.6m。顶板设2%横坡,底板水平。

主梁结构采用顶板平面、底板顶面对齐方式。标准横隔板采用空腹式结构,间距3.5m,空腹式横隔板的腹板采用2[25a槽钢,与节点板连接。

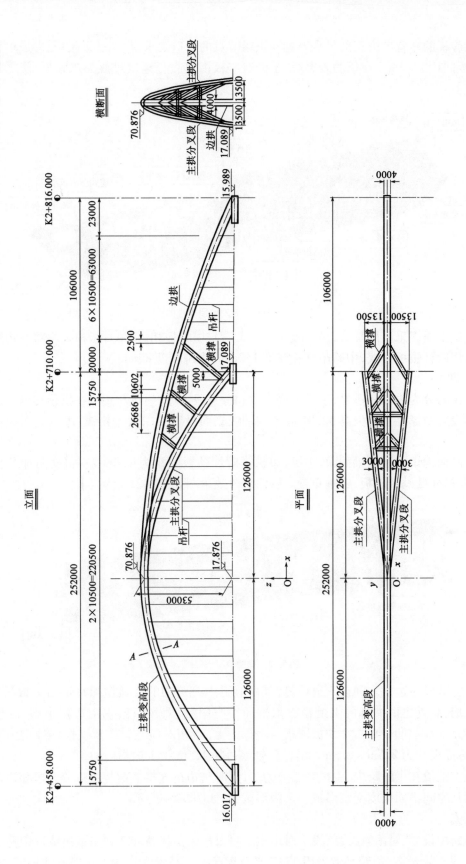

图5-20 杭州沿江公路二通道桥立面布置图（尺寸单位：mm）

主梁腹板的布置考虑工肋吊点布置和拱梁节点的构造要求,设三道纵腹板,形成单箱双室断面,腹板间距13.5m。在拱肋入梁段,主梁对应板由单腹板渐次过渡为双腹板,使之与拱肋腹板对齐。

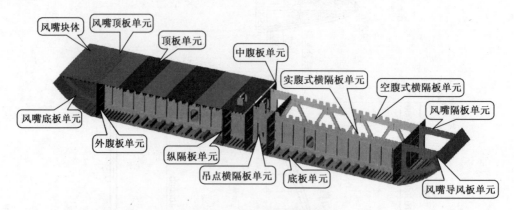

图 5-21　中跨标准34m段直观图

吊杆梁上锚固采用吊耳式,吊耳板深入主梁后与横隔板相焊,吊耳板根据中跨与边跨吊杆力不用采用两种腹板形式,中跨吊耳板厚度150mm,边跨厚度80mm。

②拱肋、横撑。

本桥拱肋分为主拱和边拱,主拱由变高段和分叉段主城,边拱和主拱在拱顶交汇。边拱与主拱之间设有横撑。主拱矢高52.81m,主拱轴线立面投影为二次抛物线,边拱立面为1.9次抛物线。

拱肋断面为矩形钢箱梁截面,主拱、边拱横向加劲板间距为1.8m左右,横向加劲与拱轴线垂直,在吊杆处设横隔板,铅垂布置。拱肋节段效果图如图5-22所示。

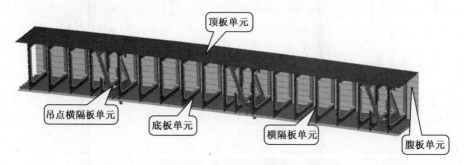

图 5-22　拱肋节段效果图

主拱分叉段与边拱之间设3道横撑,其中靠近主跨跨中的2道横撑每道由2根斜杆和1根横杆组成,靠近主拱拱脚的1道横撑因桥面净空限制不设横杆,仅由2根道斜杆组成,如图5-23所示。在拱肋中设置2块横隔板与横撑的上、下相对应。斜撑及横撑杆件均为矩形箱形构件,截面尺寸为2.5m×2.5m。沿杆件轴线每隔1.5m设1道横向加劲。

拱顶交汇段在主跨跨中,主拱肋一分为二,同时与边拱连接。两片主拱分叉段和边拱3个箱形截面从空间不同角度交汇形成一个箱形截面,如图5-24所示。

③吊索。

主桥跨中设22对吊索,边跨设7对吊索。每对吊索由横桥向2根吊索组成。中跨吊索采用109φ7平行钢丝束,边跨吊索采用55φ7平行钢丝索。吊索在拱端采用锚管式锚固构造,在梁端采用销铰式锚固构造。吊索两端采用冷铸锚,在拱肋内部张拉。

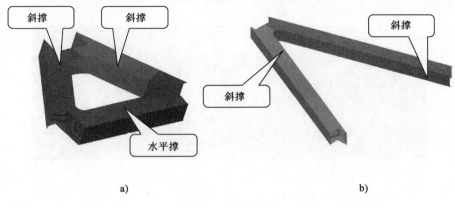

图 5-23 横撑效果图
a)靠近主跨跨中横撑;b)靠近拱脚横撑

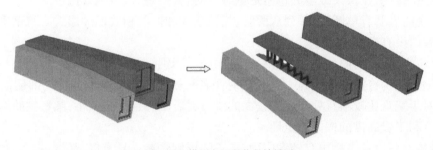

图 5-24 拱顶交汇段节段效果图

（5）主桥满堂支架施工方法。
①主墩、边墩钻孔灌注桩及承台施工。
②主墩、边墩墩身施工。
③下部结构施工期间,同时进行主桥钢拱肋等钢结构制造加工。
④搭设支架,在支架上拼装中跨、边跨钢箱梁,边跨、中跨之间设置合龙段。
⑤主梁上搭设支架,少支架拼装主拱,边跨、中跨之间设置合龙段。
⑥安装中跨吊杆,并初次张拉至指定吨位。
⑦主跨主梁支架及梁上主拱支架拆除,边跨主梁先落架在临时支墩上。
⑧主跨、边跨合龙,安装靠近拱脚的斜撑。
⑨安装边跨吊杆,并初步张拉至指定吨位,拆除边跨临时支墩。
⑩安装剩余斜撑和主跨及边跨之间的拱肋。
⑪桥面系及附属设施安装,吊杆索力调整,全桥施工完成。
⑫荷载试验及竣工通车。

三、钢管拱桥

1. 钢管结构桥梁的特点

近年来,应用圆钢管作为主要承重结构的钢—混凝土组合桥梁修建较多,与开口截面杆件或者箱形梁相比,钢管桁架形状美观且轻巧,特别适合于对透视要求很高的高架桥和城市桥梁,如德国、日本和瑞典的一些高架桥就采用这种结构。法国留旺尼岛平原之臂大桥(图5-25)为固端梁桥,主跨跨径为280m,采用钢管桁架作为腹板,于2001年建成。

图5-25 平原之臂大桥

2. 钢管拱桥的特点

应用钢管结构修建桥梁最多的桥型是拱桥,称为管拱桥,或者钢管拱桥。

钢管拱桥的拱肋有单圆管、并列双圆管、三肢桁式和四肢桁式四种形式。与钢管混凝土拱桥相比,钢管内没有充填混凝土。

拱以受压为主,面内面外均存在着稳定的问题。圆钢管截面各向抗弯惯矩大,相对的长细比减小,有助于结构稳定性的提高。同时圆钢管截面相对于箱形截面抵抗局部屈曲的性能要好。此外,对于宽跨比较小且处于风力较大的沿海或者山谷地区的拱桥,圆形拱肋承受的横向风力较小,有利于提高拱的横向稳定性。

钢管结构之所以在拱桥中有较多应用,在于圆形钢管截面具有以下优点:

(1)杆件整体屈曲强度高。受压杆件的整体屈曲强度随长细比 l/r 的减小而增加,钢管与相同截面积的正方箱形截面杆件相比,回转半径 r 约增加10%,所以钢管整体屈曲强度高。

(2)抗扭能力强。钢管的抗扭刚度均为同截面积、同厚度的正方形截面的1.6倍,同时,达到容许剪应力时钢管所能承受的扭矩亦约为正方形截面的1.27倍。

(3)挠曲强度高。钢管截面抵抗矩与同截面的正方形截面相比大体相当,不过就从弹性极限到达全部塑性的抗弯潜力来说,H形截面及箱形截面的截面形状系数为1.1~1.2,而相应的钢管截面形状系数为1.28,所以说钢管的抗弯潜力较大。

(4)局部屈曲强度大。对于正方形截面,若其宽度与壁厚比为 $b/t=40$,局部屈曲的容许应力为140MPa,而钢管的外径与壁厚比 $R/t=50$ 时,局部屈曲的容许应力亦为140MPa,此时若两者所选取的截面积相等,并在要求有相同的局部屈曲强度条件下,钢管的壁厚可以减薄到约等于正方形截面壁厚的1/1.4。

(5)因为截面形状的原因,圆管截面具有较小的阻力系数,在抗风设计方面具有优势。

(6)可降低制造费和维修费。在制造费方面,与通常的带棱角的截面相比,钢管的焊缝总长度可以减小。同时,由于钢管局部屈曲强度大,所以很少使用加劲材料;其次,钢管表面积一般与带棱角杆件相比,要小30%~40%,可以大幅度减小油漆费用。在维护费用方面,因为钢管表面相当光滑,其腐蚀比较轻。

(7)在建筑美观性方面具有优势。合理的使用钢管截面,在一般情况下都会得到一个整洁和宽敞的结构外观。

3. 钢管与钢管混凝土复合拱桥

我国近年来出现了一种叫作钢管与钢管混凝土复合拱桥的桥型,其拱肋在拱脚段采用钢管混凝土,拱顶段采用空钢管。复合拱使得拱肋的自重较小、重心降低,对提高拱肋的横向稳定性和减小横向地震作用力较有利,同时可以避开钢管混凝土可能出现的拱顶段内混凝土浇筑不密实的问题。福鼎市山前大桥是第一座此类桥型(图5-26),此外还有湖南湘潭四桥等。

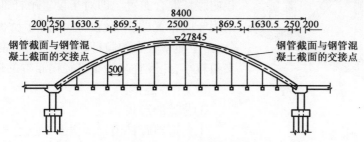

图5-26 中国福鼎山前大桥立面布置图(尺寸单位:cm)

4. 钢管桁架结构

(1)结构构造。

常见的管结构桁架与其他桁架类似,主要有:三角形斜腹杆桁架、直腹杆桁架、带交叉腹杆(再分式)桁架,以及柏氏(Pratt)桁架、霍氏桁架。

柏氏(Pratt)桁架上作用均布荷载时,竖杆产生压力,斜杆产生拉力[图4-27a)]。

霍氏桁架与柏氏桁架相反,霍氏桁架上作用均布荷载时,竖杆产生拉力,斜杆产生压力[图4-27b)]。

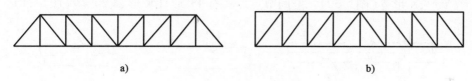

图5-27 柏氏与霍氏桁架
a)柏氏桁架;b)霍氏桁架

华伦桁架的受力特点是,相邻斜杆交错产生拉力和压力,当节点较宽时,为了把桁架上的竖向荷载传递到空桁架上弦杆和斜杆相交的节点,常在中间设置竖杆[图5-28a)中虚线]。

K式桁架:一般情况下,斜杆倾角在45°~60°时经济性最为有利,杆件间的连接也较容易。对于桁高较大的桁架,若斜拉杆倾角仍要保持在这个范围,则节间长度就要加大,斜杆的自由长度也相应变大,整个桁架材料用量增加较多。在这种情况下,可把节点设置在竖杆的中间,从而使腹杆成K字形[图5-28b)]。

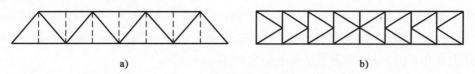

图5-28 华伦桁架与K式桁架
a)华伦桁架;b)K式桁架

就外观而言,柏氏桁架和华伦桁架比例协调、简洁,是应用最为广泛的桁架形式。与柏氏桁架相比,华伦桁架的节点数只有柏氏桁架的一半。一般地讲,华伦桁架的布置较经济,这就是受弯桁梁较多采用华伦桁架的原因。

图 5-29 拱桁腹杆布置

对于以受压为主的桁式拱圈,为与竖向吊杆吊点协调和拱肋节段连接方便(节段接头处采用竖向双腹杆分别位于不同的节段),常常采用 N 形腹杆的柏氏桁架(图5-29),对于大跨拱圈,常根据不同部位采用竖向及径向腹杆混合布置。即对于设置吊杆部分,拱圈的腹杆采用竖向布置的 N 形腹杆,而对于桥面以下的拱脚部分,由于曲率较大的腹杆,竖向布置的腹杆较长、腹杆间夹角较小,此段宜改为腹杆径向布置的形式。

(2)节点连接。

①节点的形式。

三角形斜腹杆桁架的主要节点为 K 形节点,Pratt 桁架的主要节点为 N 形节点,直腹杆桁架的主要节点为 T 形节点,再分式桁架的节点则为复合型。对于全焊的钢管桁架,各杆件除了承受轴向力之外,还要受弯矩作用,在做近似计算时,可忽略此弯矩的影响。

钢管桁架的弦杆与腹杆之间的连接方式有多种:特殊预制件连接、螺栓与端部零件连接、节点插板连接等。最常用的方法是直接焊接。直接焊接的连接方法称为相贯节点,或称简单节点、无加劲节点。弦杆一般称为主管,腹杆称为支管或支杆。在支管通过端部相贯线加工后,直接焊接在主管的外表。支管在节点处可能相互分离,也可能部分重叠。

钢管桁架中节点形式多样。按支管的空间位置可分为平面节点和空间节点。平面节点有 X 形、T 形、Y 形、K 形等(图 5-30)。空间节点形式有 TT 形、KK 形、XX 形等(图 5-31)。

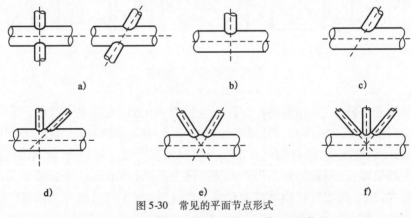

图 5-30 常见的平面节点形式
a)X 形;b)T 形;c)Y 形;d)N 形;e)K 形;f)KT 形

为防止钢管发生局部屈曲,我国的《钢结构设计规范》(GB 50017—2003)要求,圆钢管的外径与壁厚之比不应超过 100,热加工管材和冷成型管材不应采用屈服强度超过 345MPa,以及屈服比大于 0.8 的钢材,且钢管壁厚不应大于 25mm。

②节点设计要求。

为保证钢管桁架节点连接的质量和强度,对钢管节点的构造设计要求如下:

a. 主管的外部尺寸及壁厚不应小于支管的相应尺寸,支管与主管连接时不得将支管插入主管。

b. 主管与支管或者两支管轴线之间的夹角不宜小于30º,以保证施焊条件,使焊根熔透。

c. 主管与支管连接的节点,除搭接型节点外,都应尽可能避免偏心,且支管间隙不应小于两支管壁厚之和。

d. 主管与支管焊接,应沿全周焊接并平滑过渡。

e. 支管端部应采用自动切管机切割,支管端部应精密加工,支管壁厚小于6mm时可不切坡口。

f. 支管与主管之间的连接,可沿全周采用角焊缝或者部分角焊缝+部分对接焊缝。支管管壁与主管管壁之间的夹角大于或等于120°的区域,宜用对接焊缝或者带坡口的角焊缝。角焊缝的焊脚尺寸不宜大于支管壁厚的2倍。

g. 钢管构件在承受横向荷载的部位应采取适当的加强措施,以防止产生过大的局部变形。构件的主要受力部位应避免开孔,如必须开孔,应采取相应的补强措施。

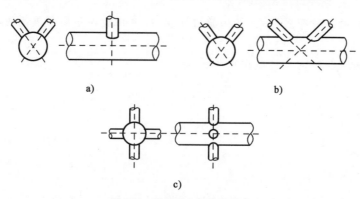

图5-31 常见的空间节点形式
a)TT形;b)KK形;c)XX形

目前,我国在管桁结构方面的研究做得较少,没有专门的关于管桁结构的设计规范,相应可参考的设计资料也较少,这给设计人员对于该种结构形式的应用带来了很大的困难。我国大跨度钢桁架拱桥的设计中,弦杆多采用箱形截面,腹杆多采用H形截面。

(3)结构整体受力特性。

管结构在轴向荷载作用下将产生较大的横向变形,会使连接杆件产生附加内力,当采用杆系结构计算时无法得出准确结果。尤其是全焊钢管桁架结构,各杆件内还存在由于节点刚性所引起的二次内力。所以,钢管桁式结构的精确计算一般不能将节点视为铰接。结构满足铰接假定计算的条件详见《钢结构设计规范》(GB 50017—2003)的相关规定。

钢管结构的破坏除了与结构本身的几何性质和物理性质有关外,还与支承条件和荷载形式等有关。钢管的受力性能与其材料、偏心率、长细比、径厚比、构件端弯矩作用形式、缺陷(包括几何缺陷和物理缺陷)等有关。

(4)相关节点静力承载力。

相关节点的承载力是指节点破坏时,作用在支管端部的最大轴力,它以极限强度作为承载力的判断条件,而不以最大拉力作为判断条件。

在结构设计合理、施工质量可靠的条件下,圆钢管节点的破坏模式一般控制为弦杆屈服和弦杆冲剪。对于承受轴力的平面圆管节点,在计算节点静力强度时,有三种计算模型:环向模型(用于弦杆屈服)、冲剪模型(用于弦杆冲剪)、弦杆剪切模型。计算相关节点静力承载力主要考虑的因素有:弦杆径厚比、腹杆与弦杆的外径比、腹杆轴线与弦杆轴线的夹角、腹杆之间的间隙等。空间节点的计算目前尚在研究之中。

值得注意的是:对于焊接结构而言,由于应力集中的影响和焊接残余应力的影响,极易引发疲劳裂纹,裂纹多出现在焊缝附近,尤其多在焊趾处出现。疲劳性能对管结构的节点往往起控制作用。

复习思考题

1. 简述国内外钢拱桥发展的特点。
2. 简述系杆钢拱桥的主要结构形式和结构体系。
3. 简述无推力系杆拱的类型及其受力特点。
4. 简述钢拱桥的主要组成部分及各部分的构造特点。
5. 简述拱肋的三大总体设计参数,并简述如何合理确定这三大设计参数。
6. 简述拱肋的主要结构形式和特点。
7. 对比钢桁拱的三种布置形式,并从受力性能、经济性能等不同角度简述各布置形式的优点和缺点。
8. 简述钢管桁架拱桥的构造类型及其特点。

第六章　钢桥的连接

第一节　钢结构的连接方法

钢结构桥梁需通过连接将钢板、型钢和构件等拼装成整体,因此,钢结构连接设计的好坏将直接影响钢结构桥梁的质量和经济性。钢结构桥梁的连接有的是在钢结构制造厂完成,称为工厂连接;有的是在建造现场工地上完成,称为工地连接。

钢结构桥梁的连接方法可分为焊缝、螺栓和铆钉等连接,如图 6-1 所示。目前由于焊接技术的进步和高强螺栓连接的广泛应用,铆钉连接基本上已被焊缝连接和螺栓连接所代替。焊缝连接已是当前钢结构桥梁的主要连接方式。

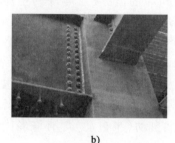

a)　　　　　　　　　　b)　　　　　　　　　　c)

图 6-1　钢结构连接方法
a)焊接;b)栓接;c)铆接

第二节　焊　　接

一、焊接方法简介

钢结构的焊缝连接方法甚多,目前应用比较多的是手工电弧焊、自动(或半自动)埋弧焊、气体保护焊、电渣焊和螺柱焊。前三种焊接方法都是利用电弧产生的热能使连接处的焊件钢材局部熔化,并添加焊接时由焊条或焊丝熔化的钢液,冷却后共同形成焊缝而使两焊件连成一体,因而钢结构的焊缝连接是钢材熔化后经冶金反应而形成焊件钢材分子间的结合。

1. 手工电弧焊

手工电弧焊的基本设备是一台电焊机,电焊机的一个电极用导线连接于焊件,另一个电极连接于焊把,焊把夹住焊条上端未涂焊药的头部。施焊时,将焊条一端与焊件稍微接触形成"短路"后又马上移开(俗称"打火"),焊条末端与焊件间遂发生电子放射而产生电弧。电弧温度甚高,可把焊件钢材局部熔化形成熔池,同时由于电弧的喷射作用把熔化的焊条金属吹入熔池,冷却后即形成焊缝金属。

焊条的钢丝芯子的作用既是作为电极,又是作为形成焊缝的添加金属,焊条外必须涂以各种药皮。设计规范规定焊缝金属应与主体金属相适应,亦即采用的焊条型号应与焊件母材的牌号相匹配。按照我国现行的国家标准《非合金钢及细晶粒钢焊条》(GB/T 5117—2012)和《热强钢焊条》(GB/T 5118—2012),用于焊接 Q235 钢的焊条型号为 E43××,焊接 Q345 钢的焊条型号为 E50××,焊接 Q390 钢和 Q420 钢的焊条型号为 E55××。这就是上述所指的两相匹配。当两种不同强度的钢材相焊接时,可采用与较低强度钢材相适应的焊接材料。

2. 自动(或半自动)埋弧焊

通电后电弧发生在由转盘转下的裸焊丝与焊件母材之间,因电弧不外露,是埋在焊剂层内发生的,故名埋弧焊。焊机的前方有一装有颗粒状焊剂的漏斗,沿焊接方向不断在母材拟焊接处铺上焊剂,部分焊剂在焊后熔化为焊渣,多余的焊剂由吸管吸回再用。由于焊渣较轻,浮在焊缝金属的表面,使焊缝不与空气相接触,同时焊剂又可对焊缝金属补充必要的合金成分,以改善焊缝的质量。自动电焊机以一定的速度向前移动,同时焊丝也以一定的速度随着焊丝的熔化从转盘自动补给。自动焊与半自动焊的差别,只在于前者焊机的移动是自动的,而后者则是靠人工的。关于焊丝熔化后的补给(送丝)两者都是自动的。

自动(半自动)埋弧焊用的焊丝和焊剂,也应与焊件的主体金属相适应。焊丝应符合现行国家标准《熔化焊用钢丝》(GB/T 14957—1994)的规定。自动(半自动)埋弧焊使用的电流大,母材的熔化深度大,生产效率高,特别是焊缝质量较手工焊的均匀,其韧性和塑性也较好,故有条件时应采用之,但自动(半自动)焊的焊丝熔化后主要靠重力进入焊缝,适用于焊接位置为平焊和水平角焊缝时,因此自动(半自动)焊主要用于工厂焊缝。同时,为了提高施焊效率,它又只适用于长而直的焊缝,而手工电弧焊可用于各种焊接位置,特别是可用于结构安装中难以到达的部位,因而虽然自动(半自动)焊有许多优点,但手工电弧焊仍得到广泛应用。

3. 气体保护焊

气体保护焊的原理与前述相同,只是采用裸焊丝后改用从焊枪中喷出的气体以保护施焊过程中的电弧、熔池和高温焊缝金属,亦即保护气体代替了焊剂。钢结构的焊接中采用二氧化碳作为保护气体,称为二氧化碳保护焊。由于二氧化碳在高温时易分解为 CO 和 O_2,因此所用焊丝中应含较多与氧亲和力较强的 Mn 和 Si,以便与 CO 和 O_2 发生作用而保证焊缝质量。二氧化碳保护焊的焊接效率高,金属熔化深度大,焊缝质量好,是一种良好的焊接方法,但施焊时周围的风速要小(在 2m/s 以下),以免气体被吹散。目前气体保护焊的应用还没有前面两种广泛。

4. 电渣焊

多高层建筑钢结构中较多地采用箱形截面钢柱,在梁柱节点区的柱截面内需设置与梁翼缘等厚的加劲板(横隔板),而加劲板应与箱形截面柱的柱身板采用坡口熔透焊,此时采用一般手工焊时,加劲板四周的最后一条边的焊缝无法焊接,因此需要采用电渣焊。电渣焊一般有两种形式:熔嘴电渣焊和非熔嘴电渣焊。

(1)熔嘴电渣焊。

熔嘴电渣焊是用细直径冷拔无缝钢管外涂药皮制成的管焊条作为熔嘴,焊丝在管内送进。焊接时,将管焊条插入被焊钢板与铜块形成的缝槽内,电弧将焊剂溶化成熔渣池,电流使熔渣温度超过钢材的熔点,从而熔化焊丝和钢板边缘,构成一条堆积的焊缝,把被焊钢板连成整体。

熔嘴电渣焊常为竖直施焊,或焊接倾角不大于30°。这种焊接方法产生较大的热量,为减少焊接变形,焊缝应对称布置并同时施焊。

(2)非熔嘴电渣焊。

非熔嘴电渣焊与熔嘴电渣焊的区别:焊丝导管外表不涂药皮,焊接时导管不断上升且不熔化、不消耗。

焊接原理同熔嘴电渣焊。使用细直径焊丝配合直流平特性电源,焊速大,焊缝和母材热影响区的性能比熔嘴电渣焊有所提高,因此在近年来得到重视和应用。

5. 螺柱焊(栓钉焊)

将金属螺柱或其他金属紧固件(栓、钉等)焊到工件上去的方法叫作螺柱焊,在建筑钢结构中称栓钉焊。螺柱焊是将螺柱端头置于陶瓷保护罩内与母材接触并通以直流电,通过短路提升,螺柱端部与工件表面之间产生电弧,电弧作为热源在工件上形成熔池,同时螺柱端部被加热形成熔化层,维持一定的电弧燃烧时间后,在压力作用下将螺柱端部浸入熔池,并将液态金属挤出接头之外,螺柱整个截面与母材牢固结合而形成连接接头。陶瓷保护罩的作用是集中电弧热量,隔离外部空气,保护电弧和熔化金属免受氮、氧的侵入,并防止熔融金属的飞溅。

根据采用的电源不同,螺柱焊可分为三种基本形式:

(1)稳定电弧螺柱焊。稳定电弧螺柱焊的放电过程是持续而稳定的过程,焊接电流不用经过调制,焊接过程中电流基本上是恒定的。

(2)不稳定电弧螺柱焊。不稳定电弧螺柱焊是利用交流电使大容量的电容器充电后向栓钉与母材之间瞬时放电,达到熔化栓钉端头和母材的目的。由于电容放电能量的限制,一般用于小直径(≤12mm)栓钉的焊接。

(3)电弧电流经过波形控制的电弧螺柱焊。一般采用两个并联电源先后给电弧供电,其焊接过程只有稳定电弧螺柱焊的十分之一或几十分之一。

在建筑钢结构中基本采用稳定电弧栓钉焊。稳定电弧栓钉焊又分为两种:普通栓钉焊和穿透栓钉焊,普通栓钉焊亦称非穿透栓钉焊;穿透栓钉焊用于组合楼板和组合梁,焊接时,将压型钢板焊透,使栓钉、压型钢板和钢构件三者焊接在一起。

二、焊接结构的特性和焊缝连接

图6-2中已表示了焊缝连接最常用的接头形式,即对接接头、T形接头、搭接接头和角形接头等,其中角形接头主要用于箱形截面的四角。

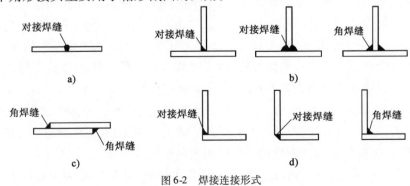

图6-2 焊接连接形式
a)对接连接;b)T形连接;c)搭接连接;d)角接连接

下面将介绍构成焊缝连接的两种主要焊缝：对接焊缝和角焊缝。

1. 对接焊缝

对接焊缝传力最为直接，焊缝受力明确，且基本不产生应力集中，构造也最简单。随着板厚的增加，为了能焊透焊缝和节省焊缝金属（即减少焊条消耗），对焊件的边缘需进行加工，如图6-3和图6-4所示。边缘加工的坡口角度 α、根部间隙 b 和钝边 p 等可按照现行钢结构焊接技术规范的规定采用。采用对接焊缝不仅增加了边缘加工的工序，而且对整个板材断料长度的精度有严格要求。这些都给对接焊缝的应用带来一定的限制。对接焊缝焊件的边缘因需进行坡口加工，故这种焊缝又名坡口焊缝。通常当钢材厚度在12mm及以下时，边缘不需加工，称为I形焊缝；当板厚在20mm以下时常采用V形焊缝；板厚大于20mm时，则常采用U形、X形或K形焊缝，均见图6-3。当为单面施焊时[图6-3a）～图6-3d）]，为了保证焊透，在一侧施焊完毕后，常需翻过来在反面清除根部后进行一次补焊（称为封底焊）。如无条件进行封底焊，则应在正面施焊时在焊缝的根部加设临时的垫板，如图6-4中的虚线所示。焊缝各种坡口之所以均需如图6-4所示那样有坡口角度、根部间隙和钝边，目的都是为了在施焊时既能保证焊透又要避免焊液烧漏。

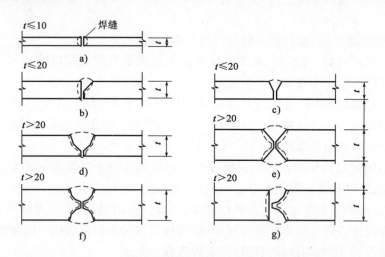

图6-3 对接焊缝的坡口形式

a) I形焊缝；b) 单边V形焊缝；c) V形焊缝；d) U形焊缝；e) X形焊缝；f) 双边U形焊缝；g) K形焊缝

2. 角焊缝

图6-5所示搭接接头中的角焊缝，焊缝均位于板件的边缘处。焊缝轴线与板件受力方向一致时称为侧面角焊缝，焊缝轴线与板件受力方向相垂直的称为正面角焊缝。角焊缝除用于搭接接头外，还可用于T形接头、角形接头和十字形接头。角焊缝的截面形状如图6-6所示，两焊脚间的夹角为直角时称为直角角焊缝，故可简称为角焊缝。绝大多数角焊缝的两焊脚尺寸相等，均为 h_f，焊缝表面略凸如图6-6a）所示，少数可为焊脚尺寸不等或为凹面，如图6-6b）和6-6c）所示，其应用将在以后提及。角焊缝的受力较复杂，不如对接焊缝明确，其传力也没有对接焊缝直接，但由于角焊缝连接不需对焊件边缘进行加工，对板件断料尺寸的精度要求也没有对接焊缝高，因而角焊缝在钢结构中的应用远多于对接焊缝。

除上述直角角焊缝外，少数情况还需应用斜角角焊缝，此时焊缝两焊脚间的夹角 α 将不是直角。当 $60°\leqslant\alpha\leqslant135°$ 时，此焊缝可按受力焊缝计算。

3. 焊接位置

焊缝按施焊位置分有俯焊(平焊)、立焊、横焊和仰焊四种,如图6-7所示。俯焊施焊方便、质量好、效率高;立焊和横焊是在立面上施焊的竖向和水平焊缝,生产效率和焊接质量比俯焊的差一些;仰焊是仰望向上施焊,操作条件最差,焊缝质量不易保证,因此应尽可能避免采用仰焊焊缝。

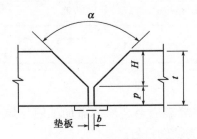

图6-4 V形焊缝坡口的各部分尺寸
α-坡口角度;b-根部间隙;p-钝边;H-坡口深度

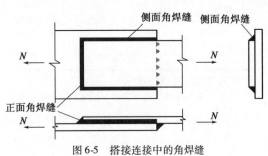

图6-5 搭接连接中的角焊缝

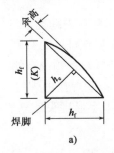 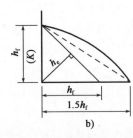 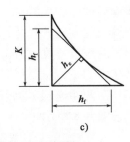

图6-6 直角角焊缝的截面形状、焊脚尺寸 h_f、焊角尺寸 K 和有效厚度 h_e
a)等焊脚直角角焊缝;b)不等焊脚直角角焊缝;c)凹面直角角焊缝

施焊时焊条运行与焊缝的相对位置称为焊接位置。图6-7给出了四种焊接位置,其中平焊(也称俯焊)最易操作,因而焊缝质量最易保证,横焊(对角焊缝称水平焊)、立焊(又称竖焊)和仰焊较难操作,特别是仰焊,焊缝的质量最难保证,了解这些,目的是为了在焊缝设计时应尽量避免采用仰焊。要注意的是,这里指的是焊接位置,不是焊缝的具体位置,如焊接工字形截面,其上翼缘与腹板的连接焊缝,具体位置在上方,但在工厂制造时,可以把梁翻转,仍可采用俯焊而不是用仰焊;尽量不采用仰焊主要是指工地连接的安装焊缝和不可能把焊件转动位置时的仰焊焊缝。

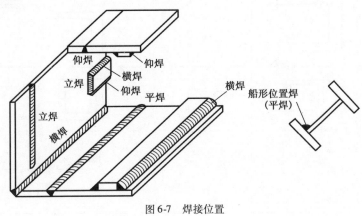

图6-7 焊接位置

4. 焊缝代号

(1) 焊缝符号用以表示焊缝的形状。钢结构中常用的一些基本符号如表6-1所示。

常用焊缝基本符号　　表6-1

名称	封底焊缝	对接焊缝					角焊缝	塞焊缝与槽焊缝	点焊缝
		I形焊缝	V形焊缝	单边V形焊缝	带钝边的V形焊缝	带钝边的U形焊缝			
符号	⌣	‖	∨	∨	Y	Y	△	⊓	○

注：1. 符号的线条宜粗于指引线。
　　2. 单边V形焊缝与角焊缝符号的竖向边永远画在符号的左边。

(2) 辅助符号是表示焊缝表面形状特征的符号，如对接焊缝表面余高部分需加工使与焊件表面齐平，则可在对接焊缝符号上加一短画线，此短画线即为辅助符号。

(3) 补充符号是为了补充说明焊缝的某些特征而采用的符号，见表6-2。

(4) 焊缝尺寸在基准线上的注法是：

①有关焊缝横截面的尺寸，如角焊缝的焊脚尺寸 h_f 等，一律标在焊缝基本符号的左侧；

②有关焊缝长度方向的尺寸，如焊缝长度等，一律标在焊缝基本符号的右侧；

③对接焊缝的坡口角度、根部间隙等尺寸，标在焊缝基本符号的上侧或下侧。

此外还需注意的是，上述标注方法只适用于表达两个焊件相互焊接的焊缝。如为三个或三个以上的焊件两两相连，其焊缝符号及尺寸应分别标注。如十字形接头是三个焊件相连，其连接焊缝就应按图6-8所示进行标注。

焊缝符号中的辅助符号和补充符号　　表6-2

类别	名称	示意图	符号	示例
辅助符号	平面符号		—	
	凹面符号		⌣	
补充符号	三面围焊符号		⊐	
	周边焊缝符号		○	
	工地现场焊符号		⚑	

132

续上表

类别	名称	示意图	符号	示 例
补充符号	焊缝底部有垫板的符号			
	尾部符号		<	

注：1. 工地现场焊符号的旗尖指向基准线的尾部。
　　2. 尾部符号用以标注需说明的焊接工艺方法和相同焊缝的数量。

三、焊缝的质量等级

我国《钢结构设计规范》(GB 50017—2003)[4]中规定，在设计文件(图纸等)中对焊接结构应注明所要求的焊缝形式和焊缝的质量等级。关于焊缝形式，除个别情况如采用对接和角接组合焊缝的 T 形接头和斜角角焊缝等，常需在设计图纸中绘制大样标明所需尺寸外，其他的焊缝可采用焊缝代号表示。

焊缝的质量等级应由设计人员对每条焊缝做出说明，以便制造和安装单位据此进行质量检查。为了方便设计人员，《钢结构设计规范》(GB 50017—2003)中特别给出了一些原则和规定。首先，焊缝的质量等级应根据结构的重要性、荷载特性(动力或静力荷载)、焊缝形式、工作环境和应力状态等情况确定。

四、对接焊缝的计算和构造

1. 对接焊缝的计算

(1)对接焊缝的有效截面。

施焊对接焊缝时应在焊缝的两端设置引弧板和引出板(以下简称引弧板)，如图 6-9 所示，其材质和坡口形式应与焊件相同；引弧和引出的焊缝长度，对埋弧焊应大于 50mm，对手工电

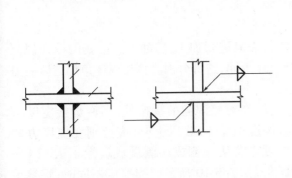

图 6-8　三个焊件两两相连时的焊缝标注方法

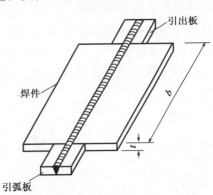

图 6-9　引弧板和引出板

弧焊和气体保护焊应大于 20mm。焊接完毕，用气割将引弧板切除，并将焊件边缘修磨平整，严禁用锤将其击落。此时对接焊缝的有效长度 l_w 应当与焊件的宽度 b 相同。当焊缝未焊透时，焊缝的有效厚度也与焊件厚度相同。因此，对接焊缝的有效截面等于焊件的截面。当无法使用引弧板施焊时设计规范中规定：每条焊缝的有效长度 l_w 在计算时应减去 $2t$（t 为焊件厚度），以考虑焊缝两端在起弧和熄弧时的影响。

（2）对接焊缝的强度设计值。

我国设计规范对对接焊缝的各种强度设计值做了规定，即对接焊缝的抗压强度设计值 f_c^w、抗剪强度设计值 f_v^w 和焊缝质量为一、二级时的抗拉和抗弯强度设计值 f_t^w 均取与焊件钢材相同的相应强度设计值，而对焊缝质量为三级的 f_t^w 则取相应焊件钢材强度设计值 f 的 0.85 倍，并取以 $5N/mm^2$ 为倍数的整数。

关于焊缝的质量等级，在《钢结构工程施工质量验收规范》（GB 50205—2001）中有明确规定，详见该规范。例如除对设计要求全焊透的焊缝应做外观缺陷检查外，一级焊缝要求对每条焊缝长度的 100% 进行超声波探伤；二级焊缝则要求对每条焊缝长度的 20% 且不小于 200mm 进行超声波探伤；对三级焊缝则要求仅做外观检查，不进行超声波检查。又如外观检查时，对一级、二级焊缝不允许存在如表面气孔、夹渣、弧坑裂纹、电弧擦伤等各种缺陷，一级焊缝还不应有咬边、未焊满和根部收缩等缺陷；而对二级和三级焊缝除裂纹及焊瘤一律不允许存在外，其余的缺陷如咬边和未焊透等则规定了其存在的不同程度。因此设计规范中认为符合一、二级质量等级的焊缝，其 f_t^w 可与焊件母材的 f 相同；而三级质量等级的焊缝，其 f_t^w 应较母材的为低，取 $f_t^w = 0.85f$。

（3）对接焊缝的连接计算。

一般情况下，对接焊缝的有效截面与所焊接的构件截面相同，焊缝的受力情况与构件相似，焊缝的强度设计值又与母材相等（一、二级焊缝时），因此当构件已满足强度要求时，对接焊缝的强度就没有必要再进行计算。

当焊缝质量等级为三级时，其抗拉和抗弯曲受拉的强度设计值 $f_t^w = 0.85f$；当对接焊缝不用引弧板施焊时，每条焊缝的有效长度应较实际长度减小 $2t$；对施工条件较差的高空安装焊缝，由于焊接质量较地面上施焊时难以保证，设计规范中规定其强度设计值应乘以折减系数 0.9；对无垫板的单面施焊对接焊缝，由于不易焊满，其强度设计值应乘以折减系数 0.85。在上述各种情况下，对接焊缝的强度应予验算。

2. 对接焊缝的构造要求

对接焊缝的构造要求主要有以下两方面：

（1）凡上述对接焊缝都要求焊透，因此，焊件边缘应进行加工，已如上述。我国设计规范内也容许部分焊透的对接焊缝，但其受力性能与上述不同，这部分内容将在叙述角焊缝以后另作介绍。

（2）在对接焊缝的拼接处，当两焊接宽度不同或厚度相差 4mm 以上时，应分别在宽度方向或厚度方向从一侧或两侧做成坡度不大于 1:4 的斜角，如图 6-10 所示。当厚度不同时，焊缝坡口的形式应根据较薄焊件的厚度按国家标准取用。

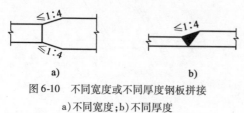

图 6-10 不同宽度或不同厚度钢板拼接
a) 不同宽度；b) 不同厚度

当采用对接焊缝拼接钢板时,纵横两方向的对接焊缝可采用十字形交叉或 T 形交叉,如图 6-11 所示。当采用 T 形交叉时,交叉点应分散,其间距不得小于 200mm。

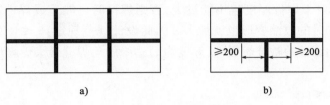

图 6-11 钢板的对接拼接焊缝
a)十字形交叉;b)T 形交叉

五、角焊缝的尺寸限制和构造要求

角焊缝的尺寸包括焊脚尺寸和焊缝计算长度等。在设计角焊缝连接时,除满足强度要求外,还必须符合对其尺寸的限制和构造上的要求。

1. 焊脚尺寸 h_f(图 6-12)

(1)角焊缝的焊脚尺寸相对于焊件的厚度不能过小,否则在施焊过程中,高温的焊缝热量很快被与其相连的焊件吸收,焊缝冷却过快,相当于冶金反应中的淬火,焊缝易变脆。我国设计规范规定:

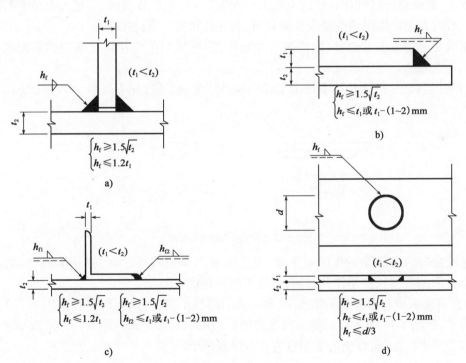

图 6-12 角焊缝的最小 h_f 和最大 h_f

手工焊时,$h_f \geq 1.5\sqrt{t}$(mm);

自动焊时,$h_f \geq 1.5\sqrt{t} - 1$(mm);

T 形接头单面角焊缝时,$h_f \geq 1.5\sqrt{t} + 1$(mm);

其中 t 为较厚焊件的厚度(mm)。

当焊件厚度 $t \leqslant 4$mm 时,则取 $h_f = t$。

(2)焊脚尺寸相对于焊件厚度也不能过大,否则焊接时可能造成焊件"过烧"或被烧穿。同时,焊缝过大,冷却时的收缩变形也就加大。因此设计规范规定:$h_f \leqslant 1.2t$,t 为较薄焊件的厚度。为避免焊件边缘棱角被烧熔板件(厚度为 t)边缘的角焊缝最大焊脚尺寸尚应符合下列要求:

当 $t \leqslant 6$mm 时,$h_f \leqslant t$;

当 $t \leqslant 6$mm 时,$h_f \leqslant t - (1 \sim 2)$mm。

圆孔和槽孔中的角焊缝焊脚尺寸还宜符合:

$h_f \leqslant \frac{1}{3}d$,$d$ 为圆孔直径或槽孔的短径。

2. 焊缝的计算长度

(1)角焊缝的计算长度不宜过小,如过小则将使焊缝的起弧点与落弧点过近(起弧点和落弧点处的焊缝端部易塌落)。我国设计规范规定,正面角焊缝和侧面角焊缝的计算长度都应满足:$l_w \geqslant 8h_f$ 和 $l_w \geqslant 40$mm。

(2)前面已讲过,传递轴心荷载的侧面角焊缝有效截面上的剪应力沿焊缝长度是不均匀分布的,而且焊缝长度愈大,不均匀分布程度愈甚。为了防止应力分布过分不均匀,我国设计规范中规定,侧面角焊缝的计算长度不宜大于 $60h_f$,当大于这数值时,其超过部分在计算中不予考虑。若内力是沿侧面角焊缝全长分布时,其计算长度不受此限制。

当不满足上述要求时,除设置侧面角焊缝外,还可另加正面角焊缝或用槽焊缝或电铆钉(点焊)将两板辍合。

(3)搭接连接中,搭接长度不得小于焊件较小厚度的 5 倍,并不得小于 25mm,见图 6-13。

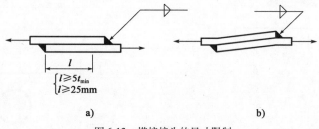

图 6-13 搭接接头的尺寸限制

搭接连接时的两板件不在同一平面,当受力如图 6-13a)所示时,搭接头将转动,如图 6-13b)所示。限制搭接长度不使其过短,可改善接头性能。

(4)在直接承受动力荷载的结构中,为了传力路线平坦,正面角焊缝宜采用 1:1.5 的不等焊脚角焊缝,如图 6-14 所示。对侧面角焊缝仍可采用 1:1 等焊脚角焊缝。为了减小接头处截面上的应力集中程度,角焊缝的表面宜为直线形或凹形。

六、焊接残余应力和残余变形

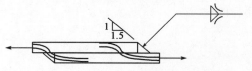

图 6-14 直接承受动力荷载结构中的正面角焊缝

结构在焊接后将产生残余应力和残余变形,这在前面已经提到过。本节将对焊接残余应力和残余变形的产生过程、残余应力的分布规律、其对结构产生的影响及为减少残余应力和残余变形在设计时的注意点等作一简要的说明,以期能进行合理的焊缝设计。

1. 焊接残余应力

焊接过程是一个对焊件局部加热继而逐渐冷却的过程,不均匀的温度场将使焊件各部分产生不均匀的变形,从而产生各种焊接残余应力。这是一个比较复杂的过程,在焊接专业的有关教科书中有较详细的论述,这里只能作概念性的一般介绍。现以两块钢板用对接焊缝连接作为例子说明如下。

(1)沿焊缝轴线方向的纵向焊接残余应力。

施焊时,焊缝附近温度最高,可达1600℃以上。在焊缝区以外,温度则急剧下降。焊缝区受热从而纵向膨胀,但这种膨胀因变形的平截面规律(变形前的平截面,变形后仍保持平面)而受到其相邻较低温度区的约束,使焊缝区产生纵向压应力(称为热应力)。由于钢材在600℃以上时呈塑性状态(称为热塑状态),因而高温区的这种压应力使焊缝区的钢材产生塑性压缩变形,这种塑性变形当温度下降、压应力消失时是不能恢复的。在焊后的冷却过程中,如假设焊缝区金属能自由变形,冷却后钢材因已有塑性变形而不能恢复其原来的长度。事实上由于焊缝区与其邻近的钢材是连续的,焊缝区因冷却而产生的收缩变形又因平截面变形的平截面规律受到邻近低温区钢材的约束,使焊缝区产生拉应力。这个拉应力当焊件完全冷却后仍残留在焊缝区钢材内,故名焊接残余应力。

(2)垂直于焊缝轴线的横向焊接残余应力。

两钢板以对接焊缝连接时,除产生上述纵向焊接残余应力外,还会产生横向残余应力。横向残余应力的产生由两部分组成:其一是由焊缝区的纵向收缩所引起。如把钢板假想沿焊缝切开,由于焊缝的纵向收缩,两块钢板将产生如图6-15a)中虚线所示的弯曲变形,因而可见在焊缝长度的中间部分必然产生横向拉应力,而在焊缝的两端则产生横向压应力,使焊缝不相分开,其应力分布如图6-15b)所示。其二是由焊缝的横向收缩所引起。施焊时,焊缝的形成有先有后,先焊的部分先冷却,先冷却的焊缝区限制了后冷却焊缝区的横向收缩,便产生横向焊接残余应力,如图6-15c)所示。最后的横向焊接残余应力当为两者的叠加即图6-15b)和图6-15c)叠加,如图6-15d)所示。

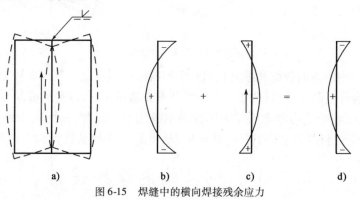

图6-15 焊缝中的横向焊接残余应力

焊缝中由焊缝横向收缩产生的横向残余应力将随施焊程序的不同而异。图6-15c)中所示是由焊缝的一端焊接到另一端时的应力分布。焊缝结束处因后焊而受到焊缝中间先焊部分的约束,故出现残余拉应力,中间部分为残余压应力。开始焊接端最先焊接,该处出现残余拉应力是由于需满足弯矩的平衡条件所致。

(3) 厚板中沿板厚方向的焊接残余应力。

厚板中由于常需多层施焊(即焊缝不是一次形成),在厚度方向将产生焊接残余应力,同时,板面与板中间温度分布不均匀,也会引起残余应力,其分布规律与焊接工艺密切相关。此外,在厚板中的前述纵向和横向焊接残余应力沿板的厚度方向大小也是变化的。一般情况下,当板厚在 20~25mm 之间时,基本上可把焊接残余应力看成是平面的,即不考虑厚度方向的残余应力和沿厚度方向平面应力的大小变化。厚度方向残余应力若与平面残余应力同号,则三向同号应力易使钢材变脆。

构件截面上存在焊接残余应力,是焊接结构构件的缺陷之一。虽然理论上残余应力的存在对构件承受静力荷载的强度没有影响(何故?请思考),但它将使构件提前进入弹塑性工作阶段从而降低构件的刚度,当构件受压时,还会降低构件的稳定性。因而一个优良的焊接设计应注意使焊接残余应力的数值为最小。

2. 焊接残余变形

焊接后残余在结构中的变形叫焊接残余变形。图 6-16 给出了下列常见的焊接残余变形:
(1) 纵向收缩变形和横向收缩变形[图 6-16a)]。
(2) 焊缝纵向收缩所引起的弯曲变形[图 6-16b)]。
(3) 焊缝横向收缩所引起的角变形[图 6-16c)]。
(4) 波浪式的变形[图 6-16d)]。
(5) 扭曲变形[图 6-16e)]。

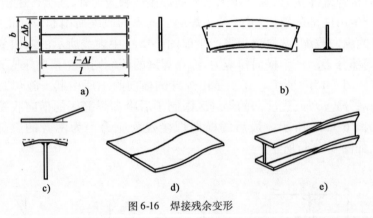

图 6-16 焊接残余变形

焊接残余变形中的横向收缩和纵向收缩在下料时应予以注意。其他焊接变形当超过施工验收规范所规定的容许值时,应进行矫正。若变形严重无法矫正时,即造成废品。变形严重不但影响外观,同时还会因改变受力状态而影响构件的承载能力。因此,如何减小钢结构的焊接残余变形也是设计和施工制造时必须共同考虑的问题,也就是必须从设计和工艺两方面来解决。

第三节 钢结构的螺栓连接

一、螺栓的分类和螺栓连接结构的特性

1. 螺栓的种类

钢结构连接用的螺栓有普通螺栓和高强度螺栓两种。普通螺栓一般为六角头螺栓,按照

我国关于螺栓的国家标准的规定,普通螺栓的产品等级分为 A、B、C 三级。有关高强度螺栓的国家标准有《钢结构用高强度大六角头螺栓》(GB/T 1228—2006)和《钢结构用扭剪型高强度螺栓连接副》(GB/T 3632—2008)等。前者包括 8.8 级和 10.9 级两种,后者只有 10.9 级一种。高强度螺栓由中碳钢或合金钢等经热处理(淬火并回火)后制成,强度较高。我国设计规范中将螺栓孔分为 I 类孔和 II 类孔。普通螺栓中的精制螺栓连接要求用 I 类孔,孔径比杆径大 0.3~0.5mm。粗制螺栓连接可用 II 类孔,孔径比杆径大 1.0~1.5mm,以便于螺栓插入。高强度螺栓的孔为 II 类钻成孔。钢结构连接中常用螺栓直径 d 为 16mm,18mm,20mm,22mm,24mm 等。

2. 螺栓连接的种类

螺栓连接分普通螺栓连接和高强螺栓连接两大类。按受力情况又各分为三种:抗剪螺栓连接、抗拉螺栓连接和同时承受剪拉的螺栓连接。

普通螺栓连接中使用较多的是粗制螺栓(C 级螺栓)连接。其抗剪连接是依靠螺杆受剪和孔壁承压来承受荷载,如图 6-17 所示。其抗拉连接则依靠沿螺杆轴向受拉来承受荷载。粗制螺栓抗剪连接,只能用于一些辅助结构和临时结构的连接中。

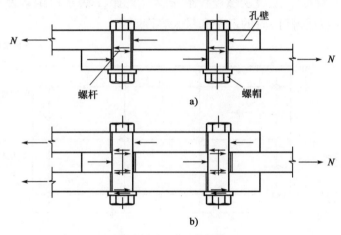

图 6-17 螺栓抗剪连接
a) 单剪搭接连接;b) 双剪对接连接

普通螺栓连接中的精制螺栓(A、B 级螺栓)连接,受力和传力情况与上述粗制螺栓连接完全相同,因质量较好可用于要求较高的抗剪连接,但由于螺栓加工复杂,安装要求高,价格昂贵,目前常为高强度螺栓摩擦型连接所替代。

高强度螺栓连接可分为摩擦型连接和承压型连接两类。高强度螺栓摩擦连接在受到如图 6-18 所示荷载时,是依靠连接板件间的摩擦力来承受荷载。高强度螺栓摩擦型连接以板件间的摩擦力刚要被克服时作为承载能力极限状态。连接中的螺栓孔壁不承压,螺杆不受剪。高强螺栓承压型连接对螺栓材质、预拉力大小和施工安装等的要求与摩擦型的完全相同,只是它是以摩擦力被克服、节点板件发生相对滑移后孔壁承压和螺栓受剪破坏作为承载能力极限状态,因此它的承载能力高于高强度螺栓摩擦型连接,可节省连接材料。

二、螺栓的排列与构造

螺栓在连接中的排列要考虑便于制造;同时,相邻螺栓孔的中心应保证为拧紧螺栓置放扳手所需的最小间距。螺栓的排列还应考虑连接的受力要求,如端距不宜过小。当构件为受压时,还需规定最小螺栓间距和最大螺栓间距。此外,排列时还应从构造要求考虑。

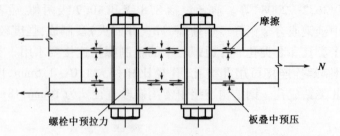

图 6-18 高强度螺栓摩擦型连接

构件上排列成行的螺栓孔中心连线叫作螺栓线或螺栓规线。沿螺栓线相邻螺栓孔的中心距离称为螺栓距。相邻两条螺栓线的间距称为线距或规距。连接中最末一个螺栓孔中心沿连接的受力方向至构件端部的距离叫作端距。螺栓孔中心在垂直于受力方向至构件边缘的距离叫作边距。图 6-19 是用螺栓连接的由两块及两块以上钢板组成的板叠平面图,图中表示了螺栓的排列。以 p 表示螺栓距,g 表示螺栓线距,a 表示端距,c 表示边距。表 6-3 为我国设计规范中规定排列螺栓(包括铆钉)时的最小和最大容许距离。

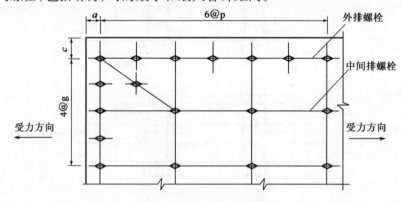

图 6-19 板叠上的螺栓排列

角钢、热轧工字钢和热轧槽钢上排列螺栓的要求见钢结构设计规范相关内容。

螺栓或铆钉的容许距离　　　　　　表 6-3

名　称	位置和方向		杆力种类	容　许　距　离	
				最大	最小
中心间距	沿对角线方向			—	$3.5d_0$
	靠边行列	在板上或角钢上	拉力或压力	$7d_0$ 和 $16t$ 中的较小者	$3d_0$
	中间行列	垂直内力方向		$24t$	
		顺内力方向	拉力	$24t$	
			压力	$16t$	

续上表

名 称	位置和方向		杆力种类	容许距离	
				最大	最小
中心至杆件边缘距离	机切或焰割	顺内力方向或沿对角线方向	拉力或压力	8t 和 120mm 中的较小者	2d_0
	滚压边或刨边				1.5d_0
	机切或焰割	垂直内力方向			1.5d_0
	滚压边或刨边				1.3d_0

注:1. d_0 为螺栓或铆钉的孔径,t 为外层较薄板件的厚度。
2. 钢板边缘与刚性构件(如角钢、槽钢等)相连的螺栓或铆钉的最大间距,可按中间排的数值采用。

三、普通螺栓连接的工作性能和计算

1. 工作性能

普通螺栓连接的传力方式,可分为抗剪螺栓连接和抗拉螺栓连接。

(1)抗剪螺栓连接。

抗剪螺栓连接在受力以后,首先由构件间的摩擦力抵抗外力。不过摩擦力很小,构件不久就出现滑移,螺栓杆和螺栓孔壁发生接触,使螺栓杆受剪,同时螺栓杆和孔壁间接触挤压。

图 6-20 给出了抗剪螺栓连接的几种可能的破坏形式。图 6-20a)和图 6-20b)为螺栓杆被剪断,破坏强度取决于制造螺栓的材料。图 6-20c)为钢板孔壁承压破坏,破坏强度主要取决于连接钢材的种类。图 6-20d)为螺栓端距不足,端部钢板受剪撕裂。图 6-20e)为沿孔中心连接板件受拉破坏,主要是因螺栓孔的存在过多地削弱了受拉板件的截面积所致。图 6-20f)为板叠连接厚度 $\sum t$ 过大致使螺栓弯曲变形,一般限制 $\sum t \leqslant 5d$ 就可避免螺栓的弯曲。

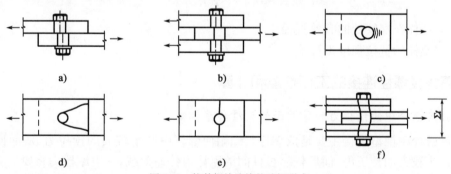

图 6-20 抗剪螺栓连接的破坏形式
a)螺杆单剪破坏;b)螺杆双剪破坏;c)孔壁承压破坏;d)板件端部剪坏;e)板件拉坏;f)螺杆弯曲

(2)抗拉螺栓连接。

抗拉螺栓连接中主要使螺杆沿其轴线承受拉力,除用于前述厂房横向钢框架屋架下弦节点的安装连接外,还常用于高层房屋中的抗风支撑连接、各种吊杆连接和管道支架中吊装管道设备的连接等。抗拉螺栓连接必须通过 T 形连接件(或由双角钢组成的 T 形连接件)传力,我国设计规范为了简化考虑撬力作用,降低了普通螺栓轴心受拉时的强度设计值,即取用同样钢号钢材轴心受拉强度设计值的 0.8 倍。

2. 单个螺栓的承载力设计值

螺栓连接的计算通常按下列步骤:首先计算单个螺栓的承载力设计值,其次按受力情况确

定所需螺栓数量,最后按构造要求排列需要的螺栓,必要时还进行构件的净截面强度验算。

(1)在抗剪螺栓连接中,螺栓承载力设计值取螺杆受剪和孔壁承压承载力设计值中的较小者。

一个螺栓的受剪承载力设计值应按式(6-1)计算:

$$N_v^b = n_v \frac{\pi d^2}{4} f_v^b \qquad (6-1)$$

式中:n_v——受剪面数目,图6-21a)所示为单剪,取$n_v=1$,图6-21b)所示为双剪,取$n_v=2$;

d——螺杆直径;

f_v^b——螺栓抗剪强度设计值,与螺栓的类别有关。

一个螺栓的孔壁承压承载力设计值应按式(6-2)计算:

$$N_c^b = d \cdot \sum t \cdot f_c^b \qquad (6-2)$$

式中:$\sum t$——在同一受力方向承压的构件较小总厚度;

f_c^b——螺栓的孔壁承压强度设计值。

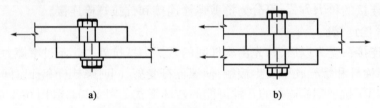

图6-21 抗剪螺栓连接的破坏形式
a)螺杆单剪破坏;b)螺杆双剪破坏

(2)螺栓的抗拉承载力设计值应按式(6-3)计算:

$$N_t^b = \frac{\pi d_e^2}{4} f_t^b \qquad (6-3)$$

式中:d_e——螺栓在螺纹处的有效直径;

f_t^b——螺栓的抗拉强度设计值。

四、高强度螺栓连接的工作性能和计算

1. 高强度螺栓中的预拉力和摩擦面的抗滑移系数

高强度螺栓摩擦型连接主要是依靠拧紧螺帽使螺杆中产生较大的预拉力,从而使连接处的板叠间产生较大的预压力,而后依靠板件间的摩擦力传递荷载,并以摩擦力将要被克服时作为连接的承载能力极限状态。因此,如何保证螺栓中具有设计要求的预拉力是保证质量的首要关键,其次是必须使板件在连接部分有很好的接触和有较大的摩擦系数(我国设计规范中称为抗滑移系数)。表6-4为一个螺栓的设计预拉力值P,适用于摩擦型连接和承压型连接。

一个高强度螺栓的设计预拉力值(kN)　　　　　表6-4

螺栓的性能等级	螺栓的公称直径(mm)					
	M16	M20	M22	M24	M27	M30
8.8	80	125	150	175	230	280
10.9	100	155	190	225	290	355

为了增加板叠摩擦面间的摩擦力,应设法增大其摩擦系数。为此应对连接处构件的接触面进行处理。摩擦系数 μ 的大小一般取决于摩擦面平整度、清洁度和粗糙度。为了增加摩擦面的清洁度和粗糙度,处理方法大致有:喷砂、喷砂后生赤锈、喷砂后涂无机富锌漆、砂轮打磨、钢丝刷清除浮锈等。目前喷砂已渐改用喷丸或抛丸。μ 值的大小除与表面处理方法有关外,还与钢材的牌号有关,见表6-5。在高强度螺栓的连接范围内,构件接触面的处理方法应在施工图上说明。

2. 单个高强度螺栓的抗剪连接计算

(1) 高强度螺栓摩擦型连接。

高强度螺栓摩擦型连接承受剪力时应按下式计算:

摩擦面的抗滑移系数 μ　　　　　表 6-5

在连接处构件接触面的处理方法	构件的钢号		
	Q235 钢	Q345 钢 Q390 钢	Q420 钢
喷砂(丸)	0.45	0.50	0.50
喷砂(丸)后涂无机富锌漆	0.35	0.40	0.40
喷砂(丸)后生赤锈	0.45	0.50	0.50
钢丝刷清除浮锈或未经处理的干净轧制表面	0.30	0.35	0.40

$$N_v^b = \frac{n_f \mu P}{k} \tag{6-4}$$

式中:n_f——传力摩擦面数目;

　　μ——摩擦面的抗滑移系数,见表6-5;

　　P——每个高强度螺栓的预拉力,见表6-4;

　　k——安全系数,取 1.7。

(2) 高强度螺栓承压型连接。

高强度螺栓承压型连接承受剪力的计算方法与普通螺栓相同,只是 f_v^b、f_c^b 用承压型高强度螺栓的强度设计值。

3. 高强度螺栓群的抗剪计算

(1) 轴心作用。

在求得 N_v^b 后,当外力设计值 N 通过螺栓群的形心时,即可由下式求所需螺栓数目:

$$n = \frac{N}{N_v^b} \tag{6-5}$$

然后即可按照本节第一部分的要求排列螺栓。最后对连接构件的截面强度按下列公式进行验算:

$$\sigma = \frac{N}{A} \leqslant f \tag{6-6}$$

$$\sigma = \left(1 - 0.5 \frac{n_1}{n}\right)\frac{N}{A_n} \leqslant f \tag{6-7}$$

式中：n——在节点或连接处构件一端所用的高强度螺栓数目；

n_1——所计算截面上（即最外列螺栓处）高强度螺栓的数目；

A_n——构件的净截面面积；

A——构件的毛截面面积。

（2）其他力作用及多个力联合作用时，计算方法与普通螺栓相同，基本步骤也相同，即包含下列四步：

①计算单个螺栓的承载力设计值。

②求所需螺栓数目。

③排列螺栓。

④验算截面强度。

除第①步单个螺栓承载力设计值的求法不同外，第②步和第③步在两者中完全相同。

[例] 图 6-22 所示为一高强度螺栓摩擦型连接，钢板尺寸如图 6-22 所示，钢材为 Q345qC，10.9 级 M20 螺栓，螺栓孔径 d_0 = 21.5mm。摩擦面为喷砂，承受永久荷载标准值 P_{Gk} = 35kN，可变荷载标准值 P_{Qk} =210kN。设计此螺栓连接。

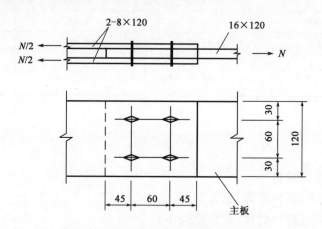

图 6-22 高强度螺栓抗剪连接（尺寸单位：mm）

解 查表 6-5 和表 6-6，得

抗滑移系数：$\mu = 0.50$

一个螺栓的预拉力：$P = 155$kN

一个螺栓的抗剪承载力设计值为：

$$N_v^b = n_f \mu P/k = 2 \times 0.5 \times 155/1.7 = 91.18 \text{kN}$$

承受的轴心荷载设计值为：

$$N = 1.2 \times 35 + 1.4 \times 210 = 336 \text{kN}$$

其中，1.2 和 1.4 分别为永久荷载和可变荷载的分项系数。

需要的高强度螺栓的数目为：

$$n = \frac{N}{N_v^b} = \frac{336}{91.18} = 3.68$$

采用 $n = 4$。取边距为 $1.5d_0 \approx 30$mm，螺栓距 $3d_0 \approx 60$mm，端距 $2d_0 \approx 45$mm。

因两盖板厚度之和与主板厚度相等，故只需验算主板的强度。

净截面面积为：

$$A_n = A - 2d_0 t = 12 \times 1.6 - 2 \times 2.15 \times 1.6 = 12.32 \text{cm}^2$$
$$n = 4, n_1 = 2$$

净截面强度为:

$$\sigma = \left(1 - 0.5 \frac{n_1}{n}\right)\frac{N}{A_n} = \left(1 - 0.5 \times \frac{2}{4}\right) \times \frac{336 \times 10^3}{12.32 \times 10^2} = 204.5 \text{N/mm}^2$$
$$< f = 215 \text{N/mm}^2$$

符合要求。

毛截面强度为:

$$\sigma = \frac{N}{A} = \frac{336 \times 10^3}{120 \times 16} = 175 \text{N/mm}^2 < f$$

符合要求。

4. 高强度螺栓抗拉连接计算

在外拉力 N(设计值)作用下,高强度螺栓受拉。一个高强度螺栓的承载力设计值为

$$N_t^b = 0.6P \tag{6-8}$$

所需螺栓数:

$$n = N/N_t^b \tag{6-9}$$

5. 同时承受剪力和拉力的高强度螺栓连接计算

对高强度螺栓每个螺栓的承载力按式(6-10)计算:

$$\frac{N_v}{N_v^b} + \frac{P - 1.4N_t^b}{P} \leq 1 \tag{6-10}$$

式中:N_v、N_t——分别为一个高强度螺栓所能承受的剪力和拉力;

N_v^b、N_t^b——分别为单个高强螺栓的受剪和受拉承载力设计值。

复习思考题

1. 对接焊缝连接和角焊缝连接的受力性能有何不同?各有何优缺点?
2. 焊缝代号中有哪些主要规定?
3. 直角角焊缝连接有哪些构造要求?为什么?
4. 焊接残余应力是如何产生的?影响残余应力大小及其分布的因素有哪些?
5. 在焊缝连接设计中,如何考虑减少焊接残余应力的影响?
6. 受剪普通螺栓有几种可能的破坏形式?如何防止?
7. 影响高强螺栓承载力的因素有哪些?
8. 高强度螺栓的承压型连接和摩擦型连接中一个螺栓的抗剪、抗拉与同时抗剪和抗拉的承载力设计值的计算各有何不同?为什么?

第七章 钢桥制作

第一节 零件加工

钢桥构件加工是将钢材从原材料,经切割、折边、弯曲、冷压、热压、焊接等多种加工方法后形成成品,这些加工方法可概括为冷加工和热加工。

钢材受加工外力的作用会产生变形,外力越大,则变形越大。当加工的外力小于材料弹性极限时,产生的变形是弹性变形。当加工的外力达到材料屈服点时,材料产生永久性变形,即塑性变形。这种塑性变形正是我们所需要的加工成形。当加工外力达到材料极限强度时,材料由于变形过大,将产生断裂。机械剪切下料方法就是利用这种原理。

一、加工准备

1. 材料准备

(1)钢材准备。

根据施工详图中材料清单表算出各种材质、规格的材料净用量,加上一定数量的损耗,提出材料采购计划。钢材的损耗率一般为3%~6%,实际损耗率应根据工程的结构形式、构件特点、技术要求等综合考虑。

(2)焊接材料准备。

焊接材料应采取择优、定点选购的原则。同时,应直接从厂家进货,减少中间环节。焊材供应部门应根据焊材型号(或牌号)、规格、数量编制采购计划,并经有关部门(负责人)批准。特殊焊接材料应由焊接主管人员和材料采购人员共同选购。

2. 技术准备

(1)施工图审查。

施工图审查的目的主要是为了审查设计的安全性、合理性、经济性以及能否满足加工图的要求。

(2)施工详图设计。

钢结构工程的施工详图设计一般由加工单位负责进行。为适应这种要求,一项钢结构工程的加工制作,一般应遵循的工作顺序如图7-1所示。

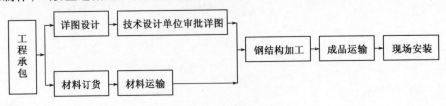

图7-1 钢结构工程加工顺序

为了尽快采购(订购)钢材,一般应在详图设计的同时订购钢材。这样,在详图审批完成时钢材即可到达,立即开工生产。

(3)工艺规程设计。

对于普遍通用性的问题,可不必单独制定工艺规程,可以制定工艺守则,说明工艺要求和工艺过程,作为通用性的工艺文件用于指导生产过程。工艺规程是钢结构制造中主要的和根本性的指导性技术文件,也是生产制作中最可靠的质量保证措施。因此,工艺规程必须经过一定的审批手续,一经制定就必须严格执行,不得随意更改。

(4)其他技术准备。

①工号划分:根据产品的特点、工程的大小和安装施工进度,将整个工程划分成若干个生产工号(或生产单元),以便分批投料,配套加工,配套出成品。

②编制工艺流程表:从施工详图中摘出零件,编制出工艺流程表(或工艺流程卡)。工艺流程表就是反映这个过程的工艺文件。

③配料与材料拼接:根据来料尺寸和用料要求,可统筹安排合理配料。当工程设计对拼接无具体要求时,焊接H型钢的翼、腹板拼接缝应尽量避免在同一断面处,上下翼缘板拼接位置应与腹板拼接位置错开200mm以上。翼缘板拼接长度不应小于2倍板宽;腹板拼接宽度不应小于300mm,长度不应小于600mm,如图7-2所示。

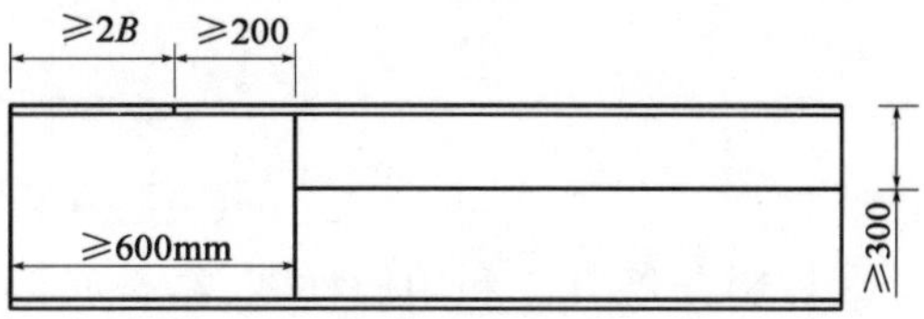

图7-2 H型钢翼、腹板拼接要求
注:B为翼缘板宽度,尺寸单位为mm。

3.资源准备

(1)设备、仪器准备。

钢结构生产为工业化流水作业,机械设备使用程度高,牵涉到的仪器仪表类型分布非常广泛;仪器仪表是否正常工作直接影响生产的顺利进行。在批量生产前,需对将投入的设备、仪器仪表等进行检修、调试,确保投入时处于正常工作状态,符合产品加工精度需求。

(2)工装夹具准备。

钢结构构件形式一般都比较复杂,生产中的组、拼装等加工工序均需要在通用或专用工装胎架上完成。不同构件的加工方法不同,所需的工装夹具也不一样。所以在进行构件生产前,应根据所需加工的构件特点和生产工艺文件的要求,准备好加工所需的各种工装夹具。

(3)检验、测量仪器准备。

检验、测量仪器主要用于钢结构生产作业时的度量、产品检验和其他辅助工作。它是钢结构按设计要求进行产品科学化生产的依据,实际生产中应用非常广泛,基本上覆盖了钢结构生产的所有加工工序。

二、放样和号料

1.放样的概念

放样,就是在正确识图的基础上,根据产品的结构特点、施工要求等条件,按一定比例(通常取1∶1)准确绘制出结构的全部或部分投影图,并进行结构的工艺处理,有时还要进行展开和必要的计算,最后获得施工所需要的数据、样杆、样板和草图。

2.放样的内容和方法

(1)放样内容。

①复核施工详图。详细复核施工详图所表现的构件各部分的投影关系、尺寸及外部轮廓形状(曲线或曲面)是否正确并符合设计要求。

②结构处理。在不违背原设计要求的前提下,依工艺要求进行结构处理。图7-3所示为某一焊接H型钢桁架,腹杆与弦杆直接相贯焊,如图7-3a)所示。由于桁架外形尺寸大,整体组装后无法运输;根据桁架的构造特点,需在不降低桁架原设计强度的条件下,将桁架改为图7-3b)所示的腹杆与桁架弦杆牛腿连接的节点形式。改进后的桁架可以在安装现场进行整体组装,改善了生产条件,提高了效率,也保证了桁架质量。

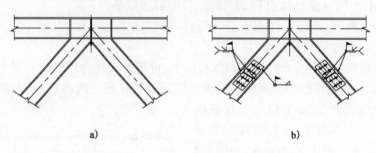

图7-3 焊接H型钢桁架节点处理

③算料与展开。利用放样图,结合必要的计算,求出构件用料的真实形状和尺寸,有时还要画出与之连接的构件的位置线,即相互位置关系。

④设计胎模。依据构件加工要求,利用放样图样的形状和尺寸,设计所需胎模的形状和尺寸。

⑤为后续工序做准备。为后续工序提供数据资料,即绘制供号料、画线用的草图,制作各类加工样板、样杆和样箱。

(2)放样方法。

钢桥放样常用的方法有:实尺放样、光学放样、计算机放样等;其中,实尺放样是各种放样方法的基础。在放样画线时,常用的工具有画针、直尺、圆规、角尺、曲线尺、粉线、墨线、样冲、手锤等。

3.号料的概念

利用样板、样杆、号料图及放样得出的数据,在板料或型钢上画出零件真实的轮廓和孔口的真实形状,以及与之连接的构件的位置线、加工线等,并标注出加工符号,这一工作过程称为号料。号料是一项细致而重要的工作,必须按有关的技术要求进行。同时,还要着眼于产品的整个制造工艺,充分考虑合理用料,灵活而又准确地在各种板料、型钢及成形零件上进行号料画线。

三、切割下料

钢材切割下料常用方法有气割、剪切、冲切和锯切等,具体采用哪一种切割方法,应根据切割对象、切割设备能力、切割精度、切割表面质量要求以及经济性等因素综合考虑。

1.气割

(1)手工气割设备。

①焊炬,又称气焊枪或风焊枪。按可燃气体与氧气混合方式不同可分为射吸式和等压式两种。射吸式焊炬结构图及零部件、相关连接件如图7-4所示,焊嘴如图7-5所示,焊嘴可根据不同需要进行更换。

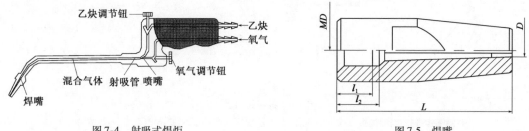

图7-4 射吸式焊炬　　　　　　　　　图7-5 焊嘴

②射吸式割炬,又称低压切割器、切割器、割刀。它是利用氧气和低、中压乙炔作为热源,以及高压氧气作为切割氧流,切割低碳钢材。图7-6a)为射吸式割炬外部结构,图7-6b)为射吸式割炬的工作原理图。因不同需要,割嘴(图7-7)需经常更换。

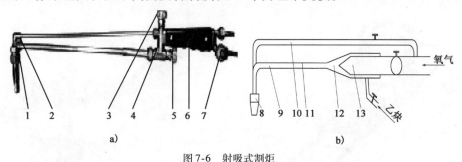

图7-6 射吸式割炬

1-割嘴螺母;2-割嘴接头;3-切割氧开关;4-中部整体;5-预热氧开关;6-手柄;7-乙炔开关;
8-割嘴;9-混合气体;10-切割氧气管;11-射吸管;12-喷嘴;13-喷射管

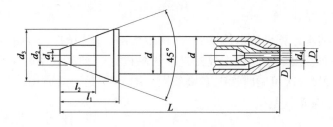

图7-7 割嘴构造图

③等压式割炬如图7-8所示,图7-8a)为等压式割炬外部结构,图7-8b)为等压式割炬的工作原理图。

(2)半自动气割机。

半自动气割机是一种最简单的机械化气割设备,一般由一台小车带动割嘴在专用轨道上自动移动,但轨道的轨迹需要人工调整。半自动气割机最大的特点是轻便、灵活、移动方便。CG1-100型双割炬小车式半自动气割机如图7-9所示。

(3)仿形气割机。

仿形气割机是一种高效率的半自动气割机,可以方便而又精确地气割出各种形状的零件。仿形气割机的结构形式有两种:一种是门架式,另一种是摇臂式。其工作原理主要是利用靠轮沿样板仿形带动割嘴运动,靠轮分为磁性和非磁性两种。

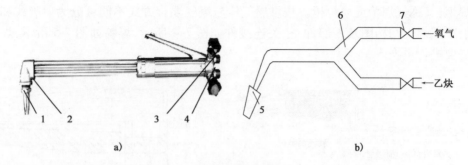

图 7-8 等压式割炬
1-割嘴螺母；2-割嘴接头；3-氧气接头螺母；4-乙炔接头螺母；5-割嘴；6-混合室；7-调节门

图 7-10 所示为 CG2-150 摇臂仿形气割机,它是采用磁轮跟踪靠模板的方法进行各种形状零件及不同厚度钢板的切割,行走机构采用四轮自动调平,可在钢板和轨道上行走,移动方便,固定可靠,适合批量切割钢板件。

图 7-9 CG1-100 型双割炬半自动气割机

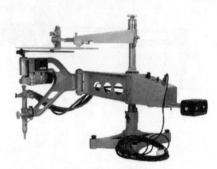

图 7-10 CG2-150 摇臂仿形气割机

（4）数控气割机。

数控气割机是随着计算机技术的发展,在钢板切割中使用的一项新技术,这种气割机可省去放样画线等工序而直接切割。多头数控直条气割机是一种高效率的条板切割设备,纵向割炬可以根据需要配置,一次可同时加工多块条板。图 7-11 是上海通用重工集团有限公司生产的 ZT 系列多头数控直条气割机。

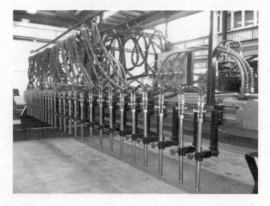

图 7-11 ZT 系列多头数控直条气割机

2. 气割工艺与方法

气割时预热火焰用中性焰，这是氧、乙炔混合比为1∶1～1∶2时燃烧所形成的火焰，在中性焰中既无过量的氧，又无游离的碳。常见的气割方法见表7-1。

常用气割方法　　　　　　表7-1

类　型	简　图	说明（内容缺少关键数据）
气割薄钢板 （<4mm）	<4mm，气割方向，25°～45°	采用较小火焰，割嘴向气割反方向倾斜，以增加气割厚度，气割速度要快
气割中厚板	气割方向，10°～20°	预热火焰要大，气割气流长度要超过工件厚度，预热时割嘴与工件表面成10°～20°倾角，使割件边缘均匀受热，气割时割嘴与工件表面保持垂直，待整个断面割穿后移动割嘴，转入正常气割，气割将要到达终点时，应略放慢速度，使切口下部完全割断
气割钢管	15°～25°，割炬，管子，熔渣	气割时如逆时针转动管子，则将割嘴偏离顶面一段位置，使气割点的气线与割嘴轴线成15°～25°，则熔渣沿内、外管壁同时落下
气割坡口	割炬1、2、3	用双割炬或三割炬气割坡口，割炬1在前用于气割直边，割炬2、3在后用于气割上、下部的斜边

3. 等离子切割

等离子弧切割是利用高温、高冲击力的等离子弧为热源（产生高达20000～30000℃等离子弧），将被切割的材料局部迅速熔化，同时，利用压缩产生的高速气流的机械冲刷力，将已熔化的材料吹走，从而形成狭窄切口的切割方法。它是属于热切割性质，这与氧—乙炔焰切割在本质上是不同的。它是随着割炬向前移动而完成工件切割，其切割过程不是依靠氧化反应，而是靠熔化来切割材料。图7-12为数控水下等离子切割机，图7-13为数控等离子切割机。

图7-12　数控水下等离子切割机　　　　　　图7-13　数控等离子切割机

4. 机械切割

根据切割原理的不同,机械切割可分为三大类:剪切、锯切(锯床锯切、摩擦锯切)和冲压下料。

(1)剪切。利用上下两剪刀的相对运动来切断钢材。机械剪切速度快,效率高,能剪切厚度小于30mm的钢材,其缺点是切口比较粗糙,下端有毛刺。剪板机、联合冲剪机和型钢冲剪机等机械属于此类,如图7-14所示。

(2)锯切。锯切可分为两类:一类是利用锯片的切削运动把钢材分离,切割精度好,常用于角钢、圆钢和各类型钢的切割。弓锯床、带锯床和圆盘锯床等机械属于此类。另一类是利用锯片与工件间的摩擦发热使金属熔化而被切断。此类机械中的摩擦锯床切割速度快,但切口不光洁,噪声大,如砂轮切割机切割不锈钢及各种合金钢等,如图7-15所示。

图7-14 龙门式斜口剪床

图7-15 卧式数控带锯

(3)冲压下料。利用冲模在压力机上把板料的一部分与另一部分分离的加工方法。对成批生产的零件或定型产品,应用冲压下料可提高生产效率和产品质量。

5. 管材切割加工

(1)概述。

近年来,管结构在钢桁架桥中应用广泛。钢桁架桥中构件的形状通常为圆钢管、方钢管、矩形管等,这些构件通过节点或直接相贯连接在一起而形成各种结构。

(2)管子车床切割加工。

管子车床切割加工,是按构件的加工长度,进行钢管的下料、坡口一次性成形的加工方法。目前使用的管子车床有两种:一种是普通管子车床,它是通过人工操作来完成材料的进给、定位,见图7-16。一种是数控管子车床,它是通过机械推动完成材料的进给、定位和切割加工。管子数控切割机床具有加工质量好、切割精度高的特点,常用于管径较大钢管的加工,见图7-17。

(3)多维数控相贯线切割机切割加工。

多维数控相贯线切割机切割加工,是按构件的加工长度,进行管材端部平端口或相贯口的下料、坡口一次性成形的加工方法。与普通机械切割的最大不同之处是能够进行变角度坡口的加工(相贯线切割)。多维数控相贯线切割不仅用于加工圆钢管,还可适用于方钢管的加工,见图7-18。

图7-16 管子普通切割车床

图7-17 管子数控切割车床

图7-18 HID-600EH型六维数控相贯面切割机

四、边缘加工

1. 加工部位

在钢桥构件加工中，下列部位本图纸要求的部位一般需要进行边缘加工：

(1) 吊车梁翼缘板。
(2) 支座支承面。
(3) 焊接坡口。
(4) 尺寸要求严格的加劲板、隔板、腹板和有孔眼的节点板等。
(5) 有配合要求的部位。
(6) 设计有要求的部位。

2. 常用加工方法

常用的边缘加工方法主要有：铲边、刨边、铣边、碳弧气刨、气割和坡口机加工等。

(1) 铲边。

对加工质量要求不高，并且工作量不大的边缘加工，可以采用铲边。铲边有手工铲边和机械铲边两种。手工铲边的工具有手锤和手铲等。机械铲边的工具有风动铲头等。

一般手工铲边和机械铲边的构件，其铲线尺寸与施工图纸尺寸要求相差不得大于1mm。铲边后的棱角垂直误差不得超过弦长的$L/3000$，且不得大于2mm。

（2）刨边。

刨边使用的设备是刨边机，需切削的钢板固定在工作台上，由安装在移动刀架上的刨刀来切削钢板的边缘。刀架上可以同时固定两把刨刀，以同方向进刀切削，也可在刀架往返行程时正反向切削。刨边加工有刨直边和刨斜边两种。刨边加工的加工余量随钢板的厚度、切割方法的不同而不同，一般的刨边加工余量为 2~4mm。刨边机如图 7-19 所示。

（3）铣边。

铣边机利用滚铣切削原理，对钢板焊前的坡口、斜边、直边、U 形边能同时一次铣削成形，比刨边机提高工效 1.5 倍，且能耗少，操作维修方便。铣边加工质量优于刨边的加工质量，如图 7-20 所示。

图 7-19　BBJ 数控刨边机床

图 7-20　PX-90W 坡口铣边机

五、成形加工

成形加工常用热加工和冷加工两种方式。热加工即把钢材加热到一定温度后进行的加工方法，冷加工使钢材在常温下进行加工。成形加工按成形方法的不同可分为：切割成形、机械加工成形、弯曲成形、模压成形、铸造成形等。

1. 板材弯曲成形加工

板材的弯曲成形加工也称为卷圆或滚圆，卷圆是在卷板机上进行的，它主要用于卷制各种容器、建筑结构用冷成形直缝焊接钢管、锅炉汽包和高炉等。在卷板机上卷圆时，板材的弯曲是由上滚轴向下移动时所产生的压力来达到的。卷板机按上辊受力类型分为闭式和开式，按辊轴数目及布置形式分为三辊对称式、三辊不对称式和四辊对称式、四辊不对称式，见图 7-21；按辊轴位置调节方式分为上调式和下调式。

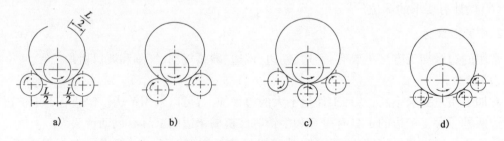

图 7-21　卷板机原理示意图

a）对称式三辊卷板机；b）不对称式三辊卷板机；c）对称式四辊卷板机；d）不对称式四辊卷板机

钢板弯曲时由于辊轴之间有一定距离(S),使得钢板在两端有一直边,对于这一直边可采取预弯方法或直边预留方法。直边预留即板材在卷板机上卷圆时,板的两端卷不到的部分称为直边,其大小与板机的类型和卷曲形式有关,见图7-22。当采用直边预留时在卷圆后割掉直边,以达到整圆的要求。

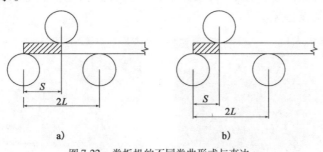

图7-22 卷板机的不同卷曲形式与直边
a)对称式三辊卷板机;b)不对称式三辊卷板机

2. 管材弯曲成形加工

在钢桥中,管材弯曲加工非常广泛,其弯曲加工方法可根据被弯曲管材的截面尺寸和弯曲半径不同,一般有型弯、压弯和中频弯三种加工方法。

(1)管材型弯成形加工是应用最为广泛的弯曲加工方法之一。典型的型弯成形加工设备型号为 CDW24S-500。该设备为下调式三辊型材弯曲机,它不仅适用于圆钢管的弯曲,还可用于圆钢、方管、槽钢、板材等的弯曲加工,见图7-23。

图7-23 下调式三辊型材弯曲机

(2)目前,对于截面尺寸比较大的管材弯曲成形加工,一般都采用了大型油压机(需配置有专用成型模具)进行加工。即在油压机上,结合成型模具,按被弯曲管材的设计曲率半径,进行逐步压弯成形的加工过程,称为管材压弯成形加工。图7-24为钢管在大型油压机上压弯成形加工。

图7-24 钢管压弯成形加工

(3)管材中频弯(热弯)成形加工。

中频弯是采用中频电流使钢管待弯曲段急剧升温并达到较高温度后,在外力作用下使钢管待弯曲段按设计要求的曲率半径弯曲成形的加工方法,这种方法也是一个逐步式的成形过程。中频弯电能消耗量比较大,成本比较高,效率比较低,在钢桥制造领域一般不常用。常用于钢管中频弯曲加工设备见图7-25。

图7-25 管材中频弯设备

3. 型材弯曲成形加工

常用的型材包括工字钢、槽钢、H型钢、角钢、圆钢和其他异形截面钢材。其中圆钢弯曲成形可采用管材弯曲成形的方法,相对比较简单。

型材弯曲成形的方法一般有手工弯曲和机械弯曲两种。其中机械弯曲又包括卷弯、回弯、压弯和拉弯等几种。实际生产中常采用回弯和压弯。

型材的回弯成形是在型材弯曲机上(如CDW24S-500型弯机)进行,它是利用成形模具进行型材弯曲的一种加工方法,见图7-26。先将被弯曲型材固定在弯曲模具上,模具转动后型材沿模具旋转方向成形,通过调节型弯机辊轴间间距来实现弯曲曲率半径。

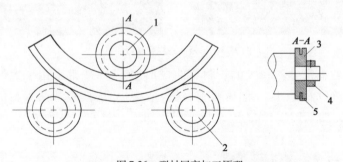

图7-26 型材回弯加工原理

1-辊轮1;2-辊轮2;3-模具;4-压紧装置;5-角钢

压弯是在压力机上,利用模具借助压力机的压力进行压弯,使型材产生弯曲变形。型材在弯曲成形时,应使用成形样板,对弯曲变形进行检查,防止过弯等质量缺陷。

六、制孔

1. 制孔方法

制孔加工在钢结构制造中占有一定的比重,尤其是高强度螺栓的采用,使孔加工不仅在数量上,而且在精度要求上都有了很大的提高。

制孔通常有钻孔和冲孔两种方法。钻孔是钢结构制造中普遍采用的方法,能用于几乎任何规格的钢板、型钢的孔加工,钻孔的原理是切削,孔的精度高,对孔壁损伤较小。冲孔一般只用于较薄钢板和非圆孔的加工,而且要求孔径一般不小于钢材的厚度。冲孔生产效率虽高,但由于孔的周围产生冷作硬化,孔壁质量差等原因,在钢结构制造中已较少采用。

2. 钻孔加工

常用钻孔加工方法有:画线钻孔、钻模钻孔、数控钻孔。

(1)画线钻孔。钻孔前先在构件上画出孔的中心线和直径,在孔的圆周上(90°位置)打四只冲眼,作为钻孔后检查用。孔中心的冲眼应大而深,在钻孔时作为钻头定位用。画线工具一般采用画针和钢尺。

(2)钻模钻孔。当批量大,孔距精度要求较高时,采用钻模钻孔。钻模有通用型、组合型和专用型三种。

(3)数控钻孔。近年来数控钻孔的发展更新了传统的钻孔方法,无须在工件上画线,打冲眼,整个加工过程都是自动进行的,钻孔效率高,精度高。特别是数控三维多轴钻床的开发和应用,其生产效率比摇臂钻床提高几十倍,它与锯床等设备形成生产线,是钢结构加工的发展方向。图7-27为数控三维钻床示意。

图7-27　数控三维钻床

七、构件组装与焊接

组装,也称为拼装、装配、组立,是把加工完成的半成品和零件按图纸规定的运输单元,装配成构件或者部件;是钢结构制作中最重要的工序之一。图7-28和图7-29分别为焊接H型钢构件组装和焊接箱形构件组装的照片。

常用钢结构组装方法有地样法、仿形复制装配法、胎模装配法、立装法、卧装法等。

图7-28　焊接H型钢构件组装

图7-29　焊接箱形构件组装

1. 组装方式

钢结构的组装方式,按组装时构件位置划分,主要有正装、倒装和卧装。正装和倒装又称立装。所谓正装,是指构件在组装中所处的位置,与其使用时的位置相同;倒装是指构件在组装中所处的位置与其使用时的位置相反,见图7-30。

所谓的卧装是指构件按其使用位置垂直旋转90°,使它的侧面与工作台相接触而进行组装,卧装是组装中最常用的方法。

图 7-30　桥梁构件倒装法组装

2.零件定位

组装时常用的定位方法有画线定位、样板定位和定位元件定位三种。组装时对零件的各种角度位置,通常采用样板定位,见图7-31。定位元件定位是用一些特定的定位元件构成空间定位点或定位线,来确定零件的位置,见图7-32。

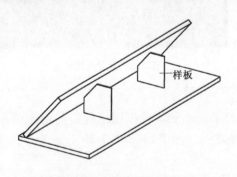

图 7-31　样板定位图示意

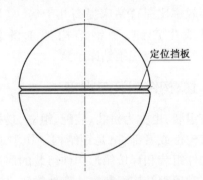

图 7-32　挡板定位示意

3.构件夹紧

在钢构件的组装中,夹紧主要是通过各种组装夹具来实现的。为获得较好的夹紧效果和组装质量,进行构件夹紧时,必须对所用夹具的类型、数量、作用位置及夹紧方式等做出正确、合理的选择。

4.组装定位焊

组装时定位焊是用于固定各零件间的相互位置,以保证整个结构件得到正确的几何形状和尺寸。

八、构件矫正

1.矫正原理及方法

矫形即对构件的一定几何形状进行整形,其原理都是利用钢材的塑性、热胀冷缩的特性,以外力或内应力作用迫使钢材反变形,消除钢材的弯曲、翘曲、凹凸不平等缺陷,以达到矫正的目的。

矫正的分类:按加工工序可分为原材料矫正、成型矫正、焊后矫正;按矫正时外因来源可分为机械矫正、火焰矫正、高频热点矫正、手工矫正、热矫正;按矫正时温度不同可分为冷矫正、热矫正。

2. 冷矫正

(1)板材多辊矫平机矫正。

板材多辊矫平机由上下两列辊轴组成,如图 7-33 所示,通常有 5~11 个工作辊轴。下列为主动辊,通过轴承和机体连接,由电动机带动旋转,但位置不能调节。上列为从动辊,可通过手动螺杆或电动升降装置作垂直调节,来改变上下辊列间的距离,以适应不同厚度钢板的矫平。

图 7-33 多辊矫平机示意图
a)上下辊列平行矫平机;b)上辊列倾斜矫平机

(2)焊接 H 型钢矫正机矫正。

焊接 H 型钢矫正机矫正是采取反向弯曲的方法,利用矫正机的辊轮,迫使焊接变形后的 H 型钢翼缘板发生反变形,达到平直及一定几何形状要求,符合技术标准的加工方法。图 7-34 为焊接 H 型钢矫正机矫正。

(3)液压机或压力机矫正。

液压机或压力机矫正是在液压机或压力机上,利用专用模具进行变形构件的反变形加工,达到平直及一定几何形状要求。油压机或压力机矫正是逐步式的加工过程,矫正效率低,一般在机械自动矫正机无法实现的情况下采用。如焊接 H 型钢截面比较大时(一般截面高度 $H > 3000\text{mm}$),翼缘板的焊接变形可采取液压机或压力机矫正。

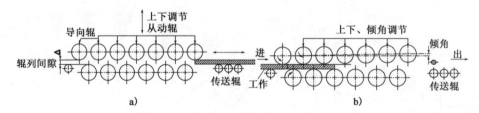

图 7-34 H 型钢矫正机

3. 热矫正

热矫正按加热方式的不同,可分为:圆点加热矫正法、带状加热矫正法和楔形加热矫正法 3 种。

(1)圆点加热矫正法。

圆点加热矫正法是在板材产生变形的地方,用氧—乙炔焰作圆环游动,使之均匀地加热成圆点状。火圈温度到 800℃时,即用铁锤锤击其周围。随着火圈温度的下降,锤击也渐轻缓。锤击的位置由火圈附近移至火圈中央部位,但必须用方锪头衬好,以免敲瘪火圈。火圈至暗红时停止锤击。待冷却至 40~50℃时再进行锤击,以消除其内应力。

(2)带状加热矫正法。

带状加热矫正法又称条状加热法或线状加热法。是用氧—乙炔焰作直线往返游动以及呈波形向前游动,使加热形状呈带状或条状。这种方法的特点是横向收缩比纵向收缩量约大 3

倍,掌握运用得当,能用较小的加热面积获得良好的效果,工作效率比圆点加热法提高1倍。具有无局部凸起、消耗工时少和加热面积小等优点。

(3)楔形加热矫正法。

楔形加热矫正法又称三角形加热法,通常应用此法矫正T形钢构件和板自由边缘的变形(俗称宽边)。加热温度750~850℃,最高不超过900℃。楔形加热法的原理就是将"宽边"的金属加热后,使多余的板料挤压到热金属处,使该材料变厚,使"宽边"缩短。楔形加热法见图7-35。

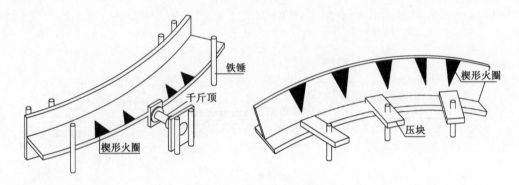

图7-35　楔形加热法应用示意

九、端部加工

构件端部支承面要求刨平顶紧和构件端部截面精度要求较高时,都必须进行端部加工(即端部铣平加工)。常用端部机械加工方法有:铣削加工、刨削加工和磨削加工。端部加工要求如下所述。

图7-36　端面铣削加工

(1)端面铣床加工用盘形铣刀,在高速旋转时,可以上下左右移动对构件进行铣削加工,对大面积部位也能高效率地进行铣削。柱端面铣后顶紧接触面应有75%以上的面积贴紧,用0.30mm塞尺检查,其塞入面积不得大于25%,边缘最大间隙不应大于0.8mm。图7-36为端面铣削加工。

(2)刨削加工时直接在工作台上用螺栓或压板装夹工件。

①多件画线毛坯同时加工时,装夹中心必须按工件的加工线找正到同一平面上,以保证各工件加工尺寸的一致。

②在龙门刨床上加工重而窄的工件,且需偏于一侧加工时,应尽量采取两件同时加工或一侧加配重,以使机床的两边轨道负荷平衡。

③在刨床工作台上装夹较高的工件时,应加辅助支承,以使装夹牢固和防止加工中工件变形。

④必须合理装夹工件,以工件迎着走刀方向和进给方向的两个侧边紧靠定位装置,而另两个侧边应留有适当间隙。

(3)刀具和加工余量的确定,应根据工件材料和加工要求决定。

第二节 钢箱梁制造

钢箱梁制造与安装划分为三个阶段:即板单元制造、梁段制造、桥位连接。工艺流程:板单元制造→钢箱梁梁段连续匹配组焊及预拼装→下胎→下胎扫尾并安装附属结构预埋件→涂装→存放→节段运输→节段吊装定位→梁段焊接连接→桥位涂装→交付。

一、钢箱梁制造的主要内容

1. 主桥钢箱梁板单元划分

主桥钢箱梁各板单元划分应满足以下原则:

(1)在满足施工图设计要求的前提下,综合考虑市场上能够供应的钢板规格、批量及采购的经济适宜性,采用定板尺寸;同时在对板单元划分时,尽可能将板单元划分大些,以减少拼接焊缝数量,为主桥钢结构制造质量创造良好的基础。

(2)主桥板单元划分内容主要有顶板单元、底板单元、侧腹板单元和纵向腹板以及横隔板单元,这些板单元划分应充分考虑钢板的轧制方向,特别是单向板,其主受力方向应与轧制方向保持一致。

(3)在进行板单元划分时,顶板单元、底板单元、腹板单元和横隔板单元拼接焊缝可为十字形或T字形,当为T字形时,其交叉点间距不得小于200mm,如图7-37、图7-38所示;且腹板单元的纵向接焊缝宜布置在受压区。

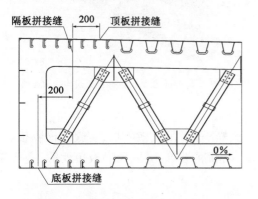

图7-37 T字形接头错开示意图(尺寸单位:mm)　　图7-38 顶、底板铺设示意图

(4)板单元的拼接缝还应避开U形肋和纵向筋板焊缝位置。

2. 主桥钢箱梁顶、底板单元钢板铺设方法

主桥钢箱梁主受力的分布:主桥钢箱梁主、边跨钢板顶、底板单元钢板铺设均以桥梁跨度方向为主,且钢板的轧制方向宜与桥主受力方向保持一致。主桥钢箱梁顶、底板钢板铺设方向如下。

钢板轧制方向沿桥宽度方向铺设。板单元的铺设有很多种,上述仅为其中的一种,在进行板单元的铺设时,主要考虑以下两方面的因素:

(1)板单元铺设应根据市场上常用规格划分,尽可能减少钢板的规格总数。

(2)板单元的铺设方向以设计文件要求为主,尽可能减少拼接缝焊缝。

3. 主桥钢箱梁工厂制造节段二次划分

主桥钢箱梁制造段的划分时,应满足以下原则:

(1)制造段的划分应根据梁段构造特点(桁架式结构),并应满足设计要求的条件进行划分。
(2)在满足运输条件情况下,将制造段划分的尺寸尽可能大,以减少现场焊接工作量。
(3)梁段制造段的划分不仅要满足工艺要求,还应满足经济适宜性。

主梁钢箱梁段制造段的划分是在原设计梁段基础上进行的进一步细化,划分的总体方法如下:

(1)沿梁段宽度方向制造段的划分。

主桥钢箱梁与拱肋连接节点区,拱脚部位采取整体制造,沿宽度方向梁段划分时,采取了以下分段:沿梁段宽度方向除拱肋节点区(A形节点、B形节点和C形节点)特殊划分外,其他部位梁段一分为二;即每一段制造段宽度为主桥钢箱梁的1/2;例如34m宽的标准梁段,制造段的宽度为17m。划分如图7-39所示。

(2)沿梁段长度方向制造段的划分。

主桥钢箱梁长度方向制造段的划分为每一设计梁段进行等分,也是分为2段制造段(图7-40)。例如10.5m长的标准梁段,工厂制造段长度为5.25m;10.5m×34m标准梁段,工厂分为4段制造段的外形尺寸均为5.25m×17m。

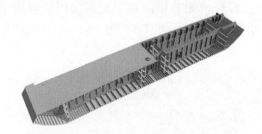

图7-39 主桥钢箱梁制造段划分总体布置图

图7-40 宽43m、长5.65m标准梁段构造示意图

4. 板单元制造

顶板单元、底板单元、腹板(中腹板、边腹板)单元、横隔板(吊点横隔板、实腹式横隔板、空腹式横隔板)单元和风嘴顶板单元、风嘴导风板单元、风嘴底板单元、风嘴隔板单元等,各板单元制造均采用专用的工装设备在车间内完成。

5. 梁段制造

板单元制造完成后,在设置了桥梁竖向线形和横向预拱线形的整体组装胎架上进行梁段的整体组装、焊接、预拼装,采用多节段梁段连续匹配组装、焊接和预拼装同时完成的工艺方法。

在梁段制造中,按照"底板→中腹板→两侧横隔板→边腹板→风嘴块体→顶板"的顺序,实现立体阶梯形推进方式逐段组装与焊接。组装时,以胎架为外胎,以横隔板为内胎,重点控制桥梁的线形、钢箱梁几何形状和尺寸精度、相邻接口的精确匹配等。

二、梁板单元制造

1. 板单元制造工艺

板单元制造按照"钢板矫平及预处理→数控精确下料→零件加工(含U形肋制造)→胎型

组装→反变形焊接→局部修整"的顺序进行。

2. 顶板单元制造工艺

主桥钢箱梁顶板单元是桥梁最为重要板单元之一,也是桥梁直接工作面,制造质量的好坏将直接影响全桥的使用寿命。

3. 顶、底板单元制造工艺要点

(1)板单元组装。

顶(底)板单元U形肋采用高精度定位组装胎进行定位组装,严格控制U形肋纵、横向位置,特别是横隔板位置的U形肋间距。

U形肋组装胎架采用机床轨道的形式,具有横向自动定位的功能。板单元组装时钢板靠挡角定位;U形肋纵向采用端挡定位,横向用梳形卡具定位,保证U形肋中心距偏差在±0.5mm之内。垂直方向设置螺旋丝杠使梳形卡向下将U形肋与底板顶紧,保证U形肋与底板的组装间隙小于0.5mm。

(2)反变形焊接工艺(图7-41)。

为保证U形肋与底板的焊接的熔深,以及为减小焊接变形及焊后火焰修整量,在板单元反变形焊接胎上进行船位焊接,既保证了焊缝的熔透深度,又保证了板单元焊后的平面度。

通过U形肋焊接试板断面检验焊缝熔透深度是否达到设计要求。

(3)样板检查(图7-42)。

为保证板单元U形肋间距满足横隔板要求,除采用上述的工艺、工装外,还将采用专用样板检查控制横隔板位置的U形肋间距,样板自由落入率必须达到100%,样板要重点检查横隔板组装的位置。

图7-41　板单元焊接

图7-42　板单元检验

(4)底板单元制造工艺流程,见图7-43。

三、横隔板单元制造

实腹式横隔板制造工艺如图7-44所示。

四、中、边腹板单元制造

中、边腹板单元制造工艺流程如图7-45所示。

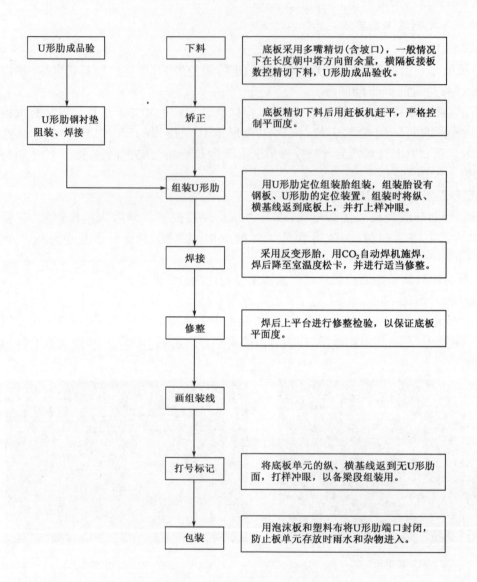

图 7-43 底板单元制造工艺流程

五、风嘴部分制造

风嘴部位的弧形板弧长约 4300mm,对应的曲率半径 $R=8010$mm;在弧形板上间隔 400mm 均匀分布着球扁钢,板单元制造分两部分:弧形板的弯弧成形和板单元上球扁钢的焊接。

1. 风嘴底板弯弧加工

弯弧加工采取大型数控油压成形机(3600T)直接压制(图 7-46)。

下料	隔板采用数控精切下料(隔板采用二次切割工艺,先切圈孔,组焊劲板并校正后,再切槽口),精确预留焊接和修整收缩量;肋板、人孔围板采用多嘴切割机精切下料;吊耳板预留镗孔余量。
矫正	严格控制平面度和直线度。
加工	焊接坡口亦可机加工,人孔和管线孔围板压型;吊耳板镗孔。
拼板	自动焊拼板,无损探伤。
组焊加劲	以横隔板二次切割定位基准线精确画出加劲肋位置线,在专用平台上进行组装,对称施焊,严格控制焊接变形,以减小修整量。
组焊人孔、围板等	用CO_2半自动焊机对称施焊,严格控制焊接变形。
修整	严格控制热量的输入,修整全过程在平台上进行。
二次精切外轮廓及槽	在水下等离子切割机上以二次切割定位基准线精确定位后切除横隔板外轮廓及U形肋槽口。
吊耳安装(如有)	精确画线后使用角度样板安装吊耳;焊后使用超声波锤击焊缝,消除焊接内应力。
转入总拼	

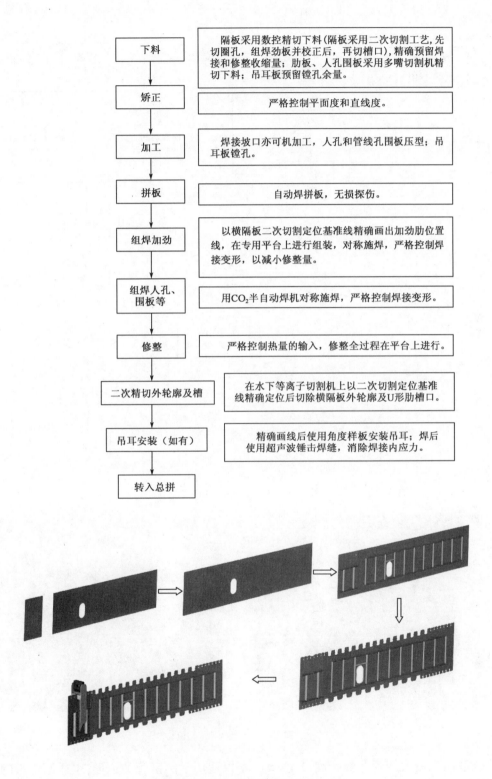

图 7-44 实腹式横隔板制造工艺

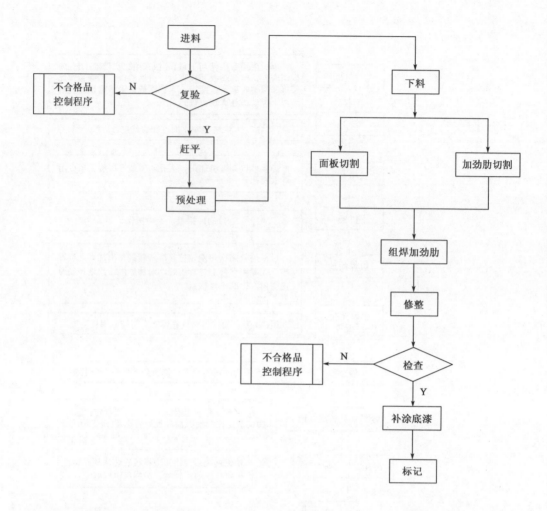

图 7-45 中、边腹板单元制造工艺流程

图 7-46 大型数控成型机

该油压机最大钢管弯弧长度可达 12m,不仅适用于圆钢管的成形,也适用于板的弯弧成形,主桥风嘴弧形可以整板直接弯弧成形。

2. 风嘴板单元制造(图7-47)

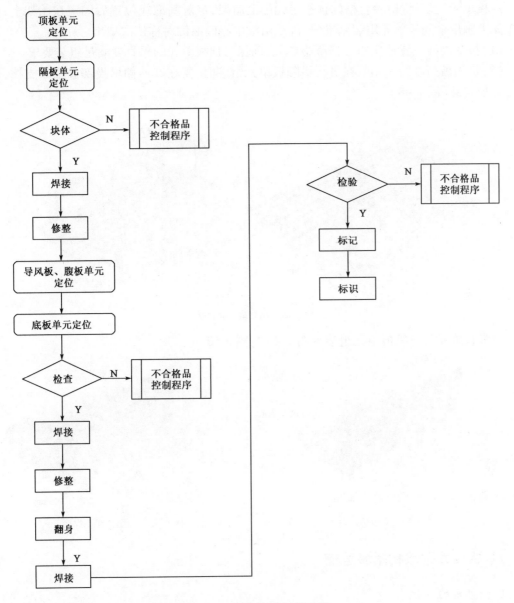

图7-47 风嘴块体制造工艺流程

风嘴部分弧形板单元的制造基本上同顶(底)板相似,就是在板单元上依次安装纵向球扁钢,所不同的是弧形板单元的板单元呈弧形,所以在进行球扁钢安装时,必须保证各弧度上的球扁钢方向与弧形板的径向线一致。

弧形板球扁钢与弧板单元的焊接采取CO_2气体保护焊,由中间向两侧对称施焊,焊后检测并矫正,其外形尺寸形位公差必须符合设计要求。最后是标记标识,以备组装方便。

3. 风嘴块体组装

风嘴块体由顶板单元、底板单元、隔板单元、导风板及边腹板单元组成。

4.风嘴块体组拼工艺

顶板单元组装:将检验合格的顶板单元吊上胎架,定对基准线位置后固定在胎架上;在顶板单元上画出横隔板单元组装基准线,画线由板中心向两侧对称依次划出。

(1)按基准线位置依次组装横隔板单元,确保与顶板单元的垂直度满足组装要求。

(2)横隔板高度约3.2m,在进行横隔板单元组装时,需在其两侧增设部分临时支撑,保证组装的稳定性(图7-48)。

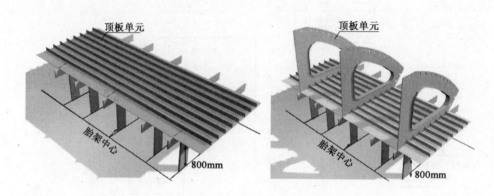

图7-48 横隔板单元组装

中腹板单元与导风板单元组装见图7-49与图7-50。

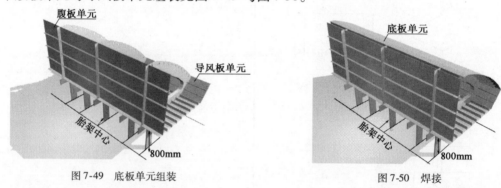

图7-49 底板单元组装　　　　　图7-50 焊接

六、板单元存放和吊装运输

1.板单元的存放

板单元存放场地地基应坚实。板单元码放时最下面一层板单元与地面间应加垫木棱。层与层之间的木棱应垫在同一断面处。码放时,相同种类、相同规格和形状的板单元应码放在一起。

码放高度应适宜,避免倾覆及处于下部的板单元因压力过大产生塑性变形。

2.板单元的吊装运输

板单元吊运过程中宜使用磁力吊具或设置吊装耳板,如果不能或没有条件使用磁力吊而采用对板边或坡口易造成损伤的刚性吊具时,吊装部位必须加垫保护。

板单元在吊运过程中应尽量避免永久变形和损伤。

起吊时要找准板单元重心。

七、梁段制造

根据上述对主桥钢箱梁制造段的划分,沿桥长度方向的 35 节段中的除拱肋节点区梁段另行划分外,其余各梁段均划分为 1 对(2 节段)梁段,每对梁段又划分为 2 个制造段,共分为 4 段制造段。全桥 35 节段钢箱梁划分为 71 对,制造有 145 段。

1. 主桥梁段制造总体顺序安排

根据主桥钢箱梁结构特点和施工总体进度,主跨钢箱梁工厂制造组拼顺序由梁端向中间拼,即左侧从 LZ01 梁段开始向 LZ15 梁段组拼,右侧则从 LZ25 梁段开始,向 LZ17 梁段组拼,最后预设 LZ16 梁段为主跨合龙段。边跨梁段工厂制造顺序则由 LB10 向 LB02 梁段进行组拼,LB01 梁段为整桥最终合龙段。

主桥钢箱梁全部制造段(共 145 制造段)将在 2 副胎架(1 号胎架、2 号胎架)上进行匹配(预)拼装,拼装分为 14 轮(批次)。每一轮次梁段拼装后与下一轮次连接的相邻两梁段留下,参与下一轮次的匹配拼装;依次类推,完成全部钢箱梁的拼装。

2. 梁段制造工艺流程

主桥钢箱梁梁段制造工艺流程如图 7-51 所示。

3. 梁段制造段拼装胎架总体要求

为确保钢箱梁各制造段的组装质量满足设计图纸要求,组装胎架设计应满足下列总体要求:

(1)根据"施工设计图"上提供的数值设计胎架纵向线形,钢箱梁的纵向线形通过调整胎架支撑面高差来实现,考虑到钢箱梁受焊接收缩变形和重力的影响,在胎架横向设置适当的预拱度。

(2)在胎架上设置纵、横基线和基准点,以控制梁段的位置及高度,确保各部尺寸和立面线形。胎架外设置独立的基线、基点,形成测量网,以便随时对胎架和梁段线形进行检测。

(3)胎架基础必须有足够的承载力,确保在使用过程中不发生沉降,并要有足够的刚度,避免在使用过程中变形。

(4)胎架应满足运梁车进出方便和安全的要求。

(5)每批(轮)次梁段下胎后,应重新对胎架进行设置、测量,做好检测记录,确认合格后方可进行下一批(轮)次的组拼。

主跨 LZ01～LZ06 梁段工厂组拼胎架设置布置图,如图 7-52 所示。

4. 预拱度、余量设置及复位段设置

(1)梁段纵向线形根据监控单位提供数值后预设上拱度;横向设置焊接反变形,以保证成桥线形。

(2)梁段设有余量端,在余量端留有 20mm 切割余量,待梁段整体组装后,预拼时匹配切割。

(3)中跨合龙段 LZ16、边跨合龙段 LB01,两端头各设置 50mm 余量,梁段预拼时合龙段和相邻梁段拉开 50mm,梁段余量留至桥位合龙时配切。

(4)梁段制作复位段参与下一轮次梁段制作及预拼,以此保证相邻轮次梁段线形的匀顺过渡,保证相邻梁段接口匹配。

(5)梁段制造。各板单元及风嘴单元制造完成后,在总拼胎架上进行多节段连续匹配装焊。梁段装焊采用"正装法",以胎架为外胎,以横隔板为内胎,各板单元按纵、横基线就位。本桥梁段采取公路运输,在桥宽度方向一分为二。为保证梁段左右两个节段的匹配性,制作时采取预留焊接收缩量后使用排码固定(也即两个发送单元间的连接焊缝均不焊接),形成全断面制作态势。

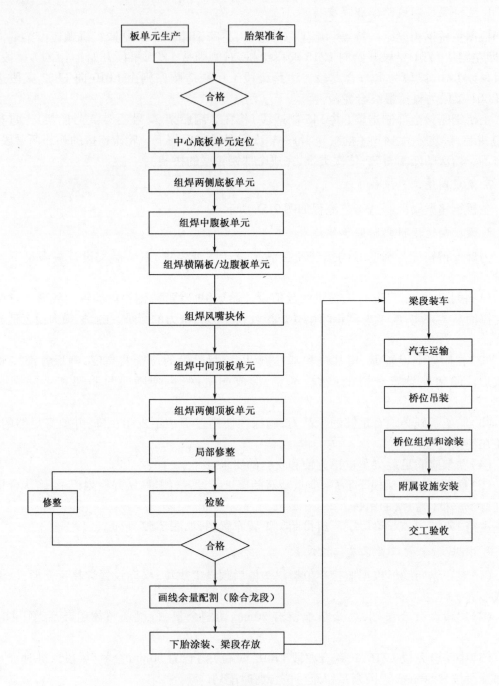

图 7-51 梁段制造工艺流程

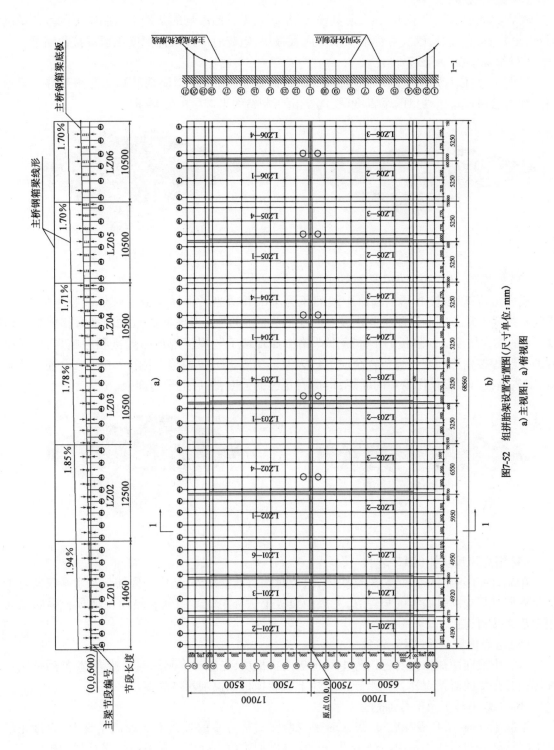

图7-52 组拼胎架设置布置图(尺寸单位:mm)
a) 主视图; a) 俯视图

5. 节段总拼

(1)组焊底板(图7-53)。

将中心底板板块置于胎架上,使其横、纵基线在无日照影响的条件下与胎架上的基线精确对正,将其固定。然后依次对称组焊两侧底板板块,组装时应按设计宽度预留焊接收缩量。

(2)组焊中腹板(图7-54)。

横向定位:以标志塔上的标志线为基准;纵向定位:组装时确保基准端与底板平齐。采用吊线锤方法保证每个端口的垂直度(要考虑由于制造线形产生的倾斜量)。

图7-53　组焊底板　　　　　　　　　图7-54　组焊中腹板

(3)组焊横隔板/边腹板(图7-55、图7-56)。

横向定位:以顶板U形肋槽口中线间距为基准并适当考虑横隔板立位焊接收缩量影响。横隔板的安装重点控制横隔板间距及与箱梁底板的角度(应考虑冲势),同时兼顾横隔板上边缘2%的横向坡度。横隔板的整体施焊严格按照焊接工艺规程规定的焊接顺序施焊,以便有效的控制焊接变形和减小焊接残余应力。为保证单隔板梁段的整体刚度,工艺上设置工艺隔板,工艺隔板与梁段仅作少量间断焊,但应有足够的强度,然后组焊边腹板。

图7-55　组焊横隔板　　　　　　　　图7-56　组焊边腹板

(4)组焊风嘴块体(图7-57)。

在无日照影响时依次组装风嘴块体,组装时除对准基线外,还应用经纬仪和水平仪监测半宽及横坡。焊接圆弧底板的角焊缝,完成中腹板上嵌补组焊。组装时纵向块体顶板纵肋之间用工艺连接板连接。

(5)组焊顶板单元(图7-58)。

从桥中线向两侧依次对称组焊中间顶板两拼板块,先施焊中间纵向对接焊缝,然后依次对称焊接其余纵向对接焊缝。在水准仪监控下组装顶板以控制箱体高度。

(6)组焊吊耳板及吊耳加劲。

组装150mm吊耳板并焊接,焊接时采取两侧对称分步的焊接方法控制角变形,焊接完成并无损探伤合格后使用超声波锤击设备对焊缝做消除应力处理。最后组焊吊耳加劲板。

(7)整体焊接顺序。

为保证板单元整体组装尺寸配合需要,同时避免节段整体焊接拘束应力过大,整体焊接顺序及焊接方向应遵循顶板、底板纵向焊缝同向焊接;同类焊缝对称焊接;箱体先内后外、先下后上、由中心向两边施焊的原则。焊接工程师可根据现场施焊情况适当调整焊接顺序。

图7-57 组焊风嘴块体

图7-58 组焊顶板单元

6. 梁段首件试制制度

首制梁段暂定为 LZ01-1、LZ01-2 梁段。实际生产中将由业主、设计、加工、施工、监理共同商定。首制梁段要求严格按照施工工艺执行,梁段制作完成后召开内部总结会,检验工艺合理性、可操作性,然后召开专家评审会。在完善工艺的基础上再批量生产。

7. 钢箱梁工厂预拼装

主桥钢箱梁采取了多梁段整体组拼/预拼装工艺,工厂预拼装主要有以下内容。

每轮梁段整体组焊完成后直接在胎架上进行预拼装检查。重点检查:桥梁纵向线形,梁段纵向累加长度,扭曲和节段间端口匹配情况等。根据工艺要求,梁段预拼装检查前应解除胎架对梁体的约束,使梁段处于自由状态。

(1)桥梁总体线形尺寸检查(图7-59)。

桥梁线形检查以纵向中心线处的理论高程为基准,检测各梁段两端横隔板处的实际高程值;同时检查预拼梁段中心线的旁弯。通过检查各梁段两端横隔板处的左右高程值,判断各梁段的水平状态及扭曲情况。梁段吊点隔板处中心作为检查各梁段的累加长度,并确定后续梁段的补偿量。

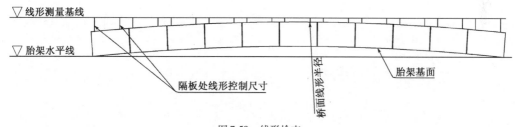

图7-59 线形检查

(2)梁段间端口的匹配精度检查。

除检查桥梁总体线形尺寸外,还必须检查梁段间连接构件的匹配情况。梁段间端口连接应重点检查边腹板、中腹板处梁高;相邻中腹板、边腹板对位偏差;底板平斜对接转角偏差、板边错边量、顶板纵肋错边等。

(3)坡口间隙检查。

钢箱梁节段间接口的间隙必须严格控制,过大的间隙会增大焊接收缩量,而间隙过小容易造成焊缝熔不透。因此规定合理坡口间隙是保证钢箱梁质量的一个重要因素。本桥规定节段接口间隙最小值为6mm,其允许偏差范围为 0 ~ +4mm,节段连接的其他要素都必须以此展开。为此,在整体组装时采取间隙定位工艺板,确保间隙尺寸。在顶、底板处确定若干个间隙定位点,用于间隙检查。

如果间隙小于规定值,则应进行修正。修正完毕后,检查板边的错边量是否小于1mm,最后将所有数据记录在检验表中。

(4)预拼装检查测量要求。

①各梁段的高程、长度等重要尺寸的测量,应避免日照影响,并记录环境温度。

②测量用钢带或标准尺在使用前应与被检测工作同条件存放,使两者温度一致,钢带或钢尺定期进行检定。

③测量用水准仪、经纬仪、仪表等一切量具均需经二级计量机构检定。使用前应校准,并按要求使用。

④操作人员应经专门培训,持证上岗,并实行定人定仪器操作。

⑤钢尺测距所用拉力计的拉力应符合钢尺说明书的规定。

⑥预拼装时利用胎架区域的测量坐标系进行现场检测。

复习思考题

1. 结构在加工前应编制工艺规程,主要内容有哪些?
2. 结构加工的一般工序有哪些?
3. 料的作用是什么?有哪几种常用方法?
4. 钢结构中,制孔有哪几种方法?目前绝大部分采用哪种方法?为什么?
5. 强度螺栓摩擦面处理方法有哪些?各有什么优缺点?

第八章　钢桥架设技术

钢桥的架设技术也可称为钢桥的施工技术,包括上部结构架设和下部结构施工两部分,本章只介绍上部结构的架设技术。上部结构施工是指梁、拱肋和钢索等的施工技术。

第一节　架设方法分类

钢梁桥的架设方法很多,可以按照临时支撑设备以及架设机械进行分类。

1. 按临时支撑设备进行分类

按临时支撑设备分类主要有如下几种方法:

(1)有支撑设备架设法(简称支架架设法):即在脚手架上进行拼装。此法适用桥下净空不高、水深较浅处。

(2)匦桥(桁梁)架设法:预先在桥孔处拼装便桥作为支撑台架,再进行桥梁架设。

(3)缆索支承架设法:利用缆索上吊下的支撑吊架来架设桥梁,可用于悬索桥主梁的架设。

(4)斜拉索支承的架设法:与缆索支承架设法大体相同,斜拉索是支撑。这是斜拉桥主梁架设的常用方法。

2. 按架设机械进行分类

按架设机械进行分类主要有如下多种方法:

(1)行走吊机架设法:适用于陆地上安装高度不大的板梁,在城市高架桥上应用广泛。

(2)门吊架设法:适用于地形变化不大,架设连续多孔板梁桥,依靠两个龙门吊机和吊机纵向移动轨道,设备简单、施工方便。

(3)浮吊架设法:在河上或海上利用大吨位浮吊整孔架设钢桥,此法适合于大跨度桥梁。

(4)悬臂架设法:采用移动式刚腿转臂起重机,一边拼装一边向前推进。这是我国钢梁桥架设的常用方法。

(5)纵向拖拉法:有纵向连接拖拉法、导梁拖拉法和梁上设扒杆法。前两者在我国常用,往往两者联合使用,附加设备少、工期短。

(6)顶推法:该方法由拖拉法发展而来,但将扒杆改为千斤顶,将滑板改为滑道,并引进了计算机控制,能较好地同步施工。

(7)缆索吊机架设法:方法同拱桥的无支架缆索吊装。

(8)浮运架设法:在浮船上拼装桥梁,并将浮船拖曳到位,浮船灌水下沉,将梁安放在桥墩上。

(9)横移架设法:适用于旧桥改建。在平行旧桥方向组装新桥,将新桥两端支承在台车上,然后将台车横向移动到旧桥位置安放新桥。

(10)旋转架设法:这种方法与拱桥的转体施工类似。

第二节 支架架设方法

支架是桥梁施工作业中不可缺少的施工手段和设备工具,是为施工现场工作人员提供施工时的操作平台,它即要满足施工的需要,又要为保证工程质量和提高工作效率创造条件,其主要作用如下:

(1)为结构施工提供支撑系统,保证工程作业面的连续性施工。

(2)能满足施工操作所需要的运料和堆料要求,并方便操作。

(3)对高处作业人员能起到防护作用,以确保施工人员的人身安全。

(4)使操作不致影响施工效率和工程的质量。

(5)能满足多层作业、交叉作业、流水作业和多工种之间配合作业的要求。

一、支架的分类

支架的种类非常多,但目前常用于桥梁施工作为支撑系统的支架有:扣件式支架、门式支架、碗扣式支架、万能杆件支架、贝雷片支架、CUPLOK 支架系统。在钢结构安装施工中常见的脚手架类型是扣件式(图 8-1)和碗扣式(图 8-2)钢管脚手架,其中扣件式钢管脚手架应用最为普遍。本节仅介绍扣件式和碗扣式钢管脚手架的构成,并且重点介绍扣件式钢管支架、碗扣式支架和贝雷片支架的构成,至于其他支架的构成,本教材不作介绍。

图 8-1 扣件式钢管脚手架

图 8-2 碗扣式钢管脚手架

二、扣件式钢管脚手架

扣件式钢管脚手架由钢管和扣件组成。其特点是:装拆方便,搭设灵活,能适应建筑物平、立面的变化。它是我国目前应用最为普遍的脚手架品种。在钢结构安装施工中主要以满堂脚手架或满堂支撑架的形式出现,有时也会以双排外脚手架、多立杆独立支撑架或与钢结构构件相互穿插的形式出现。

扣件式钢管脚手架的主要构件有:立杆、水平杆、斜杆、底座(有时用垫板代替)等。各种杆件应优先采用现行国家标准《直缝电焊钢管》(GB/T 13793—2008)或《低压流体输送用焊接钢管》(GB/T 3091—2008)中规定的 Q235 普通钢管;钢管的钢材质量应符合现行国家标准《碳素结构钢》(GB/T 700—2006)中 Q235 级钢的规定。钢管规格宜采用外径 48.3mm、壁厚 3.6mm 的钢管,缺乏这种钢管时,也可采用同样规格的无缝钢管或用外径 50~51mm、壁厚 3~

4mm 的直缝钢管或其他钢管。用于立杆、水平杆和斜杆的钢管长度以 4~6.5m 为好,这样的长度一般质量在 25kg 以内,适合人工操作。

扣件基本形式包括:直角扣件(或叫十字扣,见图 8-3)、旋转扣件(或叫回转扣,见图 8-4)、对接扣件(或叫筒扣、一字扣,见图 8-5)。其中直角扣件(十字扣)用于两根呈垂直交叉钢管的连接;旋转扣件(回转扣)用于两根呈任意角度交叉钢管的连接;对接扣件(筒扣、一字扣)用于两根钢管对接连接。

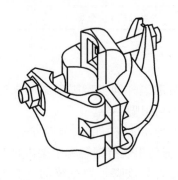 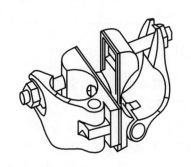 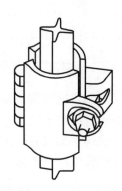

图 8-3　直角扣件　　　　　　图 8-4　旋转扣件　　　　　　图 8-5　对接扣件

扣件及其附件(T 形螺栓、螺母、垫圈)的主要技术要求如下:

(1)扣件应符合《钢管脚手架扣件》(GB 15831—2006)相关要求,其材质应符合《可锻铸铁件》(GB/T 9440—2010)中所规定的力学性能不低于 KTH330—08 牌号的可锻铸铁的要求或《一般工程用铸造碳钢件》(GB/T 11352—2009)中 ZC230-450 铸铁的要求。

(2)扣件在主要部位不得有裂纹、气孔,不宜有疏松、砂眼或其他影响使用性能的铸造缺陷,并应将影响外观质量的粘砂、浇冒口残缺、披缝、毛刺、氧化皮等清除干净。

(3)扣件与钢管的贴合面必须严格整形,应保证与钢管扣紧时接触良好。

(4)扣件活动部位应能灵活转动,旋转扣件的两旋转面间隙应小于 1mm。

(5)当扣件夹紧钢管时,开口处的最小距离应不小于 5mm。

(6)扣件表面应进行防锈处理。

(7)扣件用 T 形螺栓、螺母、垫圈、铆钉采用的材料应符合《碳素结构钢》(GB 700—2006)中 Q235 牌号钢的规定;螺栓和螺母均应符合《普通螺纹　基本尺寸》(GB/T 196—2003)的规定;垫圈应符合《平垫圈　C 级》(GB/T 95—2002)的规定;铆钉应符合《半圆头铆钉》(GB/T 867—1986)的规定。

底座用于承受脚手架立杆传递下来的荷载,标准底座用可锻铸铁制造,也可用厚 8mm、边长 150mm 的钢板作底板,外径 63mm、壁厚 3.5mm、长 150mm 的钢管作套筒焊接而成。

扣件与底座的力学性能应符合表 8-1 的要求。

扣件与底座的力学性能　　　　表 8-1

性能名称	扣件形式	性能要求
抗滑	直角	$P=7.0\text{kN}$ 时,$\Delta_1 \leqslant 7.0\text{mm}$
		$P=10.0\text{kN}$ 时,$\Delta_2 \leqslant 0.5\text{mm}$
	旋转	$P=7.0\text{kN}$ 时,$\Delta \leqslant 7.0\text{mm}$
		$P=10.0\text{kN}$ 时,$\Delta_2 \leqslant 0.5\text{mm}$

续上表

性能名称	扣件形式	性能要求
抗破坏	直角	$P=25.0kN$ 时,各部位不应破坏
	旋转	$P=17.0kN$ 时,各部位不应破坏
扭转刚度	直角	力矩为 $900N\cdot m$ 时,$f\leqslant 70.0mm$
抗拉	对接	$P=4.0kN$ 时,$\Delta\leqslant 2.00mm$
抗压	底座	$P=50.0kN$ 时,各部位不应破坏

三、碗扣式钢管脚手架

碗扣式钢管脚手架(也称为多功能碗扣型钢脚手架)是在吸取国外同类型脚手架的先进接头和配件的基础上,结合我国实际情况所研制的一种新型的多功用脚手架。

该脚手架具有接头构造合理、力学性能好、工作安全可靠,多种功能,构件轻、装拆方便,作业强度较低以及零部件的损耗横杆接头率低等显著特点,同时,能使用现有钢管脚手架进行改造。上碗扣限位销碗扣接头是该脚手架系统的核心部件,它由上、下碗扣、横杆接头和上碗扣的限位销等组成,如图8-6所示。上、下碗扣上碗扣和限位销按60cm间距设置在钢管立杆之上,其中下碗扣和限位销则直接焊在立杆上。将上碗扣的缺口对准限位销后,即可将上下碗扣碗扣向上抬起(沿立杆向上滑动),把横杆接头插入下碗扣圆槽内,随后将上碗扣沿限位销滑下并顺时针旋转以扣紧横杆接头(可使用锤子敲击几下即可达到扣紧要求)。碗扣式接头的拼接完全避免了螺栓作业。碗扣式接头可同时连接4根横杆,可以相互垂直或偏转一定角度。

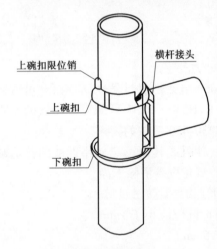

图8-6 碗扣接头

碗扣式钢管脚手架应符合《碗扣式钢管脚手架构件》(GB 24911—2010)以及《建筑施工碗扣式钢管脚手架安全技术规范》(JGJ 166—2008)等标准相关要求。计算支架时,架体的稳定应按表8-2的荷载组合要求进行计算,并应根据使用过程中可能出现的最不利荷载组合进行计算。

荷载效应组合 表8-2

序号	计算项目	荷载组合
1	立杆稳定计算	永久荷载+可变荷载
		永久荷载+0.9(可变荷载+风荷载)
2	斜杆强度和连接扣件(抗滑)强度计算	风荷载

四、贝雷片支架

贝雷片支架主要由贝雷桁架[图8-7a)]、桁架连接销、加强弦杆[图8-7b)]、弦杆螺栓、桁架螺栓5种构件组成。

图 8-7　主要组成构件

a)贝雷桁架；b)加强弦杆

贝雷片桁架是由多组贝雷片按照计算确定的间距铺设而成的,中间分组的贝雷片每组由两片贝雷片与支撑架拼装而成。支墩架设完毕后开始贝雷片桁架的拼装施工。根据场地情况从线路右侧按组拼装至左侧,两片一组的桁架施工时先拼装单排贝雷片。单排贝雷片连接好后,进行贝雷片组的拼装,排好单排贝雷片的间距,调整好支撑架和贝雷片连接螺栓眼,安装支撑架将两排贝雷片连接成整体桁架顶的工字钢总长应满足制梁桁架宽度要求。铺设完成后,用钢筋加工成 U 形,端头焊在工字钢上,将贝雷片与工字钢连成整体。贝雷片支架搭设实体如图 8-8 所示。

图 8-8　贝雷片支架搭设

五、组合式支架

组合式支架主要由跨线与跨河部分型钢、钢管支架及其上的满堂支架组成。

跨桥组合支架一般采用门洞形式,门洞基本结构为:钢管立柱、型钢盖梁、型钢分配梁(贝雷分配梁)。跨河组合支架一般根据是否有通航需要,打设相应间距的钢管桩,在钢管桩顶设置型钢横梁、型钢分配梁或贝雷梁等,然后在分配梁上设置满堂支架,满堂支架一般为门式支架或扣件式支架。

型钢一般采用 Q235 钢材,贝雷片为 16Mn 钢材,钢管采用 Q235 钢材,一般选用成品螺旋钢管。

组合式支架计算与验算可使用以下两种方法:

(1)利用计算手册提供的有关参数,验算在使用荷载作用下的最大应力和挠度。

(2)根据构件的材质、截面力学参数等建立计算模型,利用有限元软件进行计算和验算。

六、万能杆件支架

钢制万能杆件可以拼成桁架式支架、墩架、塔架和龙门架等形式,以作为桥梁墩台、索塔的施工支架,或作为吊车主梁来安装各种预制构件。必要时还可以作为临时的桥梁墩台和桁架。万能杆件拆装容易,运输方便,利用率高,可以节省大量的辅助结构所需的木料、劳动力和工期,因此适用范围较广。

组合式支架计算与验算可使用以下两种方法:

(1)利用手册提供有关参数,验算在使用荷载作用下的最大应力和挠度,连接点按照刚性连接进行计算。

(2)根据构件的材质、截面力学参数等建立计算模型,利用有限元软件进行计算和验算。

七、工程实例

1. 工程概况(见第五章杭州沿江公路运河二通道桥)

2. 总体思路

主桥施工区域位于未开挖河道,现场地势平坦、开阔,整个施工过程全部在陆地上进行,根据现场的特点采用支架法施工。

总体施工顺序:主跨主梁—主跨主拱—边跨主梁—边跨主拱—附属设施。

总体安装思路见图8-9。

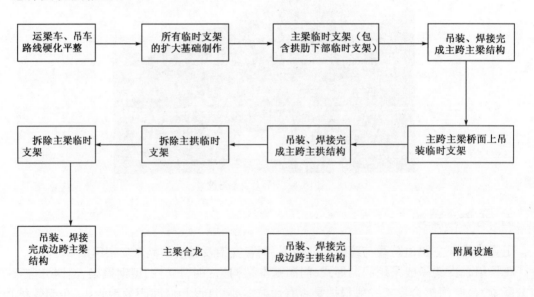

图8-9 总体安装思路

3. 支架设计

主桥钢结构安装支架包含三个部分:钢箱梁支架、拱肋支架及钢箱梁箱内加强。钢箱梁支架主要承受的荷载为:钢箱梁节段自重、拱肋节段自重、拱肋支架自重以及施工荷载等,因此支架要分为两部分考虑,即有拱肋支架部分以及无拱肋支架部分。

有拱肋支架部分主要是指钢箱梁顶板上方布置有拱肋支架,此类支架主要承受钢箱梁节段、拱肋节段、拱肋支架以及施工荷载等。无拱肋支架部分由于上方没有布置拱肋支架,支架主要承受钢梁箱节段自重、钢箱梁支架自重以及施工荷载等。拱肋支架主要承受的荷载为：拱肋节段自重、拱肋支架自重以及施工荷载等。

为有效传递施工荷载，防止钢箱梁的变形，有拱肋支架部分的钢箱梁箱内对应位置设置临时加强。钢箱梁安装支架和钢拱肋安装支架如图 8-10 所示。

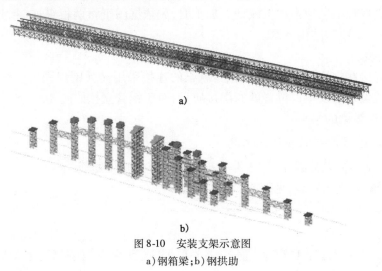

图 8-10 安装支架示意图
a）钢箱梁；b）钢拱助

（1）钢箱梁支架。

钢箱梁支架由立柱、纵梁、连接系、工作平台和休息平台组成。支架立柱采用钢管格构柱，由 3 种型号的钢管组成；纵梁采用 HW800X300 型钢，型钢焊接在立柱的封顶板上；连接系共分为有拱肋支柱及无拱肋支柱两类。有拱肋支柱位置纵横向连接系均采用 $\phi 273 \times 6mm$ 钢管及[25 组成的桁架；无拱肋支柱位置纵横向连接系均采用双楜[25 组成的桁架。采用 $L100 \times 63 \times 8$ 与 $HW800 \times 300$ 型钢连接后形成工作平台，上部满铺 3cm 木板形成工作平台，平台四周布设 $\phi 40 \times 3.5mm$ 焊管作为围栏。拱肋支架中部设置休息平台，采用[14a 与 $HW800 \times 300$ 型钢连接后形成，上部满铺 3cm 木板形成休息平台，平台四周布设 $\phi 40 \times 3.5mm$ 焊管作为围栏。

（2）肋支架。

肋支架由立柱、连接系、工作平台、支架间连接和缆风绳组成。立柱采用钢管格构柱形式，采用 $4 \times \phi 478 \times 8mm$。立柱底部设置座板，立柱与座板固结，四周设置加劲板。纵横向连接系采用 $\phi 273 \times 6mm$ 钢管及[25 组成的桁架。采用[18 与 $HW500 \times 200$ 型钢连接后形成工作平台，上部满铺 3cm 木板形成工作平台，平台四周布设 $\phi 40 \times 3.5mm$ 焊管作为围栏。为提高拱肋支架整体稳定性，防止倾覆，纵桥向布置由 $\phi 273 \times 6mm$ 钢管及[25 组成的桁架进行拉结。为提高拱肋支架的横向稳定性，加设缆风绳，横桥向布双根 $\phi 21.5mm$ 缆风绳栓接在箱梁的边缘。

（3）箱内加强。

拱肋支架下口设置座板，支柱与座板固结，四周设置加劲板；座板与钢箱梁顶板做定位焊，定位焊应有足够的强度。位于座板正下方的梁内使用 $\phi 478 \times 8mm$ 及 T 形加劲做箱内加强。

4. 支架安装

（1）立柱安装。

立柱为钢管格构柱形式，在现场将单根钢管支座组装成标准节段的钢管格构柱后进行吊装，安装时采用两点起吊法。第一吊点设在钢管的下部；第二吊点设在钢管的上部。起吊时，先提第一吊点，使立柱稍提起，再与第二吊点同时起吊；待立柱离开地面后，第一吊点停止起吊,继续提升第二吊点;随着第二吊点的不断上升,慢慢放松第一吊点,直到立柱同基础面垂直,停止起吊,电焊先将立柱根部同预埋件点焊固定,然后解除吊点,最后电焊工进行焊接施工并安装底部加劲板。

(2)连接系安装。

连接系在现场加工场地内加工成型。加工时,先依据图纸将两根纵连(横连)同斜撑一起加工成型,形成一个稳定结构体系。

(3)纵梁安装。

纵梁直接焊接在立柱的顶端封口板上,纵梁的连接采用夹板围焊固定。纵梁在安装时应严格控制其轴线偏差以及接口位置处的焊接质量,对于钢管立柱的高差,一般采用钢板垫平后再安装纵梁,确保纵梁的水平。

5. 主跨钢箱梁、主拱安装步骤与工况

(1)钢箱梁支架扩大基础施工,履带吊行驶场地道路硬化处理。

(2)钢箱梁临时支架安装,见图8-11。

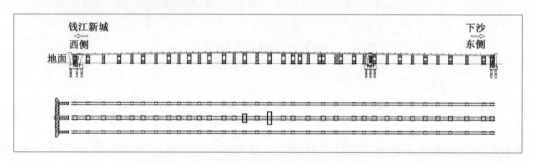

图8-11 钢箱梁临时支架安装架示意图

(3)钢箱梁吊装采用500t履带吊超起,主跨自两端向跨中开始对称同步安装,西侧安装LZ01、LZ02、LZ03,东侧安装LZ24、LZ25,见图8-12。

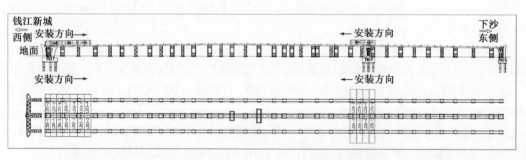

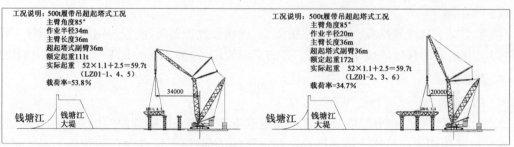

图8-12 钢箱梁吊装示意图一(尺寸单位:mm)

（4）西侧安装 LZ04~LZ15 号梁段，东侧安装 LZ17~LZ23 号梁段（LZ20~LZ23 风嘴块体暂不安装），见图 8-13。

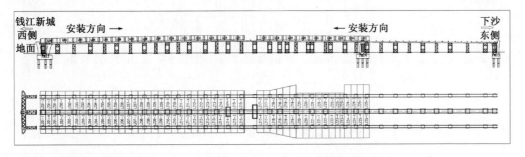

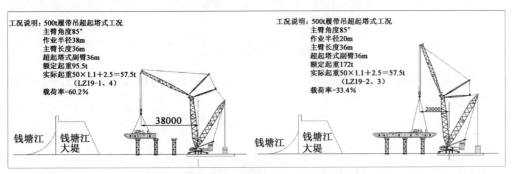

图 8-13 钢箱梁吊装示意图二(尺寸单位：mm)

（5）完成钢箱梁主跨合龙段（LZ16）安装，主跨钢箱梁安装结束，见图 8-14。

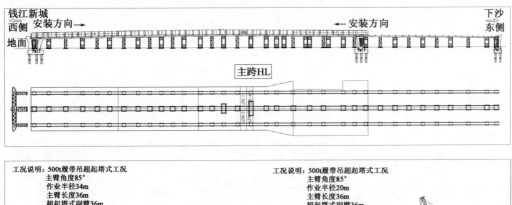

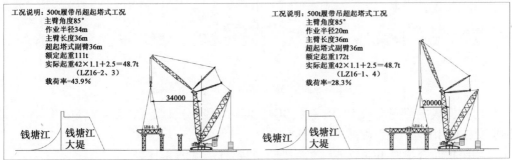

图 8-14 钢箱梁吊装示意图三(尺寸单位：mm)

（6）用 2 台 50t 汽车吊完成主跨拱肋支架安装，见图 8-15。

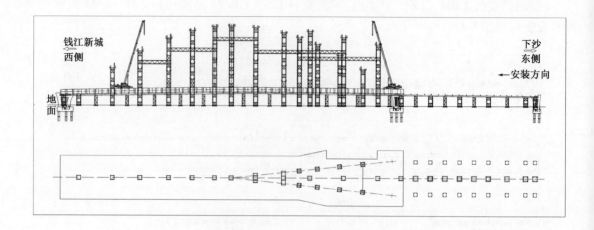

图 8-15 钢箱梁吊装示意图四

(7)对称完成主跨拱肋变高段 BG1S~X、BG2S~X,分叉段 FC1Z~Y、FC2Z~Y、FC3Z~Y 号段吊装,见图 8-16。

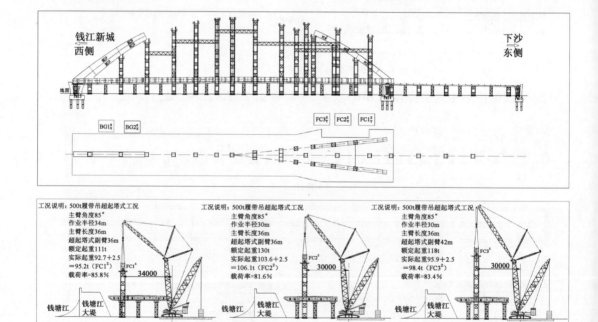

图 8-16 钢箱梁吊装示意图五(尺寸单位:mm)

(8)对称完成主跨变高段 BG3S~X、BG4、BG5 号段,分叉段 FC4Z~Y、FC5Z~Y 号段吊装;拱顶交汇段 JH1、JH2 号段吊装,见图 8-17。

(9)主跨拱肋合拢段 BG6 安装,主跨拱肋安装完成,见图 8-18。

(10)安装 LZ20~LZ23 风嘴块体;安装中跨吊杆,拆除中跨梁上主拱支架,并初次张拉吊杆至指定吨位;拆除主跨钢箱梁支架。同时用 500t 履带吊移至边跨开始边跨钢箱梁(LB10~LB02)的安装,见图 8-19。

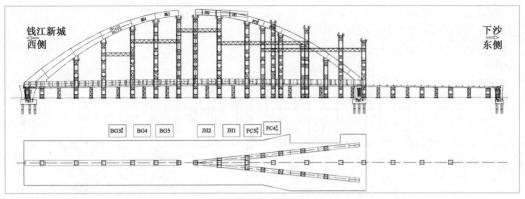

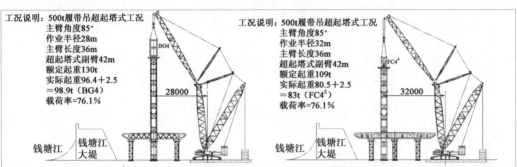

图 8-17　钢箱梁吊装示意图六(尺寸单位:mm)

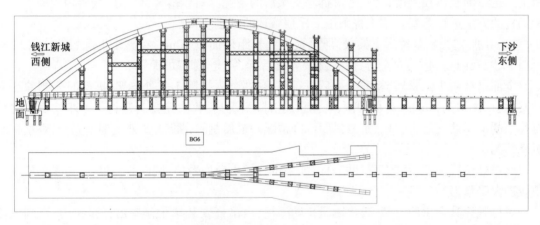

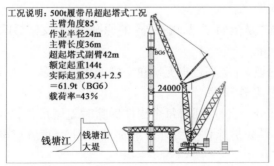

图 8-18　钢箱梁吊装示意图七(尺寸单位:mm)

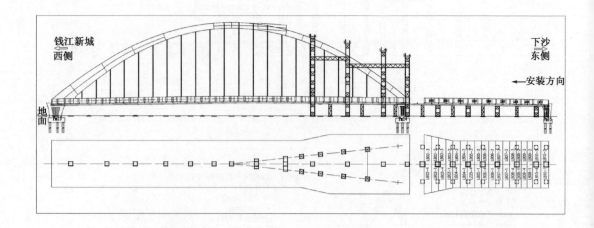

图 8-19 钢箱梁吊装示意图八

6. 钢梁落架和支架拆卸

钢主梁、拱肋采用在现场临时支架上直接安装就位,装配焊接成形的施工方法。因此,存在着落架就位的工序施工。由于施工时已按设计要求放出了预拱度和平面横向坡度,并且预留了一定量的制作预拱度,无须考虑拆除支架后的下挠。对于落架,可采用直接切割型钢支架和钢管的方法进行落架。该工程采用千斤顶微顶的方法。

(1)拱肋支架是全桥的支架最高点,最高处相距地面近 70m。在整个拆除过程中,以"从上而下、顾及四周"作为安全方针。遵循"先支后拆、后支先拆"的原则。

全部吊杆初步张紧后,检验合格后进行支架拆除,先拆除 1/2 处支架,拆架时先割除小立柱支撑,首次切割 20mm,对称切割,观测拱肋沉降情况后,再决定是否进行下一步切割。之后对称切割 1/4 处支架小立柱,观察拱肋沉降情况。最后割除拱肋 1/8 处支架小立柱,观察拱肋沉降情况。

此三处位置脱架后,测量拱肋坐标,如果位移超出允许数值,则向监控报告,请求吊杆安装单位加大张紧力。

对称脱掉其余拱肋支架,再次测量拱肋坐标,由吊杆安装单位调整吊杆张拉力,直到最佳数值后,开始全部拆除支架。

(2)支架拆除整体按"从上而下、从内往外"的原则,每个支架拆除采取三步走和 50t 汽车吊及 500t 履带吊配合拆除。

第一步:局部安全通道、环缝平台小支架和支撑工字钢拆除。

第二步:支架顶面先切割 3m 拆下。

第三步:支架剩下部分一次性拆除,每个构件拆除时先用吊机钢丝绳捆绑牢靠,钢绳不带拉力(但钢绳基本带直,以防拆除件受力外弹或突然下滑),然后切割,拆除切割顺序自上而下、自内到外。

(3)拱肋支架全部拆除后,开始拆除桥面支架,桥面支架的拆除,从两端对称向跨中拆除。钢箱梁下部支架拆除采用梁底焊接吊耳穿挂绳索和叉车、汽车吊配合拆除。

第三节 拖拉施工法

一、工艺简介

钢桥的拖拉施工就是利用拖拉系统,将置于架设空间一端的拖拉滑道上的已经预制拼装好的拖拉物(结构或构件),沿着预先设定好的线路方向进行拖拉就位的一种施工方法。预定施行拖拉的桥梁在路堤或引桥上拼装好之后,置于拖拉滑道上,利用拖拉钢索配合卷扬机和滑轮机组,顺线路方向进行拖拉,使其在滑道上发生移动并拖拉到指定位置,落梁就位。

钢桥的拖拉施工方法可分为导梁拖拉型和浮运拖拉型。导梁拖拉型,即拖拉端连接导梁。如果不设导梁,当拖拉端的梁处于悬臂状态时,可能会造成桥梁结构系统内部局部构件的内力过大,甚至导致构件的损坏,而给整个施工带来潜在的危险,这时可在桥梁前端加设轻型导梁或在跨间设置临时墩,使之较早地到达前方支座位置。浮运拖拉型,一般是针对跨越江河的桥梁而言,就是将桥梁的拖拉端直接支承在浮船上,以浮船为载体进行拖拉,需断航一段时间,至浮船到达梁的彼岸进行落梁就位。

拖拉法技术系统装置,一般由牵引执行系统、动力驱动系统、检测控制系统、滑道系统和地锚系统5大部分构成。其中的牵引执行系统由钢绞线和滑轮机组组成,集束的钢绞线配合滑轮机组用来拖拉梁体;动力驱动系统主要用来提供均衡作用的拖拉力;检测控制系统的主要功能是作业流程控制、施工偏差控制、负载均衡控制、操作台实时监控等;滑道系统采用上滑道+滑块+下滑道形式组成,一般以钢桥主桁下弦作为上滑道,滑块一般采用带橡胶板的聚四氟乙烯板;地锚系统主要用来固定拖拉牵引设备。

拖拉法技术在国内得到越来越多的重视和推广。拖拉法施工技术使用的机具设备简单,施工进度比较快,其主要应用对象是中等跨径的钢梁桥和钢拱桥。一般情况下,钢桥拖拉的工艺流程如图8-20所示。

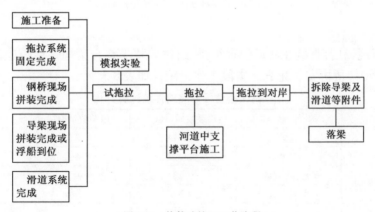

图8-20 拖拉法施工工艺流程

二、工程实例

1. 工程概况

某快速路工程主线高架叠合梁采用全焊接钢梁,钢梁由边梁、中梁、端横梁、中横梁等构件组成,钢梁上翼缘顶板面设置剪力键与混凝土桥面板连为整体。高架叠合梁材质Q345qC。图

8-21为桥墩横断面图。

2. 安装总体思路

本工程位于某交通道口处,现场安装主要采用架桥机进行。叠合梁厂内制作完成,运输至现场后需拼接成单支边梁和中梁构件,然后采用架桥机(QJ200T/55m)进行整支吊装。该跨叠合梁构件进场后直接在现场附近拼接成单支边梁和中梁构件,然后短驳至桥位下方,由架桥机完成安装。施工步骤如下:高架叠合梁构件进场→高架叠合梁现场拼接→单支叠合梁构件短驳至桥位下方→采用架桥机吊装→横梁吊装→现场焊接→面漆涂装→清场验收。

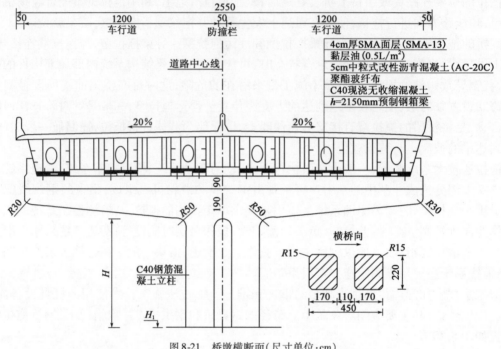

图8-21 桥墩横断面(尺寸单位:cm)

3. 吊装方案

叠合梁运至现场后,直接在就近位置组拼,组拼成整支叠合梁构件后短驳至桥位下方,采用QJ200T/55m型架桥机安装完成。本段工作量统计如表8-3所示。

高架叠合梁吊装构件统计表　　表8-3

墩 号	构件名称	吊装段质量(t)	吊装数量(件)	总质量(t)
K133~K134 ($L=54$m)	边梁	118.74	2	237.5
	中梁	113.77	6	682.6
	横梁(均质量)	0.88	91	79.8
	楔形钢板	0.37	16	6.0
合计				1005.8

据叠合梁分段情况,本段叠合梁最大运输构件质量为57.39t,本处选择单台160t汽车吊进行卸车及组拼,吊机臂长度控制在26.8m内,回转半径8m,单台吊机额定起质量64t,可以满足该叠合梁的转运组拼要求。叠合梁组拼完成后,最大吊装段质量为119t,现场架桥机QJ200T/55m可满足安装需求。叠合梁施工流程示意图见图8-22与图8-23,具体施工流程为:

(1)叠合梁进场后就近位置卸车及组拼,运输段最大质量57.4t,拟采用1台160t汽车吊进行施工。

(2) 单支叠合梁组拼完成后短驳至桥位下方。

(3) 第一支叠合梁吊装,叠合梁质量约113.8t,采用QJ200T/55m型架桥机提升吊装。

(4) 第二支叠合梁吊装,叠合梁质量约113.8t,采用QJ200T/55m型架桥机提升吊装,同步进行横梁构件的吊装。

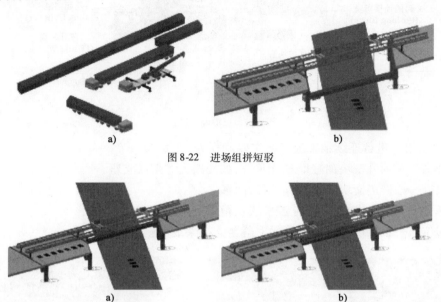

图8-22 进场组拼短驳

图8-23 第一支梁吊装与第二支梁吊装

第四节 顶推施工法

根据以往国内外桥梁顶推施工的案例,主要采取楔进式多点连续顶推、拖拉式多点连续顶推和步履式多点连续顶推三种顶推工艺进行钢桥的顶推施工。这三种施工方法各有优点和适应条件,下文分别予以介绍。

一、楔进式多点顶推施工

该工艺在法国米约桥成功应用,有效解决了桥高墩连续顶推施工的不均匀水平力的偏载问题。其顶推设备如图8-24所示。

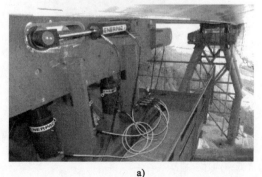

图8-24 顶推设备图

该套设备由支撑油缸、支撑架、楔进式顶推油缸等几部分组成,其各部分组成如图 8-25 所示。

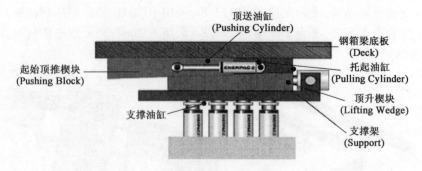

图 8-25 顶推设备组成

采用该套设备进行连续顶推施工的主要流程为(图 8-26):
(1)升高——顶升楔块油缸推进,钢箱梁被托离支撑架或支座。
(2)顶推——推进楔块前进,带动箱梁前移。
(3)降低——顶升楔块缩回,推进楔块及箱梁下降。
(4)回位——顶推楔块推进钢箱梁下落至支撑架或支座上。

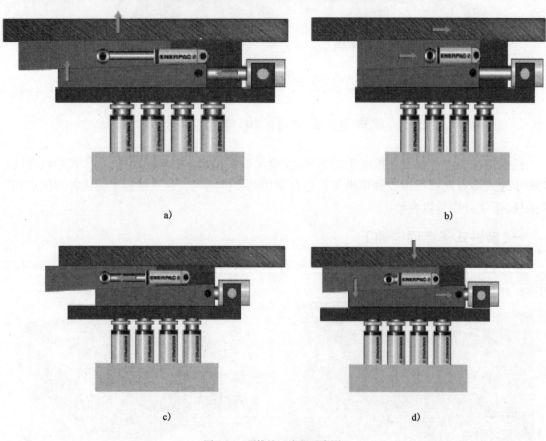

图 8-26 顶推施工流程示意图
a)升高;b)顶推;c)降低;d)回位

该方法的优缺点为：

(1)能够较好地控制临时墩(或结构墩)的水平力,适用于竖向成桥线形有变化的梁体顶推。

(2)需要有精密的液压同步控制系统,而且由于楔块与支座并排布置,梁体荷载支承点会在楔块与支座之间不停变换,对梁体的支承点要求较高。

(3)顶推装置制作精密度要求高,要求楔块、油缸等装置之间要能够顺利地转换,相应地,顶推设备的造价会很高。

二、拖拉式多点顶推施工

目前国内桥梁较常用的顶推施工工艺一般采用拖拉式多点连续顶推法(简称拖拉法),拖拉法通过张拉千斤顶牵拉钢绞线,拖动梁段在临时支墩顶设置的滑道上滑移,牵引梁体安装就位。

顶推施工需要设置滑道系统(四氟滑板、钢垫梁等)、牵引系统(穿心式连续液压千斤顶、顶推反力架、牵引索、拉锚器等)和竖向调节系统(竖向千斤顶、钢垫块)等,如图8-27~图8-30所示。

图8-27 拖拉法顶推施工

图8-28 拖拉法施工墩顶滑道系统

图8-29 拖拉法施工穿心式千斤顶

图8-30 拖拉法施工拉锚器

该方法的优缺点为：

(1)工艺成熟,造价相对较低。

(2)通过钢绞线牵引的方式实现钢箱梁的平移,桥墩所受的水平载荷为支反力与摩擦力抵消后的合力,理论上该合力较小,但由于各支点受力不均,存在一定的水平力。

(3)在钢箱梁的平移过程中,每个桥墩承受的竖向荷载不断变化,摩擦力也会相应变化,需要根据摩擦力的大小来不断调整牵引力,以防止水平荷载过大,所以必须严格保证泵站调压的独立性。

(4)本工程钢箱梁下有16股道的接触网,在顶推过程中钢丝绳难以控制,给接触网带来极大的安全隐患。

三、步履式多点顶推施工

根据本项目钢箱梁的结构特点,考虑设计一套集顶升、平移、横向调整于一体的顶推设备,实现钢箱梁的顺桥向、竖向、横桥向的移动或调整,从而保证顶推施工的顺利进行。

步履式多点顶推方案利用"顶"、"推"两个步骤交替进行,先将整体钢箱梁托起,再向前托送,之后将钢箱梁置于桥墩临时结构上,顶推油缸缩缸到底,继续实现下一个循环。通过往复顶推步骤的循环,最终将钢箱梁送到预定的位置。

该方法的优缺点为:

(1)由于顶推力和摩擦力在顶推装置内部进行的,顶推设备内部摩擦系数小于5‰,故支墩承受水平荷载较小。

(2)顶推装置自带竖向千斤顶,可以较好地适应梁体竖向线形的变化,保证各支点的受力均匀。

(3)竖向、纵向千斤顶同步性要求高,对同步控制系统的精度和性能要求高。

(4)采用步履式顶推形式,施工进度相对较慢,施工造价相对较高。

国内桥梁采用顶推施工的相关技术参数与措施,见表8-4。

采用顶推施工的桥梁汇总表　　　　表8-4

工程名称	桥下条件	顶推最大跨度(m)	顶推总长(m)	顶推速度或所需时间	跨铁路顶推措施
跨通惠河桥钢箱梁顶推	25股铁路线路	70	1160.3	—	
哈尔滨尚志大街至海城街立交桥钢箱梁	28股铁路线路,其中13条电气化线路	31.39	207	总工程时间132d	顶推时桥下铁路正常通行
沪宁高速无锡硕放枢纽互通匝道桥小半径曲线钢箱梁	沪宁高速公路8车道	34	—		桥下公路正常运营
新建李公楼立交桥中1号~2号跨	跨越既有津山动车线四股线路	51	51	顶推过程共需15h(含准备时间)	顶推时桥下铁路安全正点运行
京沪高速公路(天津段)跨越京山铁路桥梁16号、17号墩板梁	京山铁路	40	—	导梁前移过京山铁路120min,架每片梁55min	铁路部门给点施工
天津市快速路南仓跨铁路立交桥东引桥右幅混凝土梁	京津城际铁路	34.5	34.5	顶进速度平均8m/h	对12列旅客列车运行进行调整
湖南某四跨一联单箱单室公路钢箱梁	高速公路	34	111	顶进速度10~15cm/min	桥下公路正常运营
佛山平胜大桥	广东佛山东平水道	78	350	顶进速度3.5m/h	—
广州猎德大桥	广州珠江	60	364.4m	12m钢箱梁现场拼装(全焊)到顶推到位4d	
杭州九堡大桥主桥钢拱梁	杭州钱塘江	90	630	顶进速度平均3m/h	
杭州九堡大桥引桥钢槽梁	杭州钱塘江	35	910	顶进速度平均3m/h	

四、工程实例

1. 工程概况

主桥跨径布置为 55+45+220+45+55=420m,为一联双塔双索面斜拉桥,采用半漂浮体系,主梁采用混合主梁,其中两侧边跨各采用预应力混凝土箱梁,预应力混凝土箱梁各长109.4m,伸入主跨9.4m,中跨钢箱梁长201.2m,中段197.2m范围内采用钢箱梁,在钢箱梁两端与预应力混凝土箱梁相交位置放置2m长的钢混结合段,中段197.2m范围采用顶推法施工,顶推质量为19.4t/m,总质量为3826t。顶推总长约250m。根据构造、运输及施工架设的需要,中跨钢箱梁划分为A、B和钢混结合段三种梁段。钢箱梁中段159.88m竖曲线是半径为2000m的圆曲线,两侧为直线段。桥面总宽度34.5m,桥型布置如图8-31所示,横断面布置如图8-32所示。

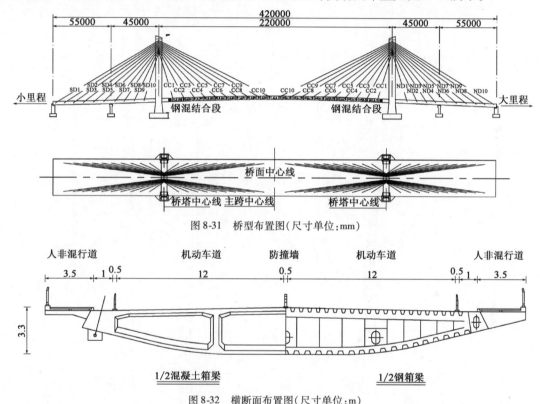

图8-31 桥型布置图(尺寸单位:mm)

图8-32 横断面布置图(尺寸单位:m)

2. 施工方案

顶推方案设计与施工主要从钢箱梁拼装平台、临时墩、钢箱梁运输和现场安装、钢导梁、顶推施工、跨既有线顶推措施、防护措施等方面进行考虑。本节主要介绍钢箱梁拼装平台、临时墩、钢箱梁运输和现场安装。

(1)钢箱梁拼装平台施工(图8-33)。

拼装平台作为钢箱梁节段的无应力线形拼装平台,要求具备足够的强度和刚度,且备有用于对拼的高程调节措施。

下部构造形式:平台采用钢管柱,柱顶以上依次设有横向分配梁、纵向贝雷承重梁、贝雷顶分配梁、滑道承重梁及滑道。拼装平台地基用高压旋喷桩进行处理,高压旋喷桩顶布置有钢筋混凝土基础。

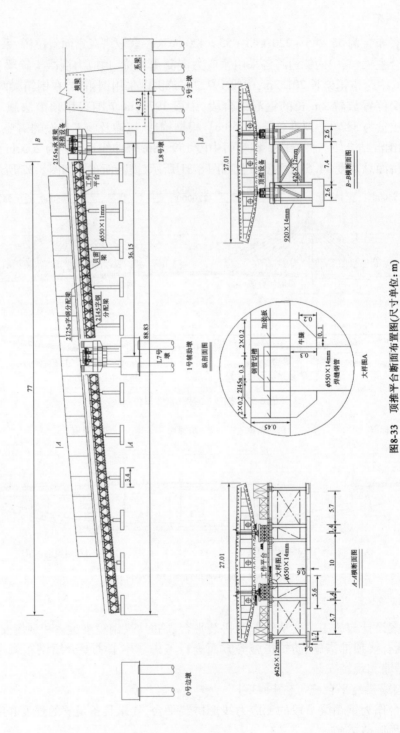

图8-33 顶推平台断面布置图(尺寸单位：m)

上部构造形式:柱顶分配梁上共设2组贝雷承重梁,横桥向对中间距10m,每组贝雷承重梁5排,每排贝雷梁之间横向通过45号花架连接,贝雷承重梁与柱顶分配梁之间通过I20a压梁固定;贝雷顶分配梁采用2I25a,纵向间距1m;分配梁顶承重梁为加强2I45a,两侧面通过"人"字撑(I20)固定在贝雷顶分配梁上;为方便操作平台搭设,柱顶分配梁向中间以及两侧延伸,在延伸出来的分配梁上沿桥向铺设I25工字钢作为工作平台的承重梁,其桥横向间距约为0.75m,再根据实际情况在I25a工字钢顶面铺设5cm厚木板作为面板。

(2)临时墩布置。

按顶推施工工艺的要求本桥总共设置8个临时墩,其中在2号主墩和3号主墩之间共布置6个临时墩,其从小里程至大里程依次编号为L1号~L6号墩;0号边墩和2号主墩之间布置有L7号墩和L8号墩,L7号墩和L8号墩属于钢箱梁拼装平台的一部分,其中L7号墩设置于1号辅助墩承台上,L8号墩设置于2号主墩小里程侧;临时墩的具体布置详见图8-34。

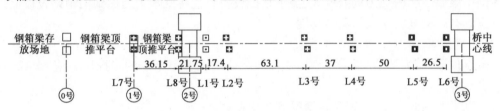

图8-34 临时墩布置图(尺寸单位:m)

(3)顶推平台安装。

墩柱施工完成后施工上部顶推平台。横梁吊装前对墩顶高程进行测量,根据测量结果对墩顶高程通过切割或者加垫钢板的方法进行调整;按要求焊接牛腿后再吊装钢横梁;横梁与纵梁间采用角焊缝,纵梁与横梁焊接牢固后方可吊装上部垫梁;吊装北侧垫梁并固定后吊装顶推设备,顶推设备定位好后吊装南侧钢垫梁。

(4)钢箱梁运输。

钢箱梁在工厂按设计预拱度调节制造,制造完成后公路运输至现场。用龙门吊将钢箱梁段吊至拼装平台预定位置,对各梁段进行纵向连接作业,钢箱梁工地连接采用焊接连接,连接过程注意控制梁体的线性。

按照设计要求将钢箱梁节段划分成58个节段,具体划分详见图8-35。

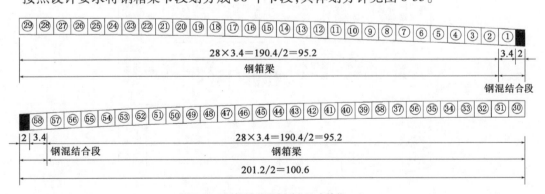

图8-35 钢箱梁节段划分(尺寸单位:m)

(5)钢箱梁现场安装。

①钢箱梁节段拼装在2号主墩南侧拼装平台上进行拼装。钢箱梁用龙门吊进行起吊和纵向连接作业。

②风嘴及人行道安装。为减少施工对既有线的影响,风嘴与人行道在2号主墩北侧的防护棚架上进行吊装。吊车停在桥面上进行吊装,风嘴及人行道质量为4.23t,吊装时回转半径为13m,用25t吊机起吊可以满足要求。吊装时吊机停放在主梁两条纵隔板之间,即停在桥中线两侧5m范围内。施工工艺要求:桥两侧风嘴及人行道同步安装前进,禁止先施工完一侧再施工另一侧。

3.钢箱梁顶推

(1)施工难点。

根据本桥钢箱梁结构特点,采用顶推法施工有以下难点:

①钢箱梁跨越条电气化既有运行线路,对于施工进度和施工安全性要求高。

②最多时须7套顶推设备同步施工,对系统同步控制精度要求高。

③钢箱梁底部结构受力局限性大,要求顶推设备只能将支承力施加到钢箱梁腹板上,且顶推设备应具有高精度的支反力调节功能。

(2)关键技术。

①多点顶推,压力调节,根据桥墩所受竖向载荷来调节每个点的顶推压力值,来减小桥墩所受的水平力。

②计算机控制同步顶推,避免桥墩受到集中荷载。

③计算机控制液压同步下降,避免单个顶升油缸受到偏载。

④实时检测移动偏差,及时使用千斤顶纠偏。

⑤实时监控桥墩的水平位移,结合顶推压力观察,防止桥墩遭受破坏。

(3)施工工艺流程。

钢箱梁采用步履式多点连续顶推方式施工,在主跨布置安装顶推平台和临时墩,并在其上布置顶推设备。在平台上逐段焊接,用多点多台千斤顶同步顶推使钢箱梁逐段向前顶推,循环作业使钢箱梁到达设计位置。钢箱梁顶推质量约19.4t/m。钢箱梁在工厂生产,经公路运输至施工现场,全部节段均从小里程侧平台拼装,顶推,逐步顶推到位。顶推施工工艺流程详见图8-36。

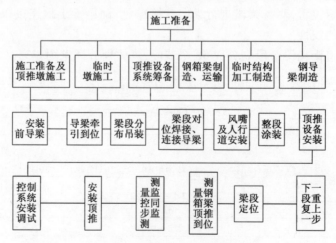

图8-36 顶推施工工艺流程图

(4)顶推主要步骤。

钢箱梁安装及顶推的主要步骤详见图8-37和图8-38。

钢箱梁顶推时顶推设备的顶推流程详见图8-39。

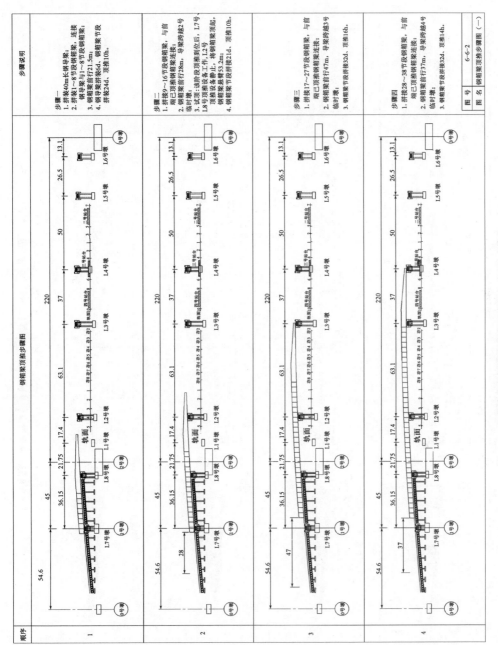

图8-37 钢箱梁安装及顶推的主要步骤(一)(尺寸单位:m)

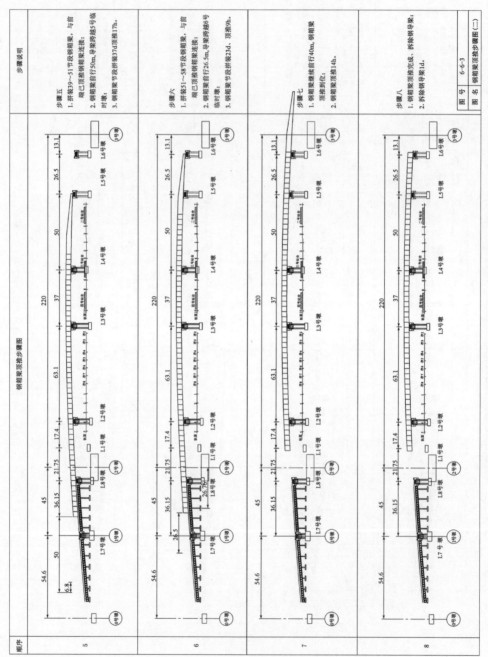

图8-38 钢箱梁安装及顶推的主要步骤(二)(尺寸单位：m)

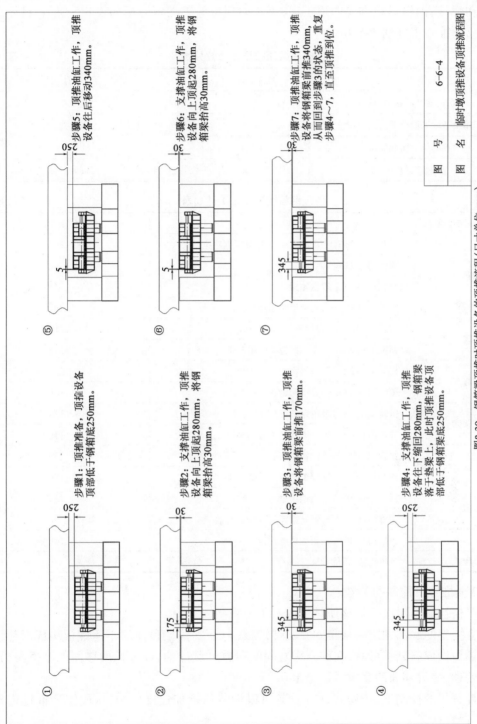

图8-39 钢箱梁顶推时顶推设备的顶推流程（尺寸单位：mm）

(5)顶推施工进度。

钢箱梁安装顶推可以划分为钢箱梁节段起吊纵移、钢箱梁节段平面位置及高程调整、钢箱梁对拼和焊接、钢箱梁顶推等四道工序,钢箱梁顶推施工功效分析如表8-5所示,具体进度详见钢箱梁顶推施工计划表8-6。

钢箱梁顶推施工功效分析表　　　　　　　　　　　表8-5

工 作 内 容	耗时(h)	合　　计
钢箱梁节段起吊纵移	4	3d
钢箱梁节段平面位置及高程调整	4	
钢箱梁对拼和焊接	64	
钢箱梁顶推	3m/h	3m/h

钢箱梁顶推施工计划表　　　　　　　　　　　表8-6

主要施工步骤	工作内容	预计时间
步骤一	拼装40m长钢导梁以及1~3号节段钢箱梁	15d
	顶推前行11m	4h
	拼装4~8号节段钢箱梁	15d
	顶推前行10.5m,钢导梁跨越环场公路	6h
步骤二	拼装9~16号节段钢箱梁	21d
	顶推前行28m,钢导梁跨越2号临时墩	10h
步骤三	拼装17~27号节段钢箱梁	32d
	顶推前行47m,钢导梁跨越3号临时墩	16h
步骤四	拼装28~38号节段钢箱梁	32d
	顶推前行40m,钢导梁跨越4号临时墩	14h
步骤五	拼装39~51号节段钢箱梁	37d
	顶推前行50m,钢导梁跨越5号临时墩	17h
步骤六	拼装51~58号节段钢箱梁	23d
	顶推前行26.5m,钢导梁跨越6号临时墩	9h
步骤七	顶推前行40m,钢箱梁顶推到位	14h
步骤八	顶推完成,拆除导梁	1d

(6)顶推施工控制的关键。

①严格控制临时墩等结构所承受的水平荷载。

上支撑架的底部固定一块聚四氟乙烯滑板,与下支撑架顶面的不锈钢板构成滑移面。聚四氟乙烯板做成蘑菇头形状,在蘑菇头之间的间隙可藏硅油,以降低滑移面的摩擦阻力,通过这样的处理,使滑移面的摩擦系数小于0.05。

在计算机的控制下,步履式顶推设备可以调节顶推加速度大小,从而使顶推过程保持平稳,减少惯性荷载。

施工间歇静止过程中,由于钢箱梁结构长度长,易受温度变化的影响,热胀冷缩产生的伸缩量较大。如果整个箱梁落在临时垫梁上会对临时结构产生较大的水平推力。在长时间静止时,除最前端点(保持线性稳定)支点外,其他全部落在顶推设备上,利用步履式顶推设备的上下部滑移结构,消除温度引起的水平荷载。

②整体施工同步控制技术。

整套设备采用先进的电液比例同步控制系统(详见设备介绍章节),能保证钢箱梁在顶升、下放及前进过程中实现同步动作。

③中线调整和纠偏。

步履式顶推设备集顶升、平推及横向调整于一体,能够进行横桥向及竖桥向的调整。在顶推施工过程中,通过调整顺桥向及横桥向导向调整油缸、顶升支撑油缸的行程,计算机控制系统能够自动纠偏,保证钢箱梁中线在允许范围之内。

在拼装及对位过程中,可以通过手动操作模式,进行各点的微调和精调,满足拼装精度要求。

(7)顶推过程中监控内容。

①根据工况的支点反力估算摩擦力并与油压表相验证。

②顶推过程中若发现顶推力骤升,应及时停止顶推并检查原因,特别是检查顶推设备上的支撑架及滑移面。

③位移观测:位移观测主要是梁体的中线偏移和墩顶的水平、竖向位移观测,在顶推过程需用千斤顶及时调整。墩顶位移观测非常重要,根据设计允许偏位作为最大偏位值,换算坐标,从施力开始到梁体开始移动连续观测,一旦位移超过最大值则立即停止施力,重新调整各千斤顶拉力。

④施加顶推力:顶推力的大小是主控台根据摩阻的大小自行调节的,并通过油表来反应,千斤顶使用之前按要求进行校定,油表应进行标定。

⑤顶推到最后梁段时要特别注意梁段是否到达设计位置,须按照监控指令,在温度稳定的夜间顶推到最终位置,并根据温度仔细计算测定梁长。

⑥每轮次最后一段梁及最后一轮顶推时应注意减缓顶推速度,以便纠偏及纵移到位。

⑦对各个顶推阶段进行建模分析,找出各个位置处最不利状态用于确定监控项目的预警值。

(8)控制顶推设备同步工作。

①同步顶升。

通过控制系统控制泵站工作,顶升行程传感器实时反馈各个油缸的实际行程,控制系统实时调节泵站相应的比例阀,控制油缸的顶升速度,实现同步顶升脱离临时垫梁,为下一步同步前进做好准备,如图8-40所示。

②同步前进。

通过控制系统控制泵站工作,平推行程传感器实时反馈各个油缸的实际行程,控制系统实时调节泵站相应的比例阀,控制油缸的前进速度,实现同步前进到行程上限,如图8-41所示。

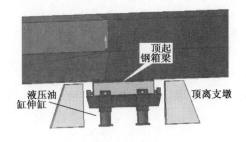

图8-40 同步顶升

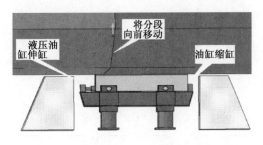

图8-41 同步前进

③同步下降。

通过控制系统控制泵站工作,顶升行程传感器实时反馈各个油缸的实际行程,控制系统实时调节泵站相应的比例阀,控制油缸的下降速度,实现同步下降到钢箱梁落到临时垫梁上,上部滑移梁脱离钢箱梁,为下步后退做好准备,如图8-42所示。

④全速后退。

通过控制系统控制泵站动作,各点上部滑移结构全速后退到初始状态,见图8-43所示。

⑤循环以上动作,实现钢箱梁整体顶推到预定位置。

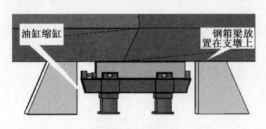

图8-42 同步下降

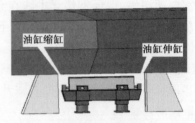

图8-43 全速后退

(9)钢箱梁顶推线形控制。

钢箱梁顶推施工过程中,钢箱梁的线形控制非常重要,应密切进行观测。钢箱梁的横向线形控制主要通过横向调节油缸进行控制,竖向线形控制主要通过顶推设备中的竖向千斤顶完成。

复习思考题

1. 钢梁桥的架设方法很多,如何进行分类?
2. 简述支架在钢桥梁架设过程中的重要性?
3. 支架如何分类,每个种类的支架都有哪些优缺点?
4. 请简述在实际工程中的支架如何架设,主要流程有哪些?
5. 根据国内外桥梁顶推施工案例,试问目前国内外主要的顶推施工方法有哪些?并简述各自的优缺点。
6. 请阐述拖拉施工方法和顶推施工方法的技术特点和工艺流程。

第九章　钢桥的防护

钢桥具有跨越能力大、强度高、建设速度快和施工期限短等特点。我国自20世纪30年代陆续建成了一些钢结构桥梁。近年来，随着我国钢产量的增加，钢结构桥梁的发展非常迅猛。但大气腐蚀、应力腐蚀和腐蚀疲劳会大大降低钢桥构件的承载力和桥梁的剩余寿命。因此桥梁钢结构的腐蚀防护问题逐渐成为人们关注的焦点。钢桥必须在设计之初就认真考虑钢结构的防护问题，这样才能尽可能地延长钢桥的使用寿命。

第一节　涂装分类

1. 涂层体系保护年限分类

在涂层体系保护年限内，涂层95%以上区域的锈蚀等级不大于ISO 4628—2003规定的Ri2级，且无气泡、剥落和开裂现象。按保护年限可分为两类：普通型10～15年；长效15～25年。

2. 涂装部位分类

按涂装部位分为7类：外表面；非封闭环境内表面；封闭环境内表面；钢桥面；干湿交替区和水下区；防滑摩擦面；附属钢构件，包括防撞护栏、扶手护栏及底座、灯座、泄水管、钢路缘石等。

3. 涂装阶段分类

按涂装阶段分为3类：

（1）初始涂装：新建桥梁钢结构的初次涂装（包含两年缺陷责任期内的涂装）。

（2）维修涂装：桥梁在其运营全过程中对涂层进行的维修保养。

（3）重新涂装：彻底的除去旧涂层、重新进行表面处理后，按照完整的涂装规格进行的涂装。

第二节　重防腐涂料防护技术（普通型）

重防腐涂料（Heavy Anti-corrosion Coatings）是能在相对苛刻腐蚀环境里应用，具有比常规防腐涂料更长的防腐寿命。重防腐涂料在工业大气和海洋环境里，一般可使用10年或15年以上，即使在一定温度条件下的酸、碱、盐和溶剂介质里，也能使用5年以上。一般采用防腐底漆、防腐中间漆和防腐面漆的复合体系。厚膜化是重防腐涂料涂层体系的重要标志，涂层干膜厚度一般在200um或300um以上。

重防腐涂料与常规防腐涂料的主要区别在于其技术含量较高，涉及多方面的技术进步与产品开发，高耐蚀树脂的合成、高效分散剂和流变助剂的应用、新型耐蚀抗渗颜料与填料的开发、先进施工工具的应用、施工维护技术、现场检测技术等,都要综合应用到重防腐涂料与涂装之中。重防腐涂料的发展水平如何,性能怎样,成为衡量防腐涂料先进技术的标志。

自20世纪60~70年代开始应用以来,重防腐涂料得到了迅速发展,应用范围越来越广,尤其是诸多的防腐难题进一步推动了重防腐涂料技术的革命,并发挥着越来越大的作用。目前,重防腐涂料在新兴海洋工程、现代交通运输、能源工业、大型工业企业、市政设施等领域广泛应用。

一、防腐蚀原理

目前钢结构桥梁采用的重防腐涂料涂层体系大多是以富锌底漆+环氧中间漆+耐候性面漆组成的重防腐涂装体系(也称重防腐特涂)。富锌底漆主要由无机富锌底漆和有机(环氧)富锌底漆两大类组成。以富锌底漆外加中间漆和面漆的重防腐涂装体系对钢铁基体所起到的腐蚀保护作用,首先体现在阻隔腐蚀介质接触的钢铁基体的物理隔离防护作用,随着外层有机涂层的老化、粉化,使这种机械屏蔽式的隔离作用减弱或失去作用,底层中的锌粉就开始对钢铁基体起到阴极保护作用。

一定膜厚的重防腐涂料涂层对环境中的腐蚀介质,如大气中的氧、水蒸气及腐蚀性的工业气体、酸雨、酸碱盐及其他强电解质溶液,具有一定的阻隔和屏蔽作用,可阻止腐蚀性介质与基体金属直接接触,从而阻止了金属的腐蚀。另外,有机涂料的成膜物质主要是具有高阻抗的高分子材料,对金属表面由于腐蚀性介质所形成的微电池在进行电化学反应时,可阻止离子的移动,增加了反应的极化作用,使电化学反应受阻。如果把被保护的基体金属和外在的腐蚀介质作为电化学过程的两个体系,有机涂层则是在两个体系中插入了一个电阻层,阻止了这两个体系的接触而使电化学反应不能进行。

重防腐涂料涂层体系虽然也对钢铁基体具有物理隔离防护和阴极保护的双重作用,但其防腐蚀寿命和涂层失效形式与热喷涂外加封闭的复合涂层体系相比,还是有较大的差距。重防腐涂装体系对桥梁钢结构提供的腐蚀保护是以机械屏蔽式的隔离防护作用为主,随着涂层的老化和粉化,这种隔离作用就会减弱或失去作用,起阴极保护作用的锌粉是靠涂料中成膜物质的黏合与钢铁相结合,随着成膜物质的裂解、老化使锌粉无法与钢铁相结合,阴极保护作用就会减退甚至消失;其次,油漆涂层本身有无数针孔,长期处在盐雾、潮湿环境下,氯离子、水分子等会透过针孔腐蚀基体金属,在油漆层与基体金属交界处,钢铁腐蚀产物体积积聚膨胀,导致油漆层剥落,腐蚀并沿着油漆层剥落处四周迅速扩展,导致整个防腐体系失效。

二、涂层体系及特点

一般来说,重防腐涂料由底漆、中间漆、面漆等三部分组成,除了防腐性和要求各层之间具有良好的相容性、附着力和干燥时间外,各部分涂料因为所处的位置不同,要求也各不相同。如底漆需要与基材有良好的附着性,中间层主要起增加厚度和提供柔韧性的作用,面漆需要抵抗腐蚀介质和耐候性等。这就需要根据各种树脂的特长、颜料的特性,分别研制底漆、面漆和中间漆,同时整体配套涂料的性能要保证。

1. 重防腐涂料体系的配套具有差异性

针对不同工业领域,甚至是同一钢结构的不同部分也会因所处腐蚀环境的不同,重防腐涂料的配套体系具有明显的差异性。比如桥梁的钢箱梁,其内表面和外表面的防腐蚀涂装体系就不能相同;对钢箱梁内表面的防腐蚀,布置抽湿机和不布置抽湿机的情况下,所需要选用的配套防腐蚀涂料体系也不一样。

2. 重防腐涂料对钢铁的保护不能一劳永逸

随着重防腐涂料的发展,近年来又出现了一种超重防腐涂料的提法,超重防腐涂料是在恶劣的腐蚀环境条件下(如航天、核电、海洋环境等)具有15年以上的耐久性。有机硅或有机硅改性树脂涂料的耐候性和耐久性很好,一般能使用10~20年的时间,可用作防腐蚀体系的面漆。氟碳面漆也具有优良的耐蚀性和耐候性,使用寿命可达到15年以上。随着新型树脂、新型防锈颜料、新型涂装技术和设备的出现,还可以适当延长重防腐涂料的保护期。但是对于长达100年以上使用寿命的桥梁工程来说,重防腐蚀涂料的防护年限还是太短,需要每隔10年左右进行防腐蚀维护。

3. 重防腐蚀涂装的初期投资少但后期维护费用高

在那些腐蚀条件非常苛刻的地方和安装以后不可能得到维修的地方,应该使用防腐蚀寿命超长的电弧喷涂复合涂层体系,虽然初期投资高些,但后期维护费用很少,而且涂层性能优异,按防护寿命周期来计算成本的话,反而具有明显良好的经济效益,即寿命周期成本低。对于常规的、容易维修的和防护寿命要求不是太高的钢结构工程,采用重防腐蚀涂料体系具有初期投资适中、防腐施工工艺简便、涂装周期短等特点,也符合经济成本分析。

4. 重防腐涂料高压无气喷涂施工效率高

桥梁钢结构等大面积涂装工程目前广泛采用高压无气喷涂工艺,其工作原理是将涂料增压后通过喷嘴把涂料雾化成细小微粒,直接喷射到被涂物表面。与一般的空气喷涂方式相比,高压无气喷涂具有效率高、涂料损失小、涂料成膜厚、遮盖率高、附着力强等特点,很好地适应了桥梁钢结构大面积防腐涂装。

5. 无机富锌底漆表面处理要求高及需要涂装后养护

无机富锌涂料的防锈蚀机理,是通过锌粉与基材钢铁表面直接接触,并形成很强的化学键结合,当水分渗入涂膜时会形成一个有锌粉和基材钢板组成的电池,由于锌的电化学活性较铁要活泼,电流由锌流向铁,使钢铁受到阴极保护,因此对基材表面的处理要求严格,并使表面有一定粗糙度,增加基材的表面积,确保锌粉能同钢铁紧密接触,如处理不完全,有锈层残存时,上述防锈机理就不能成立。

第三节 热喷涂复合涂层防护技术(加强型)

一、热喷涂技术

热喷涂技术是利用不同的热源来加热各种被喷涂的材料(如金属、合金、陶瓷)至熔融状态,并借助于雾化气流的加速使其形成"微粒雾流",高速喷射到经过表面预处理的工件上,形成与基体紧密结合的堆积状喷涂层的技术。

电弧喷涂是钢结构防腐蚀、耐磨损和机械零件维修等实际工程应用中普遍使用的一种热喷涂方法,锌、铝及其合金喷涂层是最常用的钢结构防腐蚀涂层,电弧喷涂工艺是这类防腐涂层大面积涂装施工中最经济和最高效的热喷涂方法。与线材火焰喷涂相比,电弧喷涂具有能量消耗低、生产效率高、涂层结合强度高、生产成本低等特点,但电弧喷涂只能使用导电的线材,如金属、合金、金属—金属氧化物的混合物等制成的实芯或粉芯线材。如果使用两根材料不同的线材进行电弧喷涂，还可获得"伪合金"涂层。

二、热喷涂设备

20世纪初，瑞士苏黎世的麦克斯·斯库普（Max Ulrich Schoop）最早进行了热喷涂（Thermal Spraying）铅和锌防腐涂层的试验。1909年，斯库普先生获得了使用氧—燃料火焰来喷涂金属线材的专利。1911年，斯库普获得了以电弧作为热源来喷涂的专利。1913年，斯库普首次提出了电弧喷涂系统的设计方案，并于1917年研制成功世界上第一把电弧喷枪。电弧喷涂技术从此产生。

国外热喷涂公司研制的电弧喷涂设备性能良好，但价格昂贵，而且对喷涂线材的表面光洁度和尺寸公差要求严格，国内生产的喷涂线材难以满足其使用要求。随着社会经济的发展和相关学科的技术进步，电弧喷涂技术在不断创新和进步，电弧喷涂设备在不断推陈出新。我国电弧喷涂设备的新进展主要有：

（1）高速电弧喷涂、超音速电弧喷涂、二次雾化电弧喷涂系统等，通过改进雾化气流的方式来获得高质量涂层，可显著提高涂层与基体的结合强度、增加涂层的致密度、降低涂层的孔隙率等。

（2）计算机控制电弧喷涂系统，它可使喷涂工艺参数通过弧压反馈和电流反馈来锁定在最佳范围内，保证喷涂层质量的均匀性和高重现性。

（3）大功率机械化或自动化电弧喷涂系统，可大大减轻喷涂操作人员的劳动强度和劳动保护条件，并显著提高喷涂作业的生产效率，涂层质量的稳定性好。

三、热喷涂材料

钢铁结构耐腐蚀保护涂层设计及热喷涂层材料的选择应按照国家标准（GB/T 9793—2012）《热喷涂　金属和其他无机覆盖层　锌、铝及其合金》或（GB/T 19355—2003）《钢铁结构耐腐蚀防护　锌和铝覆盖层　指南》执行。

用于桥梁防腐蚀的热喷涂技术主要是电弧喷涂技术，因此这里介绍的热喷涂材料主要是用于电弧喷涂的线材。电弧喷涂金属线材的质量标准按（GB/T 12608—2003）《热喷涂　火焰和电弧喷涂用线材、棒材和芯材分类和供货技术条件》进行验收，用于桥梁钢结构防腐蚀的纯铝丝含铝量达到99.50%以上，纯锌丝含锌量达到99.99%以上，锌铝合金丝含量符合标准中ZnAl15的要求（85% Zn，l5% Al），铝镁合金丝含量符合标准中AlMg5的要求（95% Al，5% Mg）。

1. 锌

电弧喷涂锌涂层的外观呈暗白色，涂层密度为$6.2\sim6.3g/cm^3$，锌涂层与喷砂处理后钢铁基体的平均结合强度可达到6MPa。喷锌涂层与混凝土、石膏、木材、塑料有较高的黏附能力。喷锌涂层已广泛应用于钢结构的防腐蚀，如水闸门、桥梁、铁塔、容器、煤矿井架和井筒装备等。1952年，我国首次采用热喷涂锌涂层的防腐蚀方法对淮南电厂至蚌埠的45km区域内的264座3.5万V高压输电铁塔的上半部进行保护。从1983年以来，我国大部分的广播电视发射塔采用热喷涂锌涂层进行防腐蚀。自1991年中国矿业大学大正公司研制成功电弧喷涂复合涂层技术以来，我国绝大部分的煤矿井架和井筒装备都采用了电弧喷锌加封闭的复合防腐蚀涂层技术。现在，喷锌涂层的用途更广泛，除了用作防腐蚀涂层外，还大量应用于模具制造、电磁屏蔽和电容器等。

2. 铝

纯铝与锌一样也是一种很好的阳极性材料。电弧喷涂纯铝涂层外观也呈银白色,涂层密度为 $2.3 \sim 2.4 \text{g/cm}^3$,硬度为 25~30HB,与喷砂处理的钢铁基体的结合强度可达到 10~15MPa,铝涂层在 3% 氯化钠溶液中的电极电位为 $-0.85 \sim -0.95\text{V}$,对钢铁基体具有牺牲阳极保护作用。铝涂层在含有 SO_2 的大气环境中具有很好的耐蚀性,因而在工业大气、城市大气、酸雨环境和海洋环境下具有优良的耐腐蚀性,尤其是在 pH=4~8 的环境中具有良好的耐腐蚀性。电弧喷涂铝涂层表面有较大摩擦系数,常用作钢结构栓接面的摩阻涂层和舰船甲板的防滑涂层。此外,铝涂层还可作为导电和导热涂层,以及修复铝材错误加工表面。

电弧喷铝涂层与钢铁基体结合牢靠,除了用作钢结构防腐蚀涂层外,还有很好的高温抗氧化作用,可用作耐热涂层。碳钢表面电弧喷涂铝涂层并用高温涂料封孔处理后,经高温扩散处理,可提高碳钢的抗高温氧化性能。钢铁件被电弧喷铝涂层后,不经专门的热处理,也可在高温环境中实际应用。对于超长钢管表面热喷涂铝后进行感应加热渗铝处理,可提高使用寿命 4~8 倍,对 CO_2、SO_2、H_2S、CO、H_2O 和有机酸等有极好的耐蚀性,在石油化工工业中有着广阔的应用前景。

3. 锌铝合金

锌铝合金(ZnAl15)线材也是近年来比较常用的一种电弧喷涂线材。电弧喷涂 ZnAl 15 合金涂层的熔点约为 440℃,涂层呈银白色,涂层密度为 $5.5 \sim 5.7 \text{g/cm}^3$,涂层与喷砂处理的钢铁基体的平均结合强度可达到 8MPa。ZnAl15 的电化学性质在静特性方面与锌相似,在动特性方面与铝相似,腐蚀速率与铝相近。ZnAl15 合金涂层与纯锌涂层和纯铝涂层相比,具有如下优点:

(1) 与纯锌涂层相比,ZnAl15 合金涂层的耐蚀性较高,在多种使用环境下,相同的涂层厚度有更长的防护寿命;在相同的设计防护寿命下,可使用较薄的涂层厚度。

(2) 与纯铝涂层相比,ZnAl15 合金涂层的阴极保护效果更好,在涂层发生机械破损的情况下,仍然可以为钢铁提供可靠的保护。

(3) 与纯锌涂层相比,ZnAl15 合金涂层的力学性能好,耐磨损、耐冲刷能力强。涂层的耐热性和抗氧化、抗热震性优于纯锌涂层。

(4) 涂层的腐蚀产物少,气孔率少,具有快速自封闭特性,外观较好。

(5) 热喷涂 ZnAl15 合金涂层的沉积效率明显高于纯锌涂层。据 TAFA 公司测试,电弧喷涂锌涂层沉积效率为 58%;而喷涂 ZnAl15 合金涂层时,沉积效率可达 70%。

4. 铝镁合金

铝镁合金(AlMg5)线材也是经常使用的电弧喷涂线材,主要用于大气腐蚀环境下特别是海洋大气环境下钢结构的防腐蚀。电弧喷涂铝镁合金涂层与喷砂处理的钢铁基体结合强度可达 12MPa 以上。铝镁合金中加入微量稀土元素能明显提高涂层结合强度。涂层表面可形成尖晶石结构的保护性氧化膜 $MgAl_2O_4$,对金属离子和氧的扩散有阻隔作用,因而具有优良的耐腐蚀性和高温稳定性。国外在海洋石油平台钢结构上多采用电弧喷涂铝镁合金防腐蚀涂层。

四、金属喷涂层厚度的选择

电弧喷涂锌、铝及其合金涂层在腐蚀环境下相对于被保护的钢铁结构而言是阳极性涂层,是靠涂层自身的消耗来对钢铁结构提供阴极保护的。电弧喷涂防腐蚀金属涂层的厚度与防腐蚀效果有直接的关系,世界上很多国家都制定了相应的热喷涂标准,按不同的使用环境或不同的防腐蚀年限要求而推荐使用不同的涂层厚度。

1. 国际标准 ISO 2063—2005

国际标准(ISO 2063—2005)《热喷镀 金属涂层和其他无机覆层 锌、铝及其合金》对热喷涂锌、铝及其合金涂层施工的表面预处理、喷涂、封闭等工艺和涂层的检测方法进行了规定,并推荐了在各种腐蚀环境下选用的热喷涂层及最小涂层厚度(表9-1)。

ISO 2063—2005 的各种腐蚀环境下选用的热喷涂层及最小涂层厚度　　表9-1

环　境	喷涂金属(um)							
	Zn		Al		AlMg5		ZnAl15	
涂装情况	未涂装	涂装	未涂装	涂装	未涂装	涂装	未涂装	涂装
盐水	不推荐	100	200	150	250	200	不推荐	100
淡水	200	100	200	150	150	100	150	100
城市环境	100	50	150	100	150	100	100	50
工业环境	不推荐	100	200	100	200	100	150	100
海洋环境	150	100	200	100	250	200	150	100
干燥室内环境	50	50	100	100	100	100	50	50

2. 英国国家标准 BS 5493—1997

英国国家标准(BS 5493—1977)《钢铁结构防腐蚀保护实用规程》推荐了在不同的腐蚀环境下喷涂不同的金属涂层及涂层厚度要求(表9-2)。

英国标准(BS 5493—1977)涂层厚度设计推荐值　　表9-2

典型的腐蚀环境	免维护涂层寿命	推荐的涂层厚度(um)			
		喷Al(不封闭)	喷Zn(不封闭)	喷Al(封闭)	喷Zn(封闭)
污染的海岸大气	>20年	250	350	150	250
	10~20年	150	250	100	150
	5~10年		150		100
非污染的海岸大气	>20年	150	250	150	150
	10~20年		150	100	100
	5~10年		100		
海水飞溅区或盐雾环境	>20年			150	250
	10~20年		250		175
	5~10年		150	100	150
海水浸渍区	>20年			150	250
	10~20年		250		150
污染的内陆大气	>20年	150	250	150	150
	10~20年	100	150	100	100
	5~10年		100		
非污染的内陆大气	>20年	150	150	100	150
	10~20年	100	100	100	100

续上表

典型的腐蚀环境	免维护涂层寿命	推荐的涂层厚度(um)			
		喷Al（不封闭）	喷Zn（不封闭）	喷Al（封闭）	喷Zn（封闭）
非饮用淡水	>20年	150	150		
	10~20年			100	100
潮湿大气	>20年	150	150	100	100
	10~20年	100	100		
普通干燥大气	>20年	100	100		
	10~20年				

3. 日本工业标准 JIS H8300/8301

日本工业标准（JIS H8300—2011）《热喷涂 锌、铝及锌铝合金》和（JIS H8301—1997）《喷铝及喷铝试验方法》分别规定了喷锌和喷铝涂层的最小涂层厚度要求（表9-3、表9-4）。

（JIS H8300—2011）《热喷涂 锌、铝及锌铝合金》的最小涂层厚度规定　　表9-3

种类	记号	喷锌涂层最小厚度(um)	参考	
			ISO对应记号	使用方法
喷锌40	ZS 40	40	ZS 40	封孔处理后用作涂装底层
喷锌80	ZS 80	80	ZS 80	（1）喷涂后直接使用；（2）喷涂后在封孔状态下使用；（3）封孔处理后用作涂装底层
喷锌120	ZS 120	120	ZS 120	
喷锌160	ZS 160	160	ZS 160	
喷锌200	ZS 200	200	ZS 200	
喷锌300	ZS 300	300	—	

（JIS H8300—1997）《喷铝及喷铝试验方法》的最小涂层厚度规定　　表9-4

种类	记号	喷铝涂层最小厚度(um)	参考	
			ISO对应记号	使用方法
喷铝80	As 80	80	Al 80	封孔处理后用作涂装底层
喷铝120	AS 120	120	Al 120	（1）喷涂后直接使用；（2）喷涂后在封孔状态下使用；（3）封孔处理后用作涂装底层
喷铝160	AS 160	160	Al 160	
喷铝200	AS 200	200	Al 200	
喷铝300	AS 300	300	Al 300	
喷铝400	AS 400	400	—	

五、复合涂层体系及特点

电弧喷涂技术在制备防腐蚀涂层、防磨损涂层及其他特种功能性涂层等方面具有独特的优越性，主要包括以下几方面：喷涂施工生产效率高；金属喷涂层的结合强度高、耐蚀性优异；

电弧喷涂施工的能耗是隔热喷涂技术中最低的,也是一种成本低且经济好的热喷涂方法;电弧喷涂不仅移动方便、操作简单,还可以在较宽容的喷涂条件下得到可靠的涂层质量;电弧喷涂技术仅使用电和压缩空气,不用氧气、乙炔等助燃和易燃性气体,安全性较好。

由电弧喷涂金属涂层和有机封闭涂层组合在一起的防护涂层体系,就称为电弧喷涂复合涂层体系。它是由阳极性金属喷涂层+涂料封闭底层+涂料封闭中间层+涂料封闭面层组成。涂料封闭底层主要起封孔作用;涂料封闭中间层是封闭和隔离层,耐蚀性好;涂料封闭面层应对腐蚀环境有适应性,能耐腐蚀和耐大气老化。金属喷涂层的封闭处理有自然封闭和人工封闭两种方式。自然封闭就是将金属喷涂层暴露在正常环境中,通过金属喷涂层的自然氧化而使孔隙封闭;人工封闭是通过金属喷涂层表面化学转化(磷化、活性涂料涂装等)或选用适当的涂料体系进行封孔

1. 电弧喷涂防腐蚀金属涂层+封闭涂料

金属喷涂层的封闭处理是用低黏度的涂料或专用封闭剂渗入涂层的孔隙,并将这些孔隙封闭,封孔处理不一定会增加防护涂层的总厚度。电弧喷涂金属涂层+封闭涂料的复合涂层体系是一种最经济的防腐蚀涂层体系。具有一定粗糙度的金属喷涂层为封闭涂料提供了良好的基底,有利于最大限度地发挥封闭涂料的防护性能。作为电弧喷涂的一道后处理工序,封闭作业最重要的是封闭涂料的选择和施工方法。具有高效防护性能的封闭涂料,应满足以下技术要求:

(1)封闭涂料必须有足够高的渗透性。低分子量、低黏度而且不含大粒度体质颜填料的涂料可用作金属喷涂层的封孔剂。

(2)封闭涂料应具有良好的物理机械性能。这些性能包括附着力、抗冲击性和柔韧性指标,以保证封闭涂层在安装和服役过程中不脱落破损。

(3)封闭涂料必须与金属喷涂层相容,在工作环境下与涂层保持化学稳定性,保证两者结合牢靠和无气氛腐蚀。

(4)封闭涂料应具备良好的施工性能和施工安全性能,以确保工程质量和进度。

(5)作为长效防腐涂层体系,一般要求封闭涂料有良好的抗环境腐蚀特性。

2. 电弧喷涂防腐蚀金属涂层+环氧封闭漆+环氧中间漆+面漆

环氧中间漆的作用是提高涂层对腐蚀介质的阻隔效果,面漆的主要作用是防止外界环境中有害的腐蚀介质。同时,涂装面漆也是为了提高涂层体系的外观美学效果。环氧中间漆一般为环氧云铁中间漆或环氧树脂厚浆漆。常用的面漆品种主要有环氧面漆(内表面)、氯化橡胶面漆、聚氨酯面漆、氟碳面漆、有机硅树脂漆等。

需要进行防腐蚀涂装的大型钢结构多数工作在各种大气腐蚀环境中,因此电弧喷涂锌、铝及其合金的金属喷涂层+环氧封闭漆+环氧中间漆+面漆的复合涂层体系就是大型钢结构的最佳长效防腐涂层体系。对城市桥梁来说,一般要求防护涂层具有美丽的外观,丙烯酸聚氨酯面漆是最经常使用的耐候性面漆。我国原铁道部的行业标准《铁路钢桥保护涂装及涂料供货技术条件》(TB/T 1527—2011)在推荐桥梁钢结构电弧喷涂锌、铝涂层防护的同时,也推荐了两种面漆——丙烯酸聚氨酯面漆和氟碳面漆。

3. 电弧喷涂阶梯复合涂层体系

将两种或多种不同金属材料的喷涂层叠加起来,形成电弧喷涂阶梯复合涂层体系。这种阶梯复合涂层体系应用的目的是为了克服单一涂层体系的某些缺点,而能够发挥这两种涂层

的各自的优点。电弧喷涂阶梯复合涂层体系的结构如图9-1所示,该复合涂层也可以采用封闭涂料进行封孔处理。

电弧喷涂用的金属材料品种较多。例如防腐蚀用的锌、铝及其合金涂层,其中锌涂层是良好的牺牲阳极性材料,是水工钢结构喷涂防腐的重要材料,得到广泛应用。耐磨损用的喷涂材料主要有各种不锈钢和铁基、镍基、钴基合金等,其中不锈钢涂层具有耐磨损及保护周期长的特点。江苏三河闸管理处等部门利用上述两类金属涂层各有的优势,在水工钢结构件上叠加喷涂,先用锌涂层作为底层,再用不锈钢涂层作为面层,最终形成阶梯涂层,经过大量研究与试验,获得了既经济又满意的防腐效果。

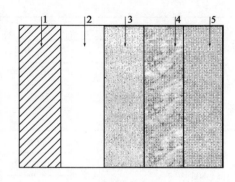

图9-1 电弧喷涂阶梯复合涂层体系结构示意图
1-钢铁基体;2-电弧喷涂底层(金属甲);3-电弧喷涂面层(金属乙);4-封闭涂层;5-面漆层

在某些应用环境下,也可以将喷锌和喷铝涂层组合起来形成底锌面铝的阶梯复合涂层。喷锌涂层直接与铜铁基体接触,可提供良好的电化学保护。喷锌涂层上再喷涂一层铝涂层,因为铝涂层具有良好的耐腐蚀性能,其腐蚀速率要比喷锌涂层低得多,可以大大延长复合涂层的耐腐蚀寿命。连霍高速公路京杭运河特大桥(位于江苏省邳州市)的钢管拱结构和钢梁的防腐蚀涂层就采用了这种底锌面铝的阶梯复合涂层防护体系。

第四节 涂装要求

一、涂层体系配套要求

(1)按照腐蚀环境、工况条件、防腐年限设计涂层配套体系。

(2)较高防腐等级的涂层配套体系也适用于较低防腐等级的涂层配套体系,并可参照较低防腐等级的涂层配套体系设计涂层厚度。C1和C2腐蚀环境下的涂层配套体系,可参考C3腐蚀环境的涂层配套体系进行设计。

(3)涂层配套体系表中未列入车间底漆。一般情况下,所有配套都需要喷涂一道干膜厚度为20~25um的车间底漆。

(4)按涂装部位列明的涂层配套体系表如下:

①外表面暴露于大气环境中的桥梁钢结构外表面涂层配套体系,普通型见表9-5,长效型见表9-6。

桥梁钢结构外表面涂层配套体系(普通型)　　　　表9-5

配套编号	腐蚀环境	涂层	涂料品种	道数 a/最低干膜厚度(μm)
S01	C3	底涂层	环氧磷酸锌底漆	1/60
		中间涂层	环氧(厚浆)漆	1/80
		面涂层	丙烯酸脂肪族聚氨酯面漆	2/70
		总干膜厚度		210

续上表

配套编号	腐蚀环境	涂层	涂料品种	道数 a/最低干膜厚度(μm)
S02	C4	底涂层	环氧磷酸锌底漆	1/60
		中间涂层	环氧(厚浆)漆	(1~2)/120
		面涂层	丙烯酸脂肪族聚氨酯面漆	2/80
		总干膜厚度		260
S03	C5-I C5-M	底涂层	环氧富锌底漆	1/60
		中间涂层	环氧(云铁)漆	(1~2)/120
		面涂层	丙烯酸脂肪族聚氨酯面漆	2/80
		总干膜厚度		260

注：a 道数为推荐值，下列各表同。

桥梁钢结构外表面涂层配套体系（长效型） 表9-6

配套编号	腐蚀环境	涂层	涂料品种	道数 a/最低干膜厚度(μm)
S04	C3	底涂层	环氧磷酸锌底漆	1/60
		中间涂层	环氧(厚浆)漆	(1~2)/100
		面涂层	丙烯酸脂肪族聚氨酯面漆	2/80
		总干膜厚度		240
S05	C4	底涂层	环氧富锌底漆	1/60
		中间涂层	环氧(云铁)漆	(1~2)/140
		面涂层	丙烯酸脂肪族聚氨酯面漆	2/80
		总干膜厚度		280
S06	C5-I	底涂层	环氧富锌底漆	1/80
		中间涂层	环氧(云铁)漆	(1~2)/120
		面涂层	聚硅氧烷面漆	(1~2)/100
		总干膜厚度		300
S07	C5-I	底涂层	环氧富锌底漆	1/80
		中间涂层	环氧(云铁)漆	(1~2)/150
		面涂层(第一道)	丙烯酸脂肪族聚氨酯面漆/氟碳树脂漆	1/40
		面涂层(第二道)	氟碳面漆	1/30
		总干膜厚度		300
S08	C5-M	底涂层	无机富锌底漆	1/75
		封闭涂层	环氧封闭漆	1/25
		中间涂层	环氧(云铁)漆	(1~2)/120
		面涂层	聚硅氧烷面漆	(1~2)/100
		总干膜厚度		320

续上表

配套编号	腐蚀环境	涂层	涂料品种	道数 a/最低干膜厚度（μm）
S09	C5-M	底涂层	无机富锌底漆	1/75
		封闭涂层	环氧封闭漆	1/25
		中间涂层	环氧（云铁）漆	（1~2）/150
		面涂层（第一道）	丙烯酸脂肪族聚氨酯面漆/氟碳树脂漆	1/40
		面涂层（第二道）	氟碳面漆	1/40
		总干膜厚度		330
S10	C5-M	底涂层	热喷铝或锌	1/150
		封闭涂层	环氧封闭漆	（1~2）/50
		中间涂层	环氧（云铁）漆	（1~2）/120
		面涂层	聚硅氧烷面漆	（1~2）/100
		总干膜厚度（涂层）		270
S11	C5-M	底涂层	热喷铝或锌	1/150
		封闭涂层	环氧封闭漆	（1~2）/50
		中间涂层	环氧（云铁）漆	（1~2）/150
		面涂层（第一道）	丙烯酸脂肪族聚氨酯面漆/氟碳树脂漆	1/40
		面涂层（第二道）	氟碳面漆	1/40
		总干膜厚度（涂层）		280

②封闭环境内表面涂层配套体系见表9-7。

封闭环境内表面涂层配套体系 表9-7

配套编号	工况条件	涂层	涂料品种	道数 a/最低干膜厚度（μm）
S12	配置抽湿机	底—面合一	环氧（厚浆）漆（浅色）	（1~2）/150
		总干膜厚度		150
S13	未配置抽湿机	底漆层	环氧富锌底漆	1/50
		面漆层	环氧（厚浆）漆（浅色）	200~300
		总干膜厚度		250~350

注：抽湿机需常年工作，以保持内部系统相对湿度低于50%。

③非封闭环境内表面涂层配套体系见表9-8，或采用与外表面相同的涂层配套体系。

非封闭环境内表面涂层配套体系 表9-8

配套编号	腐蚀环境	涂层	涂料品种	道数 a/最低干膜厚度(μm)
S14	C3	底漆层	环氧磷酸锌底漆	1/60
		面漆层	环氧(厚浆)漆(浅色)	(1~2)/100
		总干膜厚度		160
S15	C4,C5-I,C5-M	底漆层	环氧富锌底漆	1/60
		中间漆层	环氧(云铁)漆	(1~2)/120
		面漆层	环氧(厚浆)漆(浅色)	1/80
		总干膜厚度		80

④钢桥面涂层配套体系见表9-9。

钢桥面涂层配套体系 表9-9

配套编号	工况条件	涂层	涂料品种	道数 a/最低干膜厚度(um)
S16	沥青铺装温度≤250℃	底漆层	环氧富锌底漆	1/80
		总干膜厚度		80
S17	沥青铺装温度>250℃	底漆层	无机富锌底漆	1/80
		总干膜厚度		80
S18		底漆层	热喷铝或锌	1/100
		总干膜厚度		100

⑤干湿交替区和水下区的涂层配套体系见表9-10。干湿交替区也可采用钢桥外表面的涂层配套体系,但应适当增加涂层厚度。

干湿交替区和水下区涂层配套体系 表9-10

配套编号	工况条件	涂层	涂料品种	道数 a/最低干膜厚度(μm)
S19	干湿交替/水下区	底—面合一	超强/耐磨环氧漆	(1~3)/450
		总干膜厚度		450
S20	干湿交替/水下区	底—面合一	环氧玻璃鳞片漆	(1~3)/450
		总干膜厚度		450
S21	水下区	底—面合一	环氧漆	3/450
		总干膜厚度		450

⑥防滑摩擦面涂层配套体系见表9-11。

防滑摩擦面涂层配套体系 表9-11

配套编号	工况条件	涂层	涂料品种	道数 a/最低干膜厚度(μm)
S22	摩擦面	防滑层	无机富锌涂料	1/80
		总干膜厚度		80
S23	摩擦面	摩擦面	热喷铝	1/100
		总干膜厚度		100

注:配套S23不适用于相对湿度大、雨水多的环境。

二、表面处理

1. 结构预处理

构件在喷砂除锈前应进行必要的结构预处理,包括:

(1)粗糙焊缝打磨光顺,焊接飞溅物用刮刀或砂轮机除去。焊缝上深为 0.8mm 以上或宽度小于深度的咬边应补焊处理,并打磨光顺。

(2)锐边用砂轮打磨成曲率半径为 2mm 的圆角。

(3)切割边的峰谷差超过 1mm 时,打磨到 1mm 以下。

(4)表面层叠、裂缝、夹杂物,须打磨处理,必要时补焊。

2. 除油

表面油污应采用专用清洁剂进行低压喷洗或软刷刷洗,并用淡水枪冲洗掉所有残余物;或采用碱液、火焰等处理,并用淡水冲洗至中性。小面积油污可采用溶剂擦洗。

3. 除盐分

喷砂钢材表面可溶性氯化物含量应不大于 $7\mu g/cm$。超标时应采用高压淡水冲洗。当钢材确定不接触氯离子环境时,可不进行表面可溶性盐分检测;当不能完全确定时,应进行首次检测。

4. 除锈

(1)磨料要求。

①喷射清理用金属磨料应符合《涂覆涂料前钢材表面处理 喷射清理用金属磨料的技术要求 导则和分类》(GB/T 18838.1—2002)的要求。

②喷射清理用非金属磨料应符合《涂覆涂料前钢材表面处理 喷射清理用非金属磨料的技术要求 导则和分类》(GB/T 17850.1—2002)的要求。

③根据表面粗糙度要求,选用合适粒度的磨料。

(2)除锈等级。

①热喷锌、喷铝,钢材表面处理应达到 GB/T 8923 规定的 Sa3 级。

②无机富锌底漆,钢材表面处理应达到 GB/T 8923 规定的 Sa2 ½级~Sa3 级。

③环氧富锌底漆和环氧磷酸锌底漆,钢材表面处理应达到 GB/T 8923 规定的 Sa2½级;不便于喷射除锈的部位,手工和动力工具除锈至 GB/T 8923 规定的 St3 级。

(3)表面粗糙度。热喷锌(铝),钢材表面粗糙度为 $Rz60\sim100\mu m$;喷涂无机富锌底漆,钢材表面粗糙度为 $Rz50\sim80\mu m$;喷涂其他防护涂层,钢材表面粗糙度为 $Rz30\sim75\mu m$。

(4)除尘。喷砂完工后,除去喷砂残渣,使用真空吸尘器或无油、无水的压缩空气,清理表面灰尘。清洁后的喷砂表面灰尘清洁度要求不大于《涂覆涂料前钢材表面处理 表面清洁度的评定试验 第 3 部分:涂覆涂料前钢材表面的灰尘评定(压敏黏带法)》(GB/T 18570.3—2005)规定的 3 级。

(5)表面处理后涂装的时间限定。一般情况下,涂料或锌、铝涂层最好在表面处理完成后 4h 内施工于准备涂装的表面上;当所处环境的相对湿度不大于 60% 时,可以适当延时,但最长不应超过 12h;不管停留多长时间,只要表面出现返锈现象,应重新除锈。

三、涂装要求

1. 涂装环境要求

施工环境温度5~38℃,空气相对湿度不大于85%;在有雨、雾、雪、大风和较大灰尘的条件下,禁止户外施工。施工环境温度-5~5℃,应采用低温固化产品或采用其他措施。

2. 涂料配制和使用时间

涂料应充分搅拌均匀后方可施工,推荐采用电动或气动搅拌装置。对于双组分或多组分涂料应先将各组分分别搅拌均匀,再按比例配制并搅拌均匀。混合好的涂料按照产品说明书的规定熟化。涂料的使用时间按产品说明书规定的适用期执行。

3. 涂覆工艺

（1）涂覆方法分为:大面积喷涂应采用高压无气喷涂施工;细长、小面积以及复杂形状构件可采用空气喷涂或刷涂施工;不易喷涂到的部位应采用刷涂法进行预涂装或第一道底漆后补涂。

（2）涂覆间隔。按照设计要求和材料工艺进行底涂、中涂和面涂施工。每道涂层的间隔时间应符合材料供应商的有关技术要求。超过最大重涂间隔时间时,进行拉毛处理后涂装。

（3）二次表面处理。外表面在涂装底漆前应采用喷射方法进行二次表面处理。

（4）连接面涂装法。焊接结构,焊接结构应预留焊接区域;栓接结构,栓接部位采用无机富锌防滑涂料或热喷铝进行底涂,栓接板的搭接缝隙部位,缝隙小于0.5mm时,采用油漆调制腻子密封处理,缝隙大于0.5mm时,采用密封胶密封(如聚硫密封等)。

四、现场涂层质量要求

1. 外观

涂料涂层表面应平整、均匀一致,无漏涂、起泡、裂纹、气孔和返锈等现象,允许轻微橘皮和局部轻微流挂;金属涂层表面均匀一致,不允许有漏涂、起皮、鼓泡、大熔滴、松散粒子、裂纹和掉块等,允许轻微结疤和起皱。

2. 厚度

施工中随时检查湿膜厚度以保证干膜厚度满足设计要求。干膜厚度采用"85-15"规则判定,即允许有15%的读数可低于规定值,但每一单独读数不得低于规定值的85%。对于结构主体外表面可采用"90-10"规则判定。涂层厚度达不到设计要求时,应增加涂装道数,直至合格为止。漆膜厚度测定点的最大值不能超过设计厚度的3倍。

3. 附着力

当检测的涂层厚度不大于250μm时,各道涂层和涂层体系的附着力按划格法进行,不大于1级;当检测的涂层厚度大于250μm时,附着力试验按拉开法进行,涂层体系附着力不小于3MPa。用于钢桥面的富锌底漆涂层附着力不小于5MPa。

第五节 涂装劣化

钢箱梁桥外表面的涂装不仅具有装饰效果,更为重要的是可有效减少大气中的腐蚀物质对钢箱梁钢材的侵蚀。但经过若干年后,涂装本身会因气候的侵蚀,而自身出现劣化,从而削弱甚至完全没有了对钢材的保护。油漆涂装层的腐蚀失效不同于金属涂层或金属材料的腐蚀,无腐蚀电流产生,所以它不是电化学腐蚀,而是物理和化学的腐蚀作用。涂装劣化主要有粉化、起泡、生锈、开裂和脱落等。

根据《铁路钢梁涂膜劣化评定》(TB/T 2486—1994)钢梁涂膜劣化分为四级,见表9-12。涂膜劣化百分比示意图如图9-2所示。

涂膜劣化等级评定 表9-12

涂膜劣化等级 \ 劣化类型	粉化	起泡或裂纹或脱落	生　锈
轻微(一级)	1级	图b)(0.3%)	无
中等(二级)	2级	图d)(5%)	图b)(0.3%)
轻重(三级)	3级	图e)(16%)	图c)(3%)
严重(四级)	4级	图f)(33%)	图d)(5%)

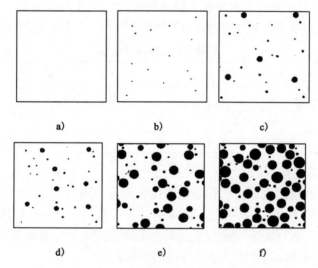

图9-2　涂膜劣化百分比示意图
a)0% ;b)0.3% ;c)3% ;d)5% ;e)16% ;f)33%

一、粉化

涂膜由于长期暴露于大气之中,表面易发生老化,并且涂膜中的色相原料在紫外线作用下易发生变质。有机涂料的分子结构产生分解变成粉状。涂膜出现白色或深色粉状物。由于涂层表面一处或多处组织的老化和降解,涂层表面出现松散附着的细小粉末。

《色漆和清漆　涂层老化的评级方法》(GB/T 1766—2208)引用ISO 4668—2003规定,将粉化分为6级,并建议采用两种方法进行粉化等级评定:胶带法和天鹅绒布法。

1.用胶带法进行粉化等级评定

用胶带法进行检测时,将测试胶带上黏附涂层表面的粉末,将其与背景对比,并参考粉化程度表来评定涂层的粉化程度。

实验前,首先选择透明、无色高质量的胶带和不反光的黑色或者白色的背景,如卡片,在室温下干燥。然后放置一片长度至少40mm的胶带在涂层表面,用手指挤压摩擦,粘牢后垂直从表面揭起胶带,将其放在适当颜色的背景上以产生鲜明反差,在均匀一致的光照条件下,立即对比胶带上的大量粉末与图片参考标准(图9-3),评定其粉化等级。

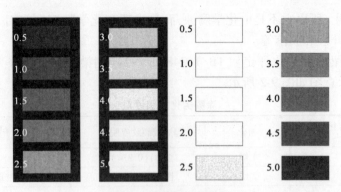

图 9-3 粉化等级参考标准

粉化等级也可以通过采用光电测量仪,对比粘有粉末的胶带和未使用的胶带的透明度的方法来进行评定。在此,粘贴胶带要放置在干净的玻璃幻灯片或光学试验台上。但是这种仪器检测方法只能用于测定胶带上粉末残留物分布较均匀的情况。涂膜粉化等级评定如表 9-13 所示。

涂膜粉化等级评定　　　　　表 9-13

等　级	粉 化 程 度	等　级	粉 化 程 度
0	无粉化	3	中等,可以非常清晰地观察到粉化现象
1	很轻微的,试布上刚可观察到微量颜料粒子	4	相当多的,明显的粉化现象
2	轻微,可以清晰地观察到粉化现象	5	严重,强烈的粉化现象

另外,应该注意以下情况:

(1) 假如在给定的检测区域内粉化程度变化很大,在进行检测分析时,应将大区域划分为若干小的区域分别进行检测,并将分区目的及分区大小范围等记录在检测报告中。

(2) 暴露在自然大气环境下的涂层在进行粉化等级评定时,需特别注意处理涂层表面从大气环境中沉积下来的污垢,否则可能导致检测结果错误。

(3) 在检测过程中,当把粘贴胶带从涂层表面揭起拿走后,评估工作必须毫不迟疑地进行,因为粘贴胶带上表面的粉末会逐渐减少,胶带的透明头也会随时间的延长而发生改变。

(4) 当测量低光泽油漆涂层时,甚至会在并未风化的面板表面发现大量的粉末。对于这类型的涂层,建议采用空白测试方法,即对未风化面板进行测试。

在《铁路钢梁涂膜劣化评定》(TB/T 2486—1994) 中,涂膜粉化评定方法按《色漆和清漆涂层老化的评级方法》(GB/T 1766—2008) 规定进行,测定粉化时以食指在涂膜表面上往复擦两次(擦痕长 5~7cm),然后视手指上的颜料粒子多少,其等级如图 9-4 所示,涂膜粉化等级评定见表 9-14。

a)　　　　　　　b)　　　　　　　c)　　　　　　　d)

图 9-4　涂膜粉化等级示意图
a) 1 级粉化;b) 2 级粉化;c) 3 级粉化;d) 4 级粉化

涂膜粉化等级评定　　　　　　　表 9-14

等　级	粉　化　状　况	等　级	粉　化　状　况
0	无粉化	3	用力较轻,手指沾有较多颜料粒子
1	用力擦涂膜,手指沾有少量颜料粒子	4	轻轻一擦,整个手指沾满大量颜料粒子或出现漏底
2	用力擦涂膜,手指沾有较多颜料粒子		

2. 天鹅绒布法

用合适的拭布将疏松附着在受试涂层上的粉末擦掉。将拭布上黏附的粉末的程度与标准对照,评定粉化的等级。本试验方法适用于矿石上的涂膜和多涂层体系,如纤维黏结剂、砖块、混凝土和粉刷层非表层结构。

对于拭布的选择,由双方商定黑绒布对于清漆涂层比较好,白绒布对于黑涂层比较好。实验步骤为:食指按测试要求将拭布压在受试涂膜上转动 180°。取下拭布,在散射光下观察拭布上黏附的粉末程度与表 9-13 对照,评定等级。

二、起泡

涂膜表面分布直径不同的膨胀隆起,出现点泡或豆泡的现象称之为起泡。

在 ISO 4628—2003 中,以数量(密度)和大小划分涂装上的起泡,并通过与标准图片相对比,以此评定起泡的等级(图 9-5～图 9-8),此评定必须在光线充足的情况下进行。如果被测涂装评定为起泡数量 2 级,大小 2 级,与图 9-5a)相符,其表述为:等级 2(S2)。

图 9-5　起泡大小等级 2
a)数量(密度)2-2(S2);b)数量(密度)3-3(S2);c)数量(密度)4-4(S2);d)数量(密度)5-5(S2)

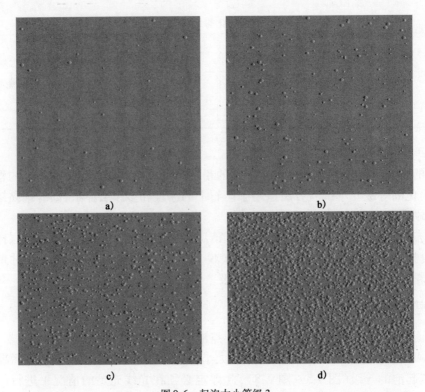

图9-6 起泡大小等级3
a)数量(密度)2-2(S3);b)数量(密度)3-3(S3);c)数量(密度)4-4(S3);d)数量(密度)5-5(S3)

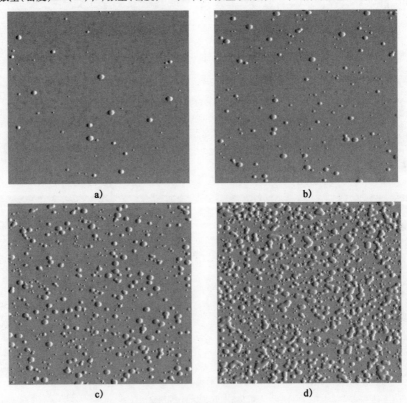

图9-7 起泡大小等级4
a)数量(密度)2-2(S4);b)数量(密度)3-3(S4);c)数量(密度)4-4(S4);d)数量(密度)5-5(S4)

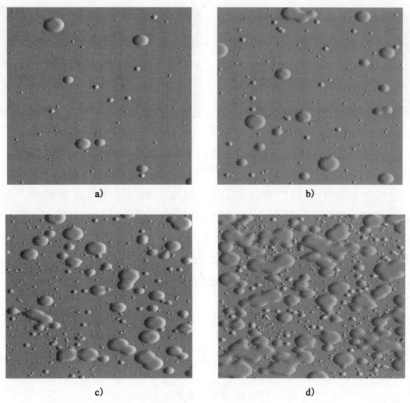

图 9-8 起泡大小等级

a)数量(密度)2-2(S5);b)数量(密度)3-3(S5);c)数量(密度)4-4(S5);d)数量(密度)5-5(S5)

《色漆和清漆 涂层老化的评级方法》(GB/T 1766—2008)的评级方法与 ISO 4628—2003 的规定一致,但没有列出标准图片,其标准见表 9-15 与表 9-16。

起 泡 密 度 等 级 表 9-15

等 级	起泡密度	等 级	起泡密度
0	无泡	3	有中等数量的泡
1	很少,几个泡	4	有较多数量的泡
2	有少量泡	5	密集型的泡

起 泡 大 小 等 级 表 9-16

等 级	起泡大小(直径)	等 级	起泡大小(直径)
S0	10 倍放大镜无可见的泡	S3	<0.5mm 的泡
S1	10 倍放大镜才可见的泡	S4	0.5~5mm 的泡
S2	正常视力下刚可见的泡	S5	>5mm 的泡

三、生锈

涂装劣化中最严重的一种破坏类型,分为非鼓泡产生的锈或鼓泡裂缝产生的锈,以及涂装裂缝或破坏产生的锈。涂膜出现针孔锈斑、点状锈、泡状锈或片状锈的现象如图 9-9 所示。

图 9-9 生锈图
a)针状锈斑;b)点状锈;c)泡状锈;d)片状锈

各规范关于生锈等级的划分差异较大,ISO 4628—2003 和《色漆和清漆 涂层老化的评级方法》(GB/T 1776—2008)均分为 6 级,但判别标准不同,而《铁路钢梁涂膜劣化评定》(TB/T 2486—1994)和《公路桥梁技术状况评定标准》(JTG/T H21—2011)则均分为 4 级,判别标准也不同。各规范对于生锈的定量划分规定如表 9-17 所示。

各规范关于生锈等级的划分规定　　表 9-17

生锈等级	ISO 4628—2003	GB/T 1766—2008			TB/T 2486—1994	JTG/T H21—2011
	生锈面积比(%)	锈点数量(个)	锈点大小(最大尺寸)		生锈面积比(%)	定量描述/生锈面积比
Ri0	0	0	10 倍放大镜无可见的锈点		—	—
Ri1	0.05	≤5	10 倍放大镜下才可见的锈点		0	—
Ri2	0.5	6~10	正常视力下刚可见的锈点		0.3	≤2%
Ri3	1	11~15	<0.5mm 的锈点		3	2%~5%,或锈蚀空洞≤2个,空洞直径≤30mm,边缘完好,或腹板、横隔板空洞直径≤50mm
Ri4	8	16~20	0.5~5mm 的锈点		5	>5%,或锈蚀空洞>2个,空洞直径>30mm,或腹板、横隔板空洞直径>50mm
Ri5	40~50	>20	>5mm 的锈点		—	—

四、开裂

涂膜裂纹(龟裂、裂纹)是由于涂层内部的应变导致的。龟裂是涂膜表面出现的轻微的裂纹,一般较难发现;裂纹达到涂膜深处或钢材表面,容易被发现,能见到下层或底层的网状或条状裂纹,如图 9-10 所示。

ISO 4628—2003 和《色漆和清漆 涂层老化的评级方法》(GB/T 1766—2008)对于开裂

评定标准的规定一致,均以开裂数量和开裂大小进行等级划分。当测试区域存在多种尺寸大小的裂纹时,则选择裂纹数量较多且典型的区域中最大的裂纹进行评定。《铁路钢梁涂膜劣化评定》(TB/T 2486—1994)对于裂纹以面积比进行评级,即以裂纹所占面积为0%、0.3%、5%、16%、33%为分界点划分为0、1、2、3、4级。面积比的参考图与起泡、脱落、生锈等共用,操作较为困难。

图9-10 开裂现象

在ISO 4628-4—2003中,开裂评级方案如表9-18所示,而在《色漆和清漆 涂层老化的评级方法》(GB/T 1766—2008)中也有相同的描述。

开裂数量的评级方案 表9-18

开裂等级	开裂数量	开裂等级	开裂数量
0	无,即没有可见裂纹	3	有中等数量的裂纹
1	很少,即有小而稀的裂纹	4	有较多的裂纹
2	少,即有一定数量的小裂纹	5	裂纹非常密

如有必要,可按表9-19对裂纹平均大小进行评估。

裂纹大小评级方案 表9-19

开裂等级	裂纹大小	开裂等级	裂纹大小
0	在10倍放大镜下无可见裂纹	3	肉眼可见清晰的裂纹
1	在10倍放大镜下勉强可见裂纹	4	裂纹较大,裂纹宽度可达1mm
2	肉眼勉强可见裂纹	5	裂纹非常大,裂纹宽度一般在1mm以上

另外,在《色漆和清漆 涂层老化的评级方法》(GB/T 1766—2008)中,还有以下描述。如有可能,还可表明开裂的深度类型。开裂深度主要分为3种类型:

(1)没有穿透漆膜的表面开裂。
(2)穿透表面漆膜,但对底下各层涂膜基本上没有影响的开裂。
(3)穿透整个漆膜体系的开裂,可见底材。

开裂等级的评定表示方法如下:开裂数量的等级和开裂大小的等级(加括号),如有可能,可表明开裂的深度。如:开裂3(S3)b,表示开裂数量3级,开裂大小S3级,开裂穿透表面漆膜未影响底层。

五、剥落

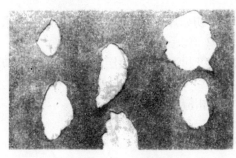

图9-11 剥落

涂膜的表面和底层之间、新旧涂膜之间丧失了附着力,涂膜表面形成小片或鳞片状脱落,如图9-11所示。通常易发生在结构的下侧,或附着盐分的部位。

ISO 4628—2003和《色漆和清漆 涂层老化的评级方法》(GB/T 1766—2008)对于剥落等级评定标准的规定基本一致。均以剥落面积比和剥落大小进行等级划分,且划分的标准一致。当一个测试区域有很多剥落区域时,若采用最大尺寸方法对其评级,则选择数量较多且较典型的剥落区域中剥离尺寸最大的剥落区域。《铁路钢梁涂膜劣化评定》(TB/T 2486—1994)对于脱落以面积比进行评级,即以脱落所占面积为0%、0.3%、5%、16%、33%为分界点划分0、1、2、3、4级。表9-20为在ISO 4628-5—2003中的相关规定。

涂层剥落量的评级方案　　　　　　　　　表9-20

开 裂 等 级	剥落面积(%)	开 裂 等 级	剥落面积(%)
0	0	3	1
1	0.1	4	3
2	0.3	5	15

依据表9-21可对单个剥落区域的平均大小进行评定。

指定区域剥落大小评级方案　　　　　　　　　表9-21

开 裂 等 级	剥落区域大小(最大尺寸)	开 裂 等 级	剥落区域大小(最大尺寸)
0	在10倍放大镜下不可见	3	约10mm
1	约1mm	4	约30mm
2	约3mm	5	大于30mm

如果可能的话,参考涂层体系失效标准来评定涂层破落的深度。导致涂层剥落失效的两种类型的区别在于:

(1)涂层从下层涂层开始剥落。

(2)整个涂层体系从基体开始剥落。另外,在评级过程中必须保持良好的光照条件。

《色漆和清漆　涂层老化的评级方法》(GB/T 1766—2008)中除了以上5项劣化的规定,还规定了失光、变色、长霉、斑点、泛金、沾污等等级划分。但在钢箱梁评定中基本没有用到,在此不一一介绍。

第六节　维修涂装和重新涂装

一、涂膜劣化评定

涂层投入使用后,按照桥梁运行管理单位的规定定期检查,进行涂层劣化评定,评定方法依据ISO 4628—2003。根据漆膜劣化情况,选择合适的维修或重涂方式。

二、维修涂装

维修涂装要求如下:

(1)当面漆出现3级以上粉化,且粉化减薄的厚度大于初始厚度的50%,或由于景观要求时,彻底清洁面涂层后,涂装与原涂层相容的配套面漆1~2道。

(2)当涂膜处于2~3级开裂,或2~3级剥落,或2~3级起泡,但底涂层完好时,选择相应的中间漆、面漆,进行维修涂装。

(3)当涂膜发生Ri2~Ri3锈蚀时,彻底清洁表面,涂装相应中间漆、面漆。

三、重新涂装

重新涂装要求如下:

(1)当涂膜发生 Ri3 以上锈蚀时,彻底的表面处理后涂装相应配套涂层。

(2)当涂膜处于3级以上开裂,或3级以上剥落,或3级以上起泡时,如果损坏贯穿整个涂层,应进行彻底的表面处理后,涂装相应配套涂层。

四、工艺要点

(1)根据损坏的面积大小,钢桥外表面可分为以下三种重涂方式:

①小面积维修涂装。先清理损坏区域周围松散的涂层,延伸至未损坏区域50~80mm,并应修成坡口,表面处理至Sa2级或St3级,涂装低表面处理环氧涂料+面漆。

②中等面积维修涂装。表面处理至Sa2½级,涂装环氧富锌底漆+环氧(云铁)漆+面漆。

③整体重新涂装。表面处理至Sa2½级,按要求的涂装体系进行涂装。

(2)钢桥内表面维修或重新涂装底漆宜采用适用于低表面处理的环氧底漆,并宜采用浅色高固体分或无溶剂环氧涂料。

(3)海洋大气腐蚀环境和工业大气腐蚀环境下的旧涂层须采用高压淡水清洁后,再喷砂除锈。

(4)处于干湿交替区的钢构件,在水位变动情况下涂装时,应选择表面容忍性好的涂料,并能适应潮湿涂装环境的涂层体系。

(5)处于水下区的钢构件在浸水状态下施工时应选择可水下施工、水下固化的涂层体系。

复习思考题

1.为什么必须要对钢结构桥梁进行防护处理?

2.钢桥的涂装分为哪几类?并请简述普通型和长效型各自的特点。

3.梁外表面涂装劣化分为哪几类?并请简述各自分为几个等级?

4.涂装的要求是什么?并请简述维护涂装的工艺特点。

5.涂装的要求是什么?并请简述重新涂装的工艺特点。

参 考 文 献

[1] 吴冲.现代钢桥[M].北京:人民交通出版社,2006.
[2] 童根树.钢结构设计方法[M].北京:中国建筑工业出版社,2008.
[3] 小西一郎.钢桥(1-11)[M].北京:中国铁道出版社,1983.
[4] 胡匡璋.桥梁[M].北京:中国铁道出版社,1994.
[5] 范立础.桥梁工程[M].北京:人民交通出版社,1987.
[6] 周远棣,徐君兰.钢桥[M].北京:人民交通出版社,1990.
[7] 徐君兰,孙淑红.钢桥[M].北京:人民交通出版社,2011.
[8] 项海帆.高等桥梁结构理论[M].北京:人民交通出版社,2001.
[9] 李国豪.桥梁与结构理论研究[M].上海:上海科学技术文献出版社,1983.
[10] 李国豪.桥梁结构稳定与振动[M].北京:中国铁道出版社,1996.
[11] 钱冬生.钢桥疲劳设计[M].成都:西南交通大学出版社,2006.
[12] 庄军生.桥梁支座[M].北京:中国铁道出版社,1994.
[13] 中华人民共和国行业标准.JTG B01—2003 公路工程技术标准[S].北京:人民交通出版社,2003.
[14] 中华人民共和国行业标准.JTG D62—2004 公路钢筋混凝土及预应力混凝土桥涵设计规范.北京:人民交通出版社,2004.
[15] 中华人民共和国行业标准.JTJ 025—86 公路桥涵钢结构及木结构设计规范[S].北京:人民交通出版社,1988.
[16] 中华人民共和国国家标准.GB 50017—2003 钢结构设计规范[S].北京:中国计划出版社,2003.
[17] 聂建国.钢—混凝土组合梁结构试验、理论与应用[M].北京:科学出版社,2005.
[18] 中华人民共和国行业标准.TB 10002.2—2005/J 461—2005 铁路钢结构桥梁设计规范[S].北京:中国铁道出版社,2005.
[19] 李跃.州新光大桥[M].北京:人民交通出版社,2009.